SIMTAIL

심승아 심플 디테일 소방관계법규

심의 한 수
파이널 모의고사

Contents

문제편

소방관계법규 모의고사 01회 …… 004	소방관계법규 모의고사 05회 …… 027
소방관계법규 모의고사 02회 …… 010	소방관계법규 모의고사 06회 …… 034
소방관계법규 모의고사 03회 …… 015	소방관계법규 모의고사 07회 …… 040
소방관계법규 모의고사 04회 …… 021	소방관계법규 모의고사 08회 …… 046

해설편

소방관계법규 모의고사 01회 …… 004	소방관계법규 모의고사 05회 …… 038
소방관계법규 모의고사 02회 …… 013	소방관계법규 모의고사 06회 …… 047
소방관계법규 모의고사 03회 …… 021	소방관계법규 모의고사 07회 …… 055
소방관계법규 모의고사 04회 …… 029	소방관계법규 모의고사 08회 …… 065

문제편

SIMPLE DETAIL

제01회 소방관계법규 모의고사

01
「소방기본법 시행령」상 소방기술민원센터의 설치·운영에 관한 내용으로 옳지 않은 것은?

① 소방청장 또는 소방본부장은 법 제4조의2 제1항에 따른 소방기술민원센터를 소방청 또는 소방본부에 각각 설치·운영한다.
② 소방기술민원센터는 센터장을 포함하여 18명 이내로 구성한다.
③ 소방기술민원센터는 소방기술민원과 관련된 업무로서 소방서장이 필요하다고 인정하여 지시하는 업무를 수행한다.
④ 각 규정한 사항 외에 소방기술민원센터의 설치·운영에 필요한 사항은 소방청에 설치하는 경우에는 소방청장이 정하고, 소방본부에 설치하는 경우에는 해당 특별시·광역시·특별자치시·도 또는 특별자치도(이하 "시·도"라 한다)의 규칙으로 정한다.

02
「소방기본법」 및 같은 법 시행규칙상 소방용수시설에 관한 내용으로 옳지 않은 것은?

① 시·도지사는 소방활동에 필요한 소화전·급수탑·저수조를 설치하고 유지·관리하여야 한다.
② 시·도지사는 규정에 의하여 설치된 소방용수시설에 대하여 소방용수표지를 보기 쉬운 곳에 설치하여야 한다.
③ 지하에 설치하는 소화전 또는 저수조의 맨홀 뚜껑은 지름 648밀리미터 이상의 것으로 한다. 다만, 승하강식 소화전의 경우에는 이를 적용하지 않는다.
④ 지상에 설치하는 소화전, 저수조 및 급수탑의 경우 소방용수표지는 안쪽 문자는 노란색, 바깥쪽 문자는 흰색으로, 안쪽 바탕은 붉은색, 바깥쪽 바탕은 파란색으로 하고, 반사재료를 사용해야 한다.

03
「소방기본법」상 소방활동 등에 관한 내용으로 옳지 않은 것은?

① 누구든지 정당한 사유 없이 제1항에 따라 출동한 소방대의 소방활동을 방해하여서는 아니 된다.
② 규정을 위반하여 정당한 사유 없이 소방대의 생활안전활동을 방해한 자는 300만원 이하의 벌금에 처한다.
③ 생활안전활동에는 단전사고 시 비상전원 또는 조명의 공급 등이 있다.
④ 소방청장·소방본부장 또는 소방서장은 공공의 안녕질서 유지 또는 복리증진을 위하여 필요한 경우 소방활동 외에 소방지원활동을 하게 할 수 있다.

04
「소방기본법」상 전용구역에 관한 내용으로 옳지 않은 것은?

① 최근 1년간 전용구역에 차를 주차하거나 전용구역에의 진입을 가로막는 등의 방해행위를 2회한 경우 100만원의 과태료를 부과한다.
② 소방자동차 전용구역 설치대상은 아파트 중 세대수가 300세대 이상인 아파트, 기숙사 중 5층 이상의 기숙사로 한다.
③ 하나의 전용구역에서 여러 동에 접근하여 소방활동이 가능한 경우로서 소방청장이 정하는 경우에는 각 동별로 설치하지 않을 수 있다.
④ 전용구역 노면표지의 외곽선은 빗금무늬로 표시하되, 빗금은 두께를 30센티미터로 하여 50센티미터 간격으로 표시하고, 도료의 색채는 황색을 기본으로 하되, 문자(P, 소방차 전용)는 백색으로 표시한다.

05

「소방의 화재조사에 관한 법률」상 용어의 정의 내용으로 옳지 않은 것은?

① "화재"란 사람의 의도에 반하거나 고의 또는 과실에 의하여 발생하는 연소 현상으로서 소화할 필요가 있는 현상 또는 사람의 고의 또는 과실에 의하여 발생하거나 확대된 화학적 폭발현상을 말한다.
② "화재조사"란 소방청장, 소방본부장 또는 소방서장이 화재원인, 피해상황, 대응활동 등을 파악하기 위하여 자료의 수집, 관계인등에 대한 질문, 현장 확인, 감식, 감정 및 실험 등을 하는 일련의 행위를 말한다.
③ "화재조사관"이란 화재조사에 전문성을 인정받아 화재조사를 수행하는 소방공무원을 말한다.
④ "관계인등"이란 화재가 발생한 소방대상물의 관계인 및 화재 현장을 발견하고 신고한 사람, 화재 현장을 목격한 사람, 소화활동을 행하거나 인명구조활동(유도대피 포함)에 관계된 사람, 화재를 발생시키거나 화재발생과 관계된 사람을 말한다.

06

「소방의 화재조사에 관한 법률」 및 같은 법 시행규칙상 화재조사 결과의 공표 및 통보에 관한 내용으로 옳지 않은 것은?

① 소방관서장은 국민이 유사한 화재로부터 피해를 입지 않도록 하기 위한 경우 등 필요한 경우 화재조사 결과를 공표할 수 있다.
② 소방관서장은 수사가 진행 중이거나 수사의 필요성이 인정되는 경우에는 관계 경찰공무원과 공표 여부에 관하여 사전에 협의하여야 한다.
③ 소방관서장은 사회적 관심이 집중되어 국민의 알 권리 충족 등 공공의 이익을 위해 필요한 경우에는 화재조사 결과를 공표할 수 있다.
④ 소방관서장은 화재조사 결과를 중앙행정기관의 장, 지방자치단체의 장, 그 밖의 관련 기관·단체의 장 또는 관계인 등에게 통보하여 유사한 화재가 발생하지 않도록 필요한 조치를 취할 것을 요청할 수 있다.

07

「소방시설공사업법」상 소방시설업의 결격사유로 옳지 않은 것은?

① 「위험물안전관리법」에 따른 금고 이상의 실형을 선고받고 그 집행이 끝나거나(집행이 끝난 것으로 보는 경우를 포함한다) 면제된 날부터 2년이 지나지 아니한 사람
② 「화재의 예방 및 안전관리에 관한 법률」에 따른 금고 이상의 형의 집행유예를 선고받고 그 유예기간 중에 있는 사람
③ 등록하려는 소방시설업 등록이 취소된 날부터 2년이 지나지 아니한 자
④ 법인의 임원이 피성년후견인인 경우 그 법인

08

「소방시설공사업법」 및 같은 법 시행령상 완공검사에 관한 내용으로 옳지 않은 것은?

① 공사업자는 소방시설공사를 완공하면 소방본부장 또는 소방서장의 완공검사를 받아야 한다.
② 11층 이상인 아파트의 경우에는 소방본부장이나 소방서장이 소방시설공사가 공사감리 결과보고서대로 완공되었는지를 현장에서 확인할 수 있다.
③ 스프링클러설비가 설치되는 아파트의 경우에는 소방본부장이나 소방서장이 소방시설공사가 공사감리 결과보고서대로 완공되었는지를 현장에서 확인할 수 있다.
④ 공사업자가 소방대상물 일부분의 소방시설공사를 마친 경우로서 전체 시설이 준공되기 전에 부분적으로 사용할 필요가 있는 경우에는 그 일부분에 대하여 소방본부장이나 소방서장에게 완공검사를 신청할 수 있다.

09

「소방시설공사업법 시행령」상 소방시설공사 분리 도급 예외의 사항으로 옳지 않은 것은?

① 비상방송설비를 증설하는 경우
② 스프링클러설비를 신설하는 경우
③ 소화용수설비를 신설하는 경우
④ 옥외소화전설비를 증설하는 경우

10

「소방시설공사업법」상 동일한 특정소방대상물의 소방시설에 대한 시공과 감리를 함께 할 수 없는 경우로 옳지 않은 것은?

① 공사업자(법인인 경우 임원을 말한다)와 관리업자(법인인 경우 임원을 말한다)가 같은 자인 경우
② 「독점규제 및 공정거래에 관한 법률」 제2조 제11호에 따른 기업집단의 관계인 경우
③ 법인과 그 법인의 임직원의 관계인 경우
④ 공사업자와 감리업자가 「민법」 제777조에 따른 친족관계인 경우

11

「화재의 예방 및 안전관리에 관한 법률」상 소방관서장이 화재안전조사를 실시할 수 있는 경우로 옳지 않은 것은?

① 「소방시설 설치 및 관리에 관한 법률」 제22조에 따른 자체점검이 불성실하거나 불완전하다고 인정되는 경우
② 지진이 자주 발생하였거나 발생할 우려가 뚜렷한 곳에 대한 조사가 필요한 경우
③ 재난예측정보, 기상예보 등을 분석한 결과 소방대상물에 화재의 발생 위험이 크다고 판단되는 경우
④ 국가적 행사 등 주요 행사가 개최되는 장소 및 그 주변의 관계 지역에 대하여 소방안전관리 실태를 조사할 필요가 있는 경우

12

「화재의 예방 및 안전관리에 관한 법률 시행령」상 보일러의 설비 또는 기구 등의 위치·구조 및 관리하는 기준으로 옳은 것은? (단, 화목(火木) 등 고체연료를 사용하는 경우이다)

① 고체연료는 보일러 본체와 수평거리 0.6미터 이상 간격을 두어 보관하거나 불연재료로 된 별도의 구획된 공간에 보관할 것
② 연통은 천장으로부터 0.5미터 떨어지고, 연통의 배출구는 건물 밖으로 0.5미터 이상 나오도록 설치할 것
③ 연통의 배출구는 보일러 본체보다 2미터 이상 높게 설치할 것
④ 연통재질은 불연재료 또는 난연재료로 사용하고 연결부에 청소구를 설치할 것

13

「화재의 예방 및 안전관리에 관한 법률 시행령」상 건설현장 소방안전관리대상물의 범위로 옳지 않은 것은?

① 신축하려는 부분의 연면적이 5천제곱미터 이상인 것으로 지하층의 층수가 3개층 이상인 것
② 대수선을 하려는 부분의 연면적의 합계가 1만5천제곱미터 이상인 것
③ 증축하려는 부분의 연면적이 5천제곱미터 이상인 것으로서 지상층의 층수가 11층 이상인 것
④ 개축하려는 부분의 연면적이 5천제곱미터 이상인 것으로서 냉동창고인 것

14

「화재의 예방 및 안전관리에 관한 법률」 및 같은 법 시행령, 시행규칙상 소방안전관리대상물 근무자 및 거주자 등에 대한 소방훈련 등에 관한 내용으로 옳지 않은 것은?

① 피난훈련은 그 소방대상물에 출입하는 사람을 안전한 장소로 대피시키고 유도하는 훈련을 포함하여야 한다.
② 소방본부장 또는 소방서장은 특급 및 1급 소방안전관리대상물의 관계인으로 하여금 소방훈련과 교육을 소방기관과 합동으로 실시하게 할 수 있다.
③ 소방안전관리대상물의 관계인은 소방훈련과 교육을 연 1회 이상 실시해야 한다.
④ 가스 제조설비를 갖추고 도시가스사업의 허가를 받아야 하는 시설의 관계인은 소방훈련 및 교육을 한 날부터 30일 이내에 소방훈련 및 교육 결과를 행정안전부령으로 정하는 바에 따라 소방본부장 또는 소방서장에게 제출하여야 한다.

15

「화재의 예방 및 안전관리에 관한 법률」상 대통령령으로 정하는 소방안전 특별관리시설물의 관계인은 화재의 예방 및 안전관리를 체계적·효율적으로 수행하기 위하여 대통령령으로 정하는 바에 따라「소방기본법」제40조에 따른 (   ) 또는 (   )이 지정하는 화재예방안전진단기관으로부터 정기적으로 화재예방안전진단을 받아야 한다. (   ) 안에 들어갈 말로 알맞은 것은?

① 한국소방안전원, 소방청장
② 한국소방안전원, 시·도지사
③ 한국소방안전원, 소방관서장
④ 한국소방기술원, 소방관서장

16

「소방시설 설치 및 관리에 관한 법률 시행령」상 소방본부장 또는 소방서장의 건축허가등의 동의대상에서 제외하는 특정소방대상물로 옳은 것은?

> ㄱ. 소화기가 화재안전기준에 적합한 경우
> ㄴ. 가스누설경보기가 화재안전기준에 적합한 경우
> ㄷ. 휴대용비상조명등이 화재안전기준에 적합한 경우
> ㄹ. 피난사다리가 화재안전기준에 적합한 경우
> ㅁ. 유도등이 화재안전기준에 적합한 경우

① ㄱ, ㄴ, ㄷ
② ㄱ, ㄷ, ㄹ
③ ㄴ, ㄷ, ㄹ, ㅁ
④ ㄱ, ㄴ, ㄷ, ㄹ, ㅁ

17

「소방시설 설치 및 관리에 관한 법률 시행령」상 방염성능기준의 내용으로 옳은 것은?

① 버너의 불꽃을 제거한 때부터 불꽃을 올리며 연소하는 상태가 그칠 때까지 시간은 30초 이내일 것
② 버너의 불꽃을 제거한 때부터 불꽃을 올리지 않고 연소하는 상태가 그칠 때까지 시간은 20초 이내일 것
③ 탄화한 면적은 50제곱센티미터 이내, 탄화한 길이는 20센티미터 이내일 것
④ 불꽃에 의하여 완전히 녹을 때까지 불꽃의 접촉 횟수는 3회 이하일 것

18

「소방시설 설치 및 관리에 관한 법률 시행령」상 전문 소방시설관리업을 등록하기 위해 필요한 보조 기술인력의 자격기준을 모두 고른 것은?

> ㄱ. 소방시설관리사 자격을 취득한 후 소방 관련 실무경력이 5년 이상인 사람 1명 이상
> ㄴ. 소방시설관리사 자격을 취득한 후 소방 관련 실무경력이 3년 이상인 사람 1명 이상
> ㄷ. 소방시설관리사 자격을 취득한 후 소방 관련 실무경력이 1년 이상인 사람 1명 이상
> ㄹ. 고급점검자 이상의 기술인력: 2명 이상
> ㅁ. 중급점검자 이상의 기술인력: 2명 이상
> ㅂ. 초급점검자 이상의 기술인력: 2명 이상
> ㅅ. 중급점검자 이상의 기술인력: 1명 이상
> ㅇ. 초급점검자 이상의 기술인력: 1명 이상

① ㄱ, ㄴ
② ㄷ, ㅅ, ㅇ
③ ㄹ, ㅁ, ㅂ
④ ㄹ, ㅁ, ㅇ

19

「소방시설 설치 및 관리에 관한 법률」상 관리업자가「화재의 예방 및 안전관리에 관한 법률」제25조에 따라 소방안전관리업무를 대행하게 하거나 제22조 제1항에 따라 소방시설등의 점검업무를 수행하게 한 특정소방대상물의 관계인에게 지체 없이 그 사실을 알려야 하는 사항으로 옳지 않은 것은?

① 관리업의 경고처분을 받은 경우
② 관리업자의 지위를 승계한 경우
③ 관리업의 영업정지처분을 받은 경우
④ 관리업이 폐업을 한 경우

20

「소방시설 설치 및 관리에 관한 법률」상 소방용품의 형식승인에 관한 내용으로 옳지 않은 것은?

① 연구개발 목적으로 소방용품을 제조하거나 수입하려는 자는 소방청장의 형식승인을 받아야 한다.
② 형식승인을 받으려는 자는 행정안전부령으로 정하는 기준에 따라 형식승인을 위한 시험시설을 갖추고 소방청장의 심사를 받아야 한다.
③ 형식승인을 받은 자는 그 소방용품에 대하여 소방청장이 실시하는 제품검사를 받아야 한다.
④ 소방용품의 형식승인을 받지 아니하고 소방용품을 제조하거나 수입한 자는 3년 이하의 징역 또는 3천만원 이하의 벌금에 처한다.

21

「위험물안전관리법 시행령」상 옥외에 저장할 수 있는 위험물로 옳지 않은 것은?

① 제4류 위험물 중 특별시·광역시 또는 도의 조례에서 정하는 위험물(「관세법」 제154조의 규정에 의한 보세구역 안에 저장하는 경우에 한한다)
② 황화린, 과염소산, 알킬알루미늄, 인화성 고체(인화점이 섭씨 0도 이상인 것)
③ 유황, 기어유, 알코올류, 질산
④ 「국제해사기구에 관한 협약」에 의하여 설치된 국제해사기구가 채택한 「국제해상위험물규칙」(IMDG Code)에 적합한 용기에 수납된 위험물

22

「위험물안전관리법」상 위험물의 저장 및 취급의 제한에 관한 내용으로 옳지 않은 것은?

① 지정수량 이상의 위험물을 저장소가 아닌 장소에서 저장하거나 제조소등이 아닌 장소에서 취급하여서는 아니 된다. 규정을 위반하여 저장소 또는 제조소등이 아닌 장소에서 지정수량 이상의 위험물을 저장 또는 취급한 자는 3년 이하의 징역 또는 3천만원 이하의 벌금에 처한다.
② 시·도의 조례가 정하는 바에 따라 관할 소방서장의 승인을 받아 지정수량 이상의 위험물을 60일 이내의 기간 동안 임시로 저장 또는 취급하는 경우에는 제조소등이 아닌 장소에서 지정수량 이상의 위험물을 취급할 수 있다.
③ 군부대가 지정수량 이상의 위험물을 군사목적으로 임시로 저장 또는 취급하는 경우에는 제조소등이 아닌 장소에서 지정수량 이상의 위험물을 취급할 수 있다.
④ 임시로 저장 또는 취급하는 장소에서의 저장 또는 취급의 기준과 임시로 저장 또는 취급하는 장소의 위치·구조 및 설비의 기준은 시·도의 조례로 정한다.

23

「위험물안전관리법」 및 같은 법 시행령상 탱크안전성능검사에 관한 내용으로 옳은 것은?

① 위험물탱크가 있는 제조소등의 설치 또는 그 위치·구조 또는 설비의 변경에 관하여 허가를 받은 자가 위험물탱크의 설치 또는 그 위치·구조 또는 설비의 변경공사를 하는 때에는 규정에 따른 완공검사를 받기 전에 기술기준에 적합한지의 여부를 확인하기 위하여 소방본부장 또는 소방서장이 실시하는 탱크안전성능검사를 받아야 한다.
② 옥외탱크저장소의 액체위험물탱크 중 그 용량이 50만리터인 탱크는 기초·지반검사, 충수·수압검사, 용접부검사를 받아야 한다.
③ 시·도지사는 허가를 받은 자가 탱크안전성능시험자 또는 「소방산업의 진흥에 관한 법률」 제14조에 따른 한국소방산업기술원로부터 탱크안전성능시험을 받은 경우에는 대통령령이 정하는 바에 따라 당해 탱크안전성능검사의 전부 또는 일부를 면제할 수 있다.
④ 시·도지사가 면제할 수 있는 탱크안전성능검사는 용접부검사로 한다.

24

「위험물안전관리법 시행령」상 정기점검을 받아야 하는 대상을 모두 고른 것은?

> ㄱ. 이송취급소
> ㄴ. 지하탱크저장소
> ㄷ. 지정수량의 200배 이상의 위험물을 저장하는 옥외탱크저장소
> ㄹ. 위험물을 취급하는 탱크로서 지하에 매설된 탱크가 있는 제조소
> ㅁ. 위험물을 취급하는 탱크로서 지상에 노출된 탱크가 있는 주유취급소
> ㅂ. 지정수량 100배 이상의 위험물을 저장하는 옥외저장소

① ㄱ, ㄴ, ㅁ
② ㄴ, ㄷ, ㄹ
③ ㄱ, ㄴ, ㄷ, ㅁ, ㅂ
④ ㄱ, ㄴ, ㄷ, ㄹ, ㅂ

25

「위험물안전관리법 시행규칙」상 옥내소화전설비의 설치기준으로 옳지 않은 것은?

① 옥내소화전은 제조소등의 건축물의 층마다 당해 층의 각 부분에서 하나의 호스접속구까지의 수평거리가 25m 이하가 되도록 설치할 것
② 수원의 수량은 옥내소화전이 가장 많이 설치된 층의 옥내소화전 설치개수(설치개수가 5개 이상인 경우는 5개)에 7.8m³를 곱한 양 이상이 되도록 설치할 것
③ 옥내소화전설비는 각층을 기준으로 하여 당해 층의 모든 옥내소화전(설치개수가 5개 이상인 경우는 5개의 옥내소화전)을 동시에 사용할 경우에 각 노즐끝부분의 방수압력이 170kPa 이상이고 방수량이 1분당 130ℓ 이상의 성능이 되도록 할 것
④ 옥내소화전설비에는 비상전원을 설치할 것

제 02회 소방관계법규 모의고사

01
「소방기본법」 및 같은 법 시행령상 소방업무에 관한 종합계획의 수립·시행 등에 관한 내용으로 옳은 것은?

① 소방청장은 소방업무에 관한 종합계획을 시·도지사와의 협의를 거쳐 계획 시행 전년도 10월 31일까지 수립해야 한다.
② 종합계획에는 소방업무에 필요한 장비의 구비, 재난·재해 환경 변화에 따른 소방업무에 필요한 대응 체계 마련의 사항이 포함되어야 한다.
③ 시·도지사는 관할 지역의 특성을 고려하여 종합계획의 시행에 필요한 세부계획을 5년마다 수립하여 관계 중앙행정기관의 장에게 제출하여야 하며, 세부계획에 따른 소방업무를 성실히 수행하여야 한다.
④ 소방청장은 소방업무의 체계적 수행을 위하여 필요한 경우 관계 행정기관의 장이 제출한 세부계획의 보완 또는 수정을 요청할 수 있다.

02
「소방기본법 시행령」상 소방안전교육사의 배치대상별 배치기준으로 옳지 않은 것은?

① 소방청: 2 이상
② 소방본부: 2 이상
③ 한국소방산업기술원: 2 이상
④ 한국소방시설업자협회: 1 이상

03
「소방기본법」상 소방자동차의 우선통행에 관한 내용으로 옳지 않은 것은?

① 모든 차와 사람은 소방자동차(지휘를 위한 자동차와 구조·구급차를 포함한다)가 화재진압 및 구조·구급 활동을 위하여 출동을 할 때에는 이를 방해하여서는 아니 된다.
② 소방자동차가 화재진압 및 구조·구급 활동을 위하여 출동하거나 훈련을 위하여 필요할 때에는 사이렌을 사용할 수 있다.
③ 모든 차와 사람은 소방자동차가 화재진압 및 구조·구급 활동을 위하여 사이렌을 사용하여 출동하거나 훈련을 하는 경우 소방자동차에 진로를 양보하지 아니하는 행위를 하여서는 아니 된다.
④ 소방기본법에서 규정하는 경우를 제외하고 소방자동차의 우선 통행에 관하여는 「도로교통법」에서 정하는 바에 따른다.

04
「소방기본법 시행령」상 소방활동구역에 출입할 수 있는 자로 옳지 않은 것은?

① 소방활동구역 안에 있는 소방대상물의 점유자
② 건축의 업무에 종사하는 사람으로서 원활한 소방활동을 위하여 필요한 사람
③ 구조·구급업무에 종사하는 사람
④ 수사업무에 종사하는 사람

05
「소방의 화재조사에 관한 법률」상 화재조사전담부서의 업무로 옳지 않은 것은?

① 화재조사의 실시 및 소방정책의 분석
② 화재조사 관련 기술개발
③ 화재조사관의 역량증진
④ 화재조사에 필요한 시설·장비의 관리·운영

06

「소방시설공사업법」 및 같은 법 시행규칙상 소방시설업 등록사항의 변경에 관한 내용으로 옳은 것은?

① 소방시설업자는 행정안전부령으로 정하는 중요 사항을 변경할 때에는 행정안전부령으로 정하는 바에 따라 소방본부장 또는 소방서장에게 신고하여야 한다.
② 상호(명칭) 또는 영업소 소재지, 대표자, 자본금이 변경된 경우 변경신고해야 한다.
③ 영업소 소재지가 등록된 시·도에서 다른 시·도로 변경된 경우에는 제출받은 변경신고 서류를 접수일로부터 10일 이내에 해당 시·도지사에게 보내야 한다.
④ 변경신고 서류를 제출받은 협회는 등록사항의 변경신고 내용을 확인하고 5일 이내에 제출된 소방시설업 등록증·등록수첩 및 기술인력 증빙서류에 그 변경된 사항을 기재하여 발급하여야 한다.

07

「소방시설공사업법」 및 같은 법 시행령상 소방공사감리에 관한 내용으로 옳지 않은 것은?

① 감리업자는 소방공사를 감리할 때 피난시설 및 방화시설의 적법성 검토 업무를 수행하여야 한다.
② 지하층을 포함한 층수가 15층 이상으로서 300세대 이상인 아파트에 대한 소방시설의 공사는 상주 공사감리 해야 한다.
③ 상주 공사감리에 해당하지 않는 소방시설의 공사의 경우 감리원은 행정안전부령으로 정하는 기간 중에는 주 1회 이상 공사 현장에 배치되어 업무를 수행하고 감리일지에 기록해야 한다.
④ 상주 공사감리에 해당하지 않는 소방시설의 공사에는 보조감리원을 배치하지 않을 수 있다.

08

「소방시설공사업법 시행령」상 공사대금의 지급보증 등의 예외가 되는 소방시설공사로 옳지 않은 것은?

① 공사 1건의 도급금액이 500만원인 소규모 소방시설공사
② 공사기간이 1개월인 소방시설공사
③ 공사 1건의 도급금액이 1천만원인 소규모 소방시설공사
④ 공사기간이 3개월인 소방시설공사

09

「소방시설공사업법 시행령」상 과태료 금액의 2분의 1의 범위에서 그 금액을 줄여 부과할 수 있는 경우로 옳지 않은 것은?

① 위반행위자가 처음 위반행위를 한 경우로서 1년 이상 해당 업종을 모범적으로 영위한 사실이 인정되는 경우
② 위반행위자가 화재 등 재난으로 재산에 현저한 손실이 발생하거나 사업여건의 악화로 사업이 중대한 위기에 처하는 등의 사정이 있는 경우
③ 위반행위가 사소한 부주의나 오류 등 과실로 인한 것으로 인정되는 경우
④ 위반행위자가 위법행위로 인한 결과를 시정하거나 해소한 경우

10

「화재의 예방 및 안전관리에 관한 법률」 및 같은 법 시행령상 화재안전조사를 실시한 경우 결과 공개에 관한 내용으로 옳지 않은 것은?

① 소방관서장은 화재안전조사를 실시한 경우 피난시설, 방화구획 및 방화시설의 설치 및 관리 현황, 소방시설등의 설치 및 관리 현황 등에 관한 사항의 전부 또는 일부를 인터넷 홈페이지나 전산시스템 등을 통하여 공개할 수 있다.
② 소방청장은 화재안전조사 결과를 체계적으로 관리하고 활용하기 위하여 전산시스템을 구축·운영하여야 한다.
③ 소방대상물의 관계인은 공개 내용 등을 통보받은 날부터 10일 이내에 소방관서장에게 이의신청을 할 수 있다.
④ 소방관서장은 화재안전조사 결과를 공개하는 경우 10일 이상 해당 소방관서 인터넷 홈페이지나 전산시스템을 통해 공개해야 한다.

11

「화재의 예방 및 안전관리에 관한 법률 시행규칙」상 화재예방강화지구 및 이에 준하는 대통령령으로 정하는 장소에서 모닥불, 흡연 등 화기의 취급등의 행위를 할 수 있는 경우로 옳지 않은 것은?

① 「국민건강증진법」 제9조 제4항 각 호 외의 부분 후단에 따라 설치한 흡연실 등 법령에 따라 지정된 장소에서 화기 등을 취급하는 경우
② 방화구획된 장소에서 화기 등을 취급하는 경우
③ 「산업안전보건기준에 관한 규칙」 제241조의2 제1항에 따른 화재감시자 등 안전요원이 배치된 장소에서 화기 등을 취급하는 경우
④ 그 밖에 소방관서장과 사전 협의하여 안전조치를 한 경우

12

「화재의 예방 및 안전관리에 관한 법률 시행령」상 1급 소방안전관리대상물로 옳지 않은 것은?

① 연면적 5만제곱미터인 특정소방대상물
② 지상으로부터 높이가 200미터인 아파트
③ 가연성 가스를 2천톤 저장·취급하는 시설
④ 연면적 3만제곱미터이고, 지상층의 층수가 15층인 특정소방대상물

13

「화재의 예방 및 안전관리에 관한 법률」상 건설현장 소방안전관리대상물의 소방안전관리자의 업무로 옳지 않은 것은?

① 자위소방대의 구성·운영 및 교육
② 「소방시설 설치 및 관리에 관한 법률」 제15조 제1항에 따른 임시소방시설의 설치 및 관리에 대한 감독
③ 건설현장의 작업자에 대한 소방안전 교육 및 훈련
④ 공사진행 단계별 피난안전구역, 피난로 등의 확보와 관리

14

「화재의 예방 및 안전관리에 관한 법률 시행령」상 특수가연물의 표지 기준으로 옳은 것은?

① 특수가연물 표지 중 화기엄금 표시 부분의 바탕은 백색으로, 문자는 붉은색으로 해야 한다.
② 특수가연물 표지는 가로의 길이가 0.3미터 이상, 세로의 길이가 0.6미터 이상인 직사각형으로 해야 한다.
③ 특수가연물을 저장 또는 취급하는 장소에는 품명, 최대저장수량, 단위부피당 질량 또는 단위체적당 질량, 관리책임자 성명·직책, 연락처 및 화기취급의 금지표시가 포함된 특수가연물 표지를 설치해야 한다.
④ 특수가연물 표지의 바탕은 검은색으로, 문자는 백색으로 할 것. 다만, "화기엄금" 표시 부분은 제외한다.

15

「소방시설 설치 및 관리에 관한 법률」 및 같은 법 시행규칙상 건축허가 등의 과정에 관한 내용으로 옳은 것은?

① 건축물 등의 증축·개축·재축·용도변경 또는 대수선의 신고를 수리할 권한이 있는 행정기관은 그 신고를 수리하면 그 건축물 등의 시공지 또는 소재지를 관할하는 소방본부장이나 소방서장의 동의를 받아야 한다.
② 소방본부장 또는 소방서장은 법 제6조 제4항에 따라 건축허가등의 동의 요구서류를 접수한 날부터 10일 이내에 건축허가등의 동의 여부를 회신해야 한다.
③ 사용승인에 대한 동의를 할 때에는 「소방시설공사업법」 제14조 제3항에 따른 소방시설공사의 완공검사증명서를 발급하는 것으로 동의를 갈음할 수 있다.
④ 건축허가등의 동의를 요구한 기관이 그 건축허가등을 취소했을 때에는 취소한 날부터 5일 이내에 건축물 등의 시공지 또는 소재지를 관할하는 소방본부장 또는 소방서장에게 그 사실을 통보해야 한다.

16

「소방시설 설치 및 관리에 관한 법률 시행령」상 성능위주설계를 해야 하는 특정소방대상물의 범위로 옳지 않은 것은?

① 연면적 20만제곱미터 이상인 특정소방대상물(아파트등 제외한다)
② 50층 이상(지하층은 제외한다)인 아파트등
③ 연면적 3만제곱미터 이상인 공항시설
④ 지하층의 바닥면적의 합계가 3만제곱미터 이상인 창고시설

17

「소방시설 설치 및 관리에 관한 법률 시행령」상 단독경보형감지기를 설치해야 하는 특정소방대상물로 옳지 않은 것은?

① 연면적 400m²인 유치원
② 교육연구시설 내에 있는 층수가 2층인 기숙사로서 한 층의 바닥면적이 5백m²인 것
③ 수용인원 50명인 수련시설로서 숙박시설이 있는 것
④ 수련시설 내에 있는 합숙소로 연면적 1천5백m²인 것

18

「소방시설 설치 및 관리에 관한 법률」 및 같은 법 시행령상 권한 또는 업무의 위임·위탁 등에 관한 내용으로 옳지 않은 것은?

① 소방청장은 화재안전기준 중 기술기준에 대한 관리·운영 권한을 국립소방연구원장에게 위임한다.
② 소방청장은 소방용품의 형식승인의 변경승인 업무를 기술원 또는 전문기관에 위탁할 수 있다.
③ 소방청장은 소방시설관리사증의 발급·재발급 업무를 소방기술과 관련된 법인 또는 단체에 위탁할 수 있다.
④ 소방청장은 건축 환경 및 화재위험특성 변화 추세 연구에 관한 업무를 대통령령으로 정하는 바에 따라 화재안전 관련 전문연구기관에 위탁할 수 있다.

19

「소방시설 설치 및 관리에 관한 법률」상 소방본부장 또는 소방서장에게 신고할 수 있는 위반행위자로 옳지 않은 것은? (소방본부장 또는 소방서장은 신고를 한 사람에게 예산의 범위에서 포상금을 지급할 수 있다)

① 자체점검과 관련된 사항을 점검기록표에 작성·게시하지 아니한 자
② 소방시설을 화재안전기준에 따라 설치·관리하지 아니한 자
③ 소방시설을 설치·관리하는 경우 화재 시 소방시설의 기능과 성능에 지장을 줄 수 있는 폐쇄(잠금을 포함한다)·차단 등의 행위를 한 자
④ 「건축법」 제49조에 따른 피난시설, 방화구획 및 방화시설의 주위에 물건을 쌓아두거나 장애물을 설치한 자

20

「위험물안전관리법」 및 같은 법 시행규칙상의 내용으로 옳은 것은?

① 이 법은 항공기·선박·철도 및 차량에 의한 위험물의 저장·취급 및 운반에 있어서는 이를 적용하지 아니한다.
② 소방청장은 지방자치단체가 위험물에 의한 사고의 예방·대비 및 대응을 위한 시책을 추진하는 데에 필요한 행정적·재정적 지원을 하여야 한다.
③ 제조소등의 위반행위의 횟수에 따른 행정처분기준은 최근 2년간 같은 위반행위로 행정처분을 받은 경우에 적용한다. 이 경우 기간의 계산은 위반행위에 대하여 행정처분을 받은 날과 그 처분 후 다시 같은 위반행위를 하여 적발된 날을 기준으로 한다.
④ 시·도지사는 제조소등에 대한 사용의 정지가 그 이용자에게 심한 불편을 주거나 그 밖에 공익을 해칠 우려가 있는 때에는 사용정지처분에 갈음하여 3천만원 이하의 과징금을 부과할 수 있다.

21

「위험물안전관리법 시행규칙」상 위험물의 운반에 관한 기준 중 적재하는 위험물의 성질에 따라 일광의 직사 또는 빗물의 침투를 방지하기 위하여 차광성이 있는 피복으로 가려야 하는 위험물로 옳지 않은 것은?

① 휘발유
② 유기과산화물
③ 질산
④ 알칼리금속의 과산화물

22

「위험물안전관리법」상 (ㄱ) 청문을 실시할 수 있는 자와 (ㄴ) 청문을 받는 대상으로 옳은 것은?

	(ㄱ)	(ㄴ)
①	시·도지사, 소방본부장, 소방서장	제조소등의 설치허가의 취소
②	시·도지사, 소방본부장, 소방서장	안전관리자 자격 취소
③	소방청장, 시·도지사	탱크시험자의 등록취소
④	소방청장, 소방본부장, 소방서장	안전관리대행기관의 등록취소

23

「위험물안전관리법 시행령」상 시·도지사가 기술원에 위탁할 수 있는 업무로 옳지 않은 것은?

① 용량이 100만리터 이상인 액체위험물을 저장하는 탱크에 대한 탱크안전성능검사
② 정기검사
③ 지하탱크저장소의 위험물탱크 중 이중벽탱크로 정하는 액체위험물탱크에 대한 탱크안전성능검사
④ 옥외탱크저장소(저장용량이 50만 리터 이상인 것만 해당한다) 또는 암반탱크저장소의 설치 또는 변경에 따른 완공검사

24

「위험물안전관리법 시행규칙」상 지정수량 10배에 해당하는 위험물을 옥내저장소에 저장하는 경우 갖추어야 하는 보유공지 기준으로 옳은 것은? (단, 벽·기둥 및 바닥이 내화구조로 된 건축물인 경우이다)

① 1m 이상
② 2m 이상
③ 3m 이상
④ 5m 이상

25

「위험물안전관리법 시행령」상 대리자의 자격이 있는 자를 각 제조소등별로 지정하여 안전관리자를 보조하게 하여야 하는 대상을 모두 고른 것은? (단, 다수의 제조소등을 동일인이 설치하여 1인의 안전관리자를 중복하여 선임하는 경우 제조소등에 해당한다)

| ㄱ. 제조소 |
| ㄴ. 이송취급소 |
| ㄷ. 일반취급소 |
| ㄹ. 옥내저장소 |

① ㄱ, ㄷ
② ㄱ, ㄴ, ㄷ
③ ㄴ, ㄷ, ㄹ
④ ㄱ, ㄴ, ㄷ, ㄹ

01

「소방기본법 시행규칙」상 종합상황실의 실장이 지체 없이 서면·팩스 또는 컴퓨터통신 등으로 소방서의 종합상황실의 경우는 소방본부의 종합상황실에, 소방본부의 종합상황실의 경우는 소방청의 종합상황실에 각각 보고해야 하는 상황을 모두 고른 것은?

> ㄱ. 사상자가 5인 발생한 화재
> ㄴ. 재산피해액이 100억원 발생한 화재
> ㄷ. 6층인 건축물에서 발생한 화재
> ㄹ. 다중이용업소의 화재
> ㅁ. 소방청장, 소방본부장 또는 소방서장이 정하는 재난상황
> ㅂ. 지정수량의 1천배의 위험물의 제조소·저장소·취급소에서 발생한 화재

① ㄴ, ㄹ
② ㄱ, ㄷ, ㅂ
③ ㄴ, ㄷ, ㄹ
④ ㄴ, ㄹ, ㅂ

02

「소방기본법」상 소방업무의 응원 및 소방력의 동원에 관한 내용으로 옳은 것은?

① 소방본부장이나 소방서장은 소방활동을 할 때에 긴급한 경우에는 이웃한 소방본부장 또는 소방서장에게 소방업무의 응원을 요청할 수 있다.
② 소방업무의 응원을 위하여 파견된 소방대원은 응원을 요청받은 소방본부장 또는 소방서장의 지휘에 따라야 한다.
③ 소방본부장 또는 소방서장은 소방업무의 응원을 요청하는 경우를 대비하여 출동 대상지역 및 규모와 필요한 경비의 부담 등에 관하여 필요한 사항을 행정안전부령으로 정하는 바에 따라 이웃하는 시·도지사와 협의하여 미리 규약으로 정하여야 한다.
④ 소방청장은 소방본부장 또는 소방서장에게 동원된 소방력을 화재, 재난·재해 등이 발생한 지역에 지원·파견하여 줄 것을 요청하거나 필요한 경우 직접 소방대를 편성하여 화재진압 및 인명구조 등 소방에 필요한 활동을 하게 할 수 있다.

03

「소방기본법」 및 같은 법 시행령상 소방안전교육사시험에 관한 내용으로 옳지 않은 것은?

① 소방청장은 소방안전교육을 위하여 소방청장이 실시하는 시험에 합격한 사람에게 소방안전교육사 자격을 부여한다.
② 제1차 시험에 합격한 사람에 대해서는 다음 회의 시험에 한정하여 제1차 시험을 면제한다.
③ 소방안전교육사 시험은 2년마다 1회 시행함을 원칙으로 하되, 소방청장이 필요하다고 인정하는 때에는 그 횟수를 증감할 수 있다.
④ 소방청장은 시험합격자 공고일부터 3일 이내에 행정안전부령으로 정하는 소방안전교육사증을 시험합격자에게 발급하며, 이를 소방안전교육사증 교부대장에 기재하고 관리하여야 한다.

04

「소방기본법」상 벌금의 상한계가 가장 높은 것은?

① 규정을 위반하여 정당한 사유 없이 소방대가 현장에 도착할 때까지 사람을 구출하는 조치 또는 불을 끄거나 불이 번지지 아니하도록 하는 조치를 하지 아니한 관계인
② 규정을 위반하여 정당한 사유 없이 물의 사용이나 수도의 개폐장치의 사용 또는 조작을 하지 못하게 하거나 방해한 자
③ 소방자동차의 통행과 소방활동에 방해가 되는 주차 또는 정차된 차량 및 물건 등을 제거하거나 이동시키는 처분을 방해한 자
④ 피난 명령을 위반한 자

05

「소방의 화재조사에 관한 법률」 및 같은 법 시행령상 화재조사에 관한 내용으로 옳지 않은 것은?

① 소방청장, 소방본부장 또는 소방서장은 화재발생 사실을 알게 된 때에는 수사기관의 범죄수사에 지장을 주더라도 지체 없이 화재조사를 하여야 한다.
② 「소방기본법」에 따른 소방대상물에서 화재가 발생하거나 그 밖에 소방관서장이 화재조사가 필요하다고 인정하는 화재가 발생한 경우 소방청장, 소방본부장 또는 소방서장은 화재조사를 실시해야 한다.
③ 소방관서장은 화재조사를 하는 경우 화재발생건축물과 구조물, 화재유형별 화재위험성 등에 관한 사항에 대하여 조사하여야 한다.
④ 소방관서장은 화재조사를 하는 경우 「산림보호법」 제42조에 따른 산불 조사 등 다른 법률에 따른 화재 관련 조사가 원활히 수행될 수 있도록 협조해야 한다.

06

「소방시설공사업법」 상 소방시설업자의 지위승계에 관한 내용으로 옳지 않은 것은?

① 소방시설업자가 사망한 경우 그 상속인이 종전의 소방시설업자의 지위를 승계하려는 경우에는 그 상속일부터 30일 이내에 행정안전부령으로 정하는 바에 따라 그 사실을 시·도지사에게 신고하여야 한다.
② 「채무자 회생 및 파산에 관한 법률」에 따른 환가의 절차에 따라 소방시설업자의 소방시설의 전부를 인수한 자가 종전의 소방시설업자의 지위를 승계하려는 경우에는 그 인수일부터 14일 이내에 행정안전부령으로 정하는 바에 따라 그 사실을 시·도지사에게 신고하여야 한다.
③ 소방시설업자의 지위승계를 거짓으로 신고한 자에게는 200만원 이하의 과태료를 부과한다.
④ 지위승계에 관하여는 결격사유를 준용한다. 다만, 상속인이 결격사유 각 호의 어느 하나에 해당하는 경우 상속받은 날부터 3개월 동안은 그러하지 아니하다.

07

「소방시설공사업법 시행령」상 행정안전부령으로 정하는 중급기술자 이상의 소방기술자(기계분야 및 전기분야)를 배치해야 하는 소방시설공사 현장의 기준을 모두 고른 것은?

> ㄱ. 물분무등소화설비(호스릴 방식의 소화설비는 제외한다) 또는 제연설비가 설치되는 특정소방대상물의 공사 현장
> ㄴ. 연면적 5천제곱미터 이상 3만제곱미터 미만인 특정소방대상물(아파트는 제외한다)의 공사 현장
> ㄷ. 연면적 1만제곱미터 이상 20만제곱미터 미만인 아파트의 공사 현장
> ㄹ. 지하층을 포함한 층수가 16층 이상 40층 미만인 특정소방대상물의 공사 현장
> ㅁ. 지하구의 공사 현장

① ㄱ, ㄴ
② ㄱ, ㄴ, ㄷ
③ ㄴ, ㄷ, ㄹ
④ ㄱ, ㄴ, ㄷ, ㅁ

08

「소방시설공사업법」상 소방시설업의 과징금처분에 관한 내용으로 (　)안에 알맞은 것은?

> (ㄱ)은/는 영업정지가 그 이용자에게 불편을 주거나 그 밖에 공익을 해칠 우려가 있을 때에는 영업정지처분을 갈음하여 (ㄴ) 이하의 과징금을 부과할 수 있다.

	(ㄱ)	(ㄴ)
①	시·도지사	3천만원
②	시·도지사	2억원
③	소방청장	3천만원
④	소방청장	2억원

09

「소방시설공사업법」상 감리업자가 소방공사의 감리를 마쳤을 때에 공사가 완료된 날부터 7일 이내에 그 감리 결과를 알리거나 공사감리 결과보고서를 제출하여야 하는 대상으로 옳지 않은 것은?

① 특정소방대상물의 관계인
② 특정소방대상물의 공사를 감리한 건축사
③ 소방청장, 소방본부장, 소방서장
④ 소방시설공사의 도급인

10

「소방시설공사업법」 및 같은 법 시행령상 소방시설공사등의 도급과 하도급에 대한 내용으로 옳은 것은?

① 특정소방대상물의 관계인 또는 발주자는 소방시설공사 등을 도급할 때에는 해당 소방시설업자에게 도급하여야 한다. 규정을 위반하여 해당 소방시설업자가 아닌 자에게 소방시설공사등을 도급한 자는 3년 이하의 징역 또는 3천만원 이하의 벌금에 처한다.
② 공사업자가 도급받은 소방시설공사의 도급금액 중 그 공사(하도급한 공사를 제외한다)의 근로자에게 지급하여야 할 임금에 해당하는 금액은 압류할 수 없다.
③ 도급을 받은 자는 소방시설의 설계, 시공, 감리를 제3자에게 하도급할 수 없다.
④ 소방시설공사업과 「건설산업기본법」 제9조에 따른 건설업을 함께 하는 공사업자가 소방시설공사와 해당 사업의 공사를 함께 도급받은 경우에는 도급받은 소방시설공사의 전부를 다른 공사업자에게 하도급할 수 있다.

11

「화재의 예방 및 안전관리에 관한 법률」 및 같은 법 시행령상 화재의 예방 및 안전관리 기본계획 등의 수립·시행에 관한 내용으로 옳지 않은 것은?

① 소방청장은 화재예방정책을 체계적·효율적으로 추진하고 이에 필요한 기반 확충을 위하여 화재의 예방 및 안전관리에 관한 기본계획을 5년마다 수립·시행하여야 한다.
② 기본계획은 대통령령으로 정하는 바에 따라 소방청장이 관계 중앙행정기관의 장과 협의하여 수립한다.
③ 소방청장은 기본계획을 시행하기 위한 계획을 계획 시행 전년도 8월 31일까지 관계 중앙행정기관의 장과 협의한 후 계획 시행 전년도 9월 30일까지 수립해야 한다.
④ 기본계획과 시행계획을 통보받은 관계 중앙행정기관의 장과 시·도지사는 소관 사무의 특성을 반영한 세부시행계획을 수립·시행하고 그 결과를 소방청장에게 통보하여야 한다.

12

「화재의 예방 및 안전관리에 관한 법률」 및 같은 법 시행령상 화재예방강화지구에 관한 내용으로 옳은 것은?

① 소방청장은 「물류시설의 개발 및 운영에 관한 법률」 제2조 제6호에 따른 물류단지를 화재예방강화지구로 지정하여 관리할 수 있다.
② 시·도지사가 화재예방강화지구로 지정할 필요가 있는 지역을 화재예방강화지구로 지정하지 아니하는 경우 소방관서장은 해당 시·도지사에게 해당 지역의 화재예방강화지구 지정을 요청할 수 있다.
③ 소방관서장은 화재예방강화지구 안의 소방대상물의 위치·구조 및 설비 등에 대한 화재안전조사를 연 2회 이상 실시해야 한다.
④ 소방관서장은 화재예방강화지구 안의 관계인에 대하여 대통령령으로 정하는 바에 따라 소방에 필요한 훈련 및 교육을 실시할 수 있다.

13

「화재의 예방 및 안전관리에 관한 법률」 및 같은 법 시행령상 화재안전영향평가심의회에 관한 내용으로 옳지 않은 것은?

① 소방관서장은 화재안전영향평가에 관한 업무를 수행하기 위하여 화재안전영향평가심의회를 구성·운영할 수 있다.
② 심의회는 위원장 1명을 포함한 12명 이내의 위원으로 구성한다.
③ 소방청에서 화재안전 관련 업무를 수행하는 소방준감 이상의 소방공무원 중에서 소방청장이 지명하는 사람은 심의회의 위원이 될 수 있다.
④ 위촉위원의 임기는 2년으로 하며 한 차례만 연임할 수 있다.

14

「화재의 예방 및 안전관리에 관한 법률 시행령」상 관리업자로 하여금 소방안전관리업무 중 대통령령으로 정하는 업무를 대행하게 할 수 있는 소방안전관리대상물을 모두 고른 것은?

> ㄱ. 간이스프링클러설비가 설치된 의료시설
> ㄴ. 연면적 3만제곱미터이며, 층수가 15층인 복합건축물
> ㄷ. 가연성 가스를 300톤 저장·취급하는 시설
> ㄹ. 지하구
> ㅁ. 옥내소화전설비가 설치된 높이 150미터인 아파트

① ㄴ, ㄷ
② ㄷ, ㄹ
③ ㄱ, ㄷ, ㄹ
④ ㄱ, ㄴ, ㄷ, ㄹ

15

「화재의 예방 및 안전관리에 관한 법률」상 청문을 실시할 수 있는 자로 모두 고른 것은?

① 소방청장, 소방본부장, 소방서장, 시·도지사
② 소방청장, 소방본부장, 소방서장
③ 소방본부장, 소방서장, 시·도지사
④ 소방청장, 시·도지사

16

「소방시설 설치 및 관리에 관한 법률 시행령」상 특정소방대상물의 분류로 옳지 않은 것은?

① 판매시설: 슈퍼마켓과 일용품 등의 소매점으로서 같은 건축물에 해당 용도로 쓰는 바닥면적 합계가 500m² 이상인 것
② 문화 및 집회시설: 체육관 및 운동장으로서 관람석의 바닥면적의 합계가 1천m² 이상인 것, 동물원, 식물원
③ 관광 휴게시설: 야외음악당, 어린이회관, 관망탑, 휴게소
④ 지하구: 전력 또는 통신사업용 지하 인공구조물로서 전력구(케이블 접속부가 없는 경우는 제외한다) 또는 통신구 방식으로 설치된 것

17

「소방시설 설치 및 관리에 관한 법률 시행령」상 「건설산업기본법」 제2조 제4호에 따른 건설공사를 하는 자는 특정소방대상물의 신축·증축·개축·재축·이전·용도변경·대수선 또는 설비 설치 등을 위한 공사 현장에서 인화성 물품을 취급하는 작업 등 대통령령으로 정하는 작업을 하기 전에 설치 및 철거가 쉬운 화재대비시설을 설치하고 관리하여야 한다. 이때 설치하고 관리하여야 하는 소방시설의 종류로 옳은 것은?

① 소화기, 피난유도선, 방화포, 비상경보장치
② 소화기, 간이소화장치, 비상조명등, 간이피난유도선
③ 휴대용비상조명등, 누전경보기, 간이소화장치
④ 가스누설경보기, 비상조명등, 유도표지

18

「소방시설 설치 및 관리에 관한 법률 시행규칙」상 종합점검을 받아야 하는 대상으로 옳지 않은 것은?

① 스프링클러설비가 설치된 아파트
② 최초점검을 받아야 하는 복합건축물
③ 물분무등소화설비가 설치된 연면적 1만m²인 제조소등
④ 제연설비가 설치된 길이 1천m인 터널

19

「소방시설 설치 및 관리에 관한 법률」상 영업정지처분을 갈음하여 3천만원 이하의 과징금을 부과할 수 있는 대상으로 옳지 않은 것은?

① 소방시설관리업의 등록증 또는 등록수첩을 빌려준 경우
② 소방시설관리업의 등록기준에 미달하게 된 경우
③ 소방시설등의 자체점검을 하지 아니한 경우
④ 점검능력 평가를 받지 않고 자체점검을 한 경우

20

「소방시설 설치 및 관리에 관한 법률」상 제품검사를 전문적·효율적으로 실시하기 위하여 요건을 모두 갖춘 기관을 제품검사 전문기관으로 지정할 수 있는 권한을 가진 자는?

① 시·도지사
② 소방청장
③ 소방본부장, 소방서장
④ 소방청장, 소방본부장, 소방서장

21

「위험물안전관리법 시행령」상 위험물의 유별 및 지정수량의 연결이 옳은 것은?

① 제1류 - 브롬산염류 - 300kg
② 제2류 - 철분 - 300kg
③ 제3류 - 유기금속화합물 - 30kg
④ 제4류 - 제2석유류(수용성 액체) - 1,000L

22

「위험물안전관리법」상 위험물시설의 유지·관리 및 위험물안전관리자 선임에 관한 내용으로 옳지 않은 것은?

① 소방청장, 소방본부장 또는 소방서장은 유지·관리의 상황이 기술기준에 부적합하다고 인정하는 때에는 그 기술기준에 적합하도록 제조소등의 위치·구조 및 설비의 수리·개조 또는 이전을 명할 수 있다.
② 제조소등(허가를 받지 아니하는 제조소등과 이동탱크저장소를 제외한다)의 관계인은 위험물의 안전관리에 관한 직무를 수행하게 하기 위하여 제조소등마다 대통령령이 정하는 위험물의 취급에 관한 자격이 있는 자를 위험물안전관리자로 선임하여야 한다.
③ 안전관리자를 선임한 제조소등의 관계인은 그 안전관리자를 해임하거나 안전관리자가 퇴직한 때에는 해임하거나 퇴직한 날부터 30일 이내에 다시 안전관리자를 선임하여야 한다.
④ 제조소등에서 저장·취급하는 위험물이 「화학물질관리법」에 따른 유독물질에 해당하는 경우 등 대통령령이 정하는 경우에는 당해 제조소등을 설치한 자는 다른 법률에 의하여 안전관리업무를 하는 자로 선임된 자 가운데 대통령령이 정하는 자를 안전관리자로 선임할 수 있다.

23

「위험물안전관리법」 및 같은 법 시행령, 시행규칙상 위험물의 운반 및 운송에 관한 내용으로 옳지 않은 것은?

① 시·도지사는 운반용기를 제작하거나 수입한 자 등의 신청에 따라 제1항의 규정에 따른 운반용기를 검사할 수 있다. 규정을 위반하여 운반용기에 대한 검사를 받지 아니하고 운반용기를 사용하거나 유통시킨 자는 1년 이하의 징역 또는 1천만원 이하의 벌금에 처한다.
② 지정수량 이상의 위험물을 차량으로 운반하는 경우에는 당해 위험물에 적응성이 있는 소형수동식소화기를 당해 위험물의 소요단위에 상응하는 능력단위 이상 갖추어야 한다.
③ 알칼리금속의 운송에 있어서는 운송책임자의 감독 또는 지원을 받아 이를 운송하여야 한다.
④ 당해 위험물의 취급에 관한 국가기술자격을 취득하고 관련 업무에 1년 이상 종사한 경력이 있는 자는 운송책임자가 될 수 있다.

24

「위험물안전관리법」 및 같은 법 시행령상 위험물 누출등의 사조고사 및 사고조사위원회에 관한 내용으로 옳은 것은?

① 시·도지사, 소방본부장 또는 소방서장은 위험물의 누출·화재·폭발 등의 사고가 발생한 경우 사고의 원인 및 피해 등을 조사하여야 한다.
② 시·도지사, 소방본부장 또는 소방서장은 사고 조사에 필요한 경우 자문을 하기 위하여 관련 분야에 전문지식이 있는 사람으로 구성된 사고조사위원회를 둘 수 있다.
③ 사고조사위원회는 위원장 1명을 포함하여 10명 이내의 위원으로 구성한다.
④ 위촉되는 민간위원의 임기는 2년으로 하며, 한 차례만 연임할 수 있다.

25

다음은 「위험물안전관리법 시행규칙」상 지하탱크저장소의 기준이다. ( ) 안에 알맞은 것은?

> - 탱크전용실은 지하의 가장 가까운 벽·피트·가스관 등의 시설물 및 대지경계선으로부터 (ㄱ)m 이상 떨어진 곳에 설치하고, 지하저장탱크와 탱크전용실의 안쪽과의 사이는 (ㄴ)m 이상의 간격을 유지하도록 하며, 당해 탱크의 주위에 마른 모래 또는 습기 등에 의하여 응고되지 아니하는 입자지름 (ㄷ)mm 이하의 마른 자갈분을 채워야 한다.
> - 지하저장탱크의 윗부분은 지면으로부터 (ㄹ)m 이상 아래에 있어야 한다.
> - 지하저장탱크는 압력탱크(최대상용압력이 46.7kPa 이상인 탱크를 말한다) 외의 탱크에 있어서는 (ㅁ)kPa의 압력으로, 압력탱크에 있어서는 최대상용압력의 1.5배의 압력으로 각각 10분간 수압시험을 실시하여 새거나 변형되지 아니하여야 한다.

	(ㄱ)	(ㄴ)	(ㄷ)	(ㄹ)	(ㅁ)
①	0.1	0.1	5	0.1	70
②	0.1	0.1	5	0.6	70
③	0.1	0.6	5	0.6	50
④	0.6	0.6	3	0.1	70

제04회 소방관계법규 모의고사

01
「소방기본법」상 소방기관의 설치와 소방의 날 제정과 운영 등에 관한 내용으로 옳지 않은 것은?

① 시·도의 화재 예방·경계·진압 및 조사, 소방안전교육·홍보와 화재, 재난·재해, 그 밖의 위급한 상황에서의 구조·구급 등의 업무를 수행하는 소방기관의 설치에 필요한 사항은 대통령령으로 정한다.
② 소방업무를 수행하는 소방본부장 또는 소방서장은 그 소재지를 관할하는 시·도지사의 지휘와 감독을 받는다.
③ 시·도지사는 화재 예방 및 대형 재난 등 필요한 경우 시·도 소방본부장 및 소방서장을 지휘·감독할 수 있다.
④ 국민의 안전의식과 화재에 대한 경각심을 높이고 안전문화를 정착시키기 위하여 매년 11월 9일을 소방의 날로 정하여 기념행사를 한다.

02
「소방기본법 시행규칙」상 소방용수시설의 설치기준으로 옳은 것은?

① 소화전의 경우 상수도와 연결하여 지하식 또는 지상식의 구조로 하고, 소방용 호스와 연결하는 소화전의 연결금속구의 구경은 60밀리미터로 할 것
② 급수탑의 경우 급수배관의 구경은 100밀리미터 이상으로 하고, 개폐밸브는 지상에서 1.5미터 이상 1.8미터 이하의 위치에 설치하도록 할 것
③ 저수조의 경우 소방펌프자동차가 쉽게 접근할 수 있도록 하며, 지면으로부터의 낙차가 4.5미터 이상일 것
④ 소화전, 급수탑, 저수조를 공업지역에 설치하는 경우 소방대상물과의 수평거리를 100미터 이하가 되도록 할 것

03
「소방기본법」상 소방안전교육사 시험의 응시자격기준으로 옳은 것을 모두 고른 것은?

> ㄱ. 「초·중등교육법」제21조에 따라 교원의 자격을 취득한 사람
> ㄴ. 「영유아보육법」제21조에 따라 보육교사의 자격을 취득한 사람
> ㄷ. 「학점인정 등에 관한 법률」제3조에 따라 학습과정의 평가인정을 받은 교육훈련기관에서 교육학과, 응급구조학과, 의학과, 간호학과 또는 소방안전 관련 학과 등 소방청장이 고시하는 학과에 개설된 교과목 중 소방안전교육과 관련하여 소방청장이 정하여 고시하는 교과목을 총 6학점 이상 이수한 사람
> ㄹ. 「국가기술자격법」제2조 제3호에 따른 국가기술자격의 직무분야 중 안전관리 분야의 산업기사 자격을 취득한 후 안전관리 분야에 1년 이상 종사한 사람
> ㅁ. 「국가기술자격법」제2조 제3호에 따른 국가기술자격의 직무분야 중 위험물 중직무분야의 기능사 자격을 취득한 사람

① ㄱ, ㄷ
② ㄱ, ㅁ
③ ㄷ, ㄹ
④ ㄴ, ㄷ, ㄹ

04

「소방기본법」상 관계인의 소방활동 등에 관한 내용으로 옳지 않은 것은?

① 관계인은 소방대상물에 화재, 재난·재해, 그 밖의 위급한 상황이 발생한 경우에는 소방대가 현장에 도착할 때까지 경보를 울리거나 대피를 유도하는 등의 방법으로 사람을 구출하는 조치 또는 불을 끄거나 불이 번지지 아니하도록 필요한 조치를 하여야 한다.
② 관계인은 소방대상물에 화재, 재난·재해, 그 밖의 위급한 상황이 발생한 경우에는 이를 소방본부, 소방서 또는 관계 행정기관에 지체 없이 알려야 한다.
③ 규정을 위반하여 정당한 사유 없이 소방대가 현장에 도착할 때까지 사람을 구출하는 조치 또는 불을 끄거나 불이 번지지 아니하도록 하는 조치를 하지 아니한 관계인에게 최초 1회 적발시 200만원 이하의 과태료를 부과한다.
④ 소방대상물에 화재, 재난·재해, 그 밖의 위급한 상황이 발생한 경우에는 이를 소방본부, 소방서 또는 관계 행정기관에 지체 없이 알리지 않은 관계인에게 500만원 이하의 과태료를 부과한다. 이때 과태료 부과권자는 관할 시·도지사, 소방본부장 또는 소방서장이다.

05

「소방시설공사업법」 및 같은 법 시행규칙상 소방시설업의 운영에 관한 내용으로 옳지 않은 것은?

① 소방시설설계업자는 하자보수 보증기간 동안 소방시설 설계기록부 및 소방시설 설계도서를 보관하여야 한다.
② 소방시설업자는 소방기술인력을 변경한 경우 소방시설공사등을 맡긴 특정소방대상물의 관계인에게 지체 없이 그 사실을 알려야 한다.
③ 영업정지처분이나 등록취소처분을 받은 소방시설업자는 그 날부터 소방시설공사등을 하여서는 아니 된다.
④ 소방시설업자는 다른 자에게 자기의 성명이나 상호를 사용하여 소방시설공사등을 수급 또는 시공하게 하거나 소방시설업의 등록증 또는 등록수첩을 빌려 주어서는 아니 된다. 소방시설업의 등록증이나 등록수첩을 빌려준 자는 300만원 이하의 벌금에 처한다.

06

「소방시설공사업법 시행령」상 해당 공사가 중단된 기간 동안 소방기술자를 공사 현장에 배치하지 않을 수 있는 경우로 옳지 않은 것은? (단, 시공관리, 품질 및 안전에 지장이 없는 경우로서 발주자가 서면으로 승낙하는 경우이다)

① 예산의 부족 등 발주자(하도급의 경우에는 수급인을 포함한다. 이하 이 목에서 같다)의 책임 있는 사유 또는 천재지변 등 불가항력으로 공사가 일정기간 중단된 경우
② 감리업자가 공사의 중단을 요청하는 경우
③ 계절적 요인 등으로 해당 공정의 공사가 일정 기간 중단된 경우
④ 민원 요인 등으로 해당 공정의 공사가 일정 기간 중단된 경우

07

「소방시설공사업법」상 청문대상을 모두 고른 것은?

> ㄱ. 소방시설관리업 등록취소처분
> ㄴ. 방염처리업 영업정지처분
> ㄷ. 소방기술인정 자격정지처분
> ㄹ. 소방기술인정 자격취소처분

① ㄴ
② ㄱ, ㄷ
③ ㄴ, ㄹ
④ ㄷ, ㄹ

08

「소방시설공사업법」상 벌칙 기준이 다른 것은?

① 소방시설공사를 다른 업종의 공사와 분리하여 도급하지 아니한 자
② 3일 이내에 하자를 보수하지 아니하거나 하자보수계획을 관계인에게 거짓으로 알린 자
③ 소방기술자를 공사 현장에 배치하지 아니한 자
④ 방염성능기준 미만으로 방염을 한 자

09

「화재의 예방 및 안전관리에 관한 법률」 및 같은 법 시행령, 시행규칙상 화재의 예방 및 안전관리에 관한 통계의 작성 및 관리에 관한 내용으로 옳은 것은?

① 소방청장은 화재의 예방 및 안전관리에 관한 통계를 5년마다 작성·관리하여야 한다.
② 소방관서장은 통계자료의 작성·관리에 관한 업무의 일부만을 행정안전부령으로 정하는 바에 따라 전문성이 있는 기관을 지정하여 수행하게 할 수 있다.
③ 소방청장은 소방시설업자협회, 정부출연연구기관, 통계작성지정기관으로 하여금 통계자료의 작성·관리에 관한 업무를 수행하게 할 수 있다.
④ 소방청장은 통계를 체계적으로 작성·관리하고 분석하기 위하여 전산시스템을 구축·운영할 수 있다.

10

「화재의 예방 및 안전관리에 관한 법률」상 화재예방강화지구의 지정 등과 화재의 예방 등에 대한 지원에 관한 내용으로 옳지 않은 것은?

① 소방관서장은 화재안전조사를 한 결과 화재의 예방강화를 위하여 필요하다고 인정할 때에는 관계인에게 소화기구, 소방용수시설 또는 그 밖에 소방에 필요한 설비의 설치(보수, 보강을 포함한다)를 명할 수 있다.
② 소방관서장은 소방설비등의 설치를 명하는 경우 해당 관계인에게 소방설비등의 설치에 필요한 지원을 할 수 있다.
③ 소방청장은 관계 중앙행정기관의 장 및 시·도지사에게 지원에 필요한 협조를 요청할 수 있다.
④ 시·도지사는 소방청장의 요청이 있거나 화재예방강화지구 안의 소방대상물의 화재안전성능 향상을 위하여 필요한 경우 시·도의 조례로 정하는 바에 따라 소방설비등의 설치에 필요한 비용을 지원할 수 있다.

11

「화재의 예방 및 안전관리에 관한 법률 시행규칙」상 소방안전관리업무 대행인력의 배치기준과 자격의 내용으로 옳지 않은 것은?

① 1급 소방안전관리대상물의 물분무등소화설비: 중급점검자 이상 1명 이상
② 2급 소방안전관리대상물의 스프링클러설비: 초급점검자 이상 1명 이상
③ 2급 소방안전관리대상물의 옥외소화전설비: 초급점검자 이상 1명 이상
④ 3급 소방안전관리대상물의 자동화재탐지설비: 초급점검자 이상 1명 이상

12

다음은 「화재의 예방 및 안전관리에 관한 법률 시행규칙」상 소방청장이 소방안전관리자의 자격을 정지하거나 취소하는 때에 적용하는 행정처분 기준이다. (   ) 안에 들어갈 말로 옳은 것은?

> 위반행위의 횟수에 따른 행정처분 기준은 최근 (   ) 간 같은 위반행위로 행정처분을 받은 경우에 적용한다. 이 경우 기준 적용일은 위반행위에 대한 행정처분일과 그 처분 후에 한 위반행위가 다시 적발된 날을 기준으로 한다.

① 1년
② 3년
③ 5년
④ 10년

13

「화재의 예방 및 안전관리에 관한 법률 시행규칙」상 소방청장은 지정신청서를 접수한 경우 지정기준 등에 적합한지를 검토하여 며칠 이내에 진단기관 지정 여부를 결정해야 하는가?

① 5일
② 10일
③ 14일
④ 60일

14

「화재의 예방 및 안전관리에 관한 법률」상 과태료 부과권자를 모두 고른 것은?

① 소방청장, 소방본부장, 소방서장, 시·도지사
② 소방청장, 소방본부장, 소방서장
③ 소방본부장, 소방서장, 시·도지사
④ 소방청장, 시·도지사

15

「소방시설 설치 및 관리에 관한 법률」 및 같은 법 시행규칙상 성능위주설계 과정에 관한 내용으로 옳은 것은?

① 소방시설을 설치하려는 자가 성능위주설계를 한 경우에는 「건축법」 제11조에 따른 건축허가를 신청하기 전에 해당 특정소방대상물의 시공지 또는 소재지를 관할하는 시·도지사에게 신고하여야 한다.
② 성능위주설계의 신고를 받은 소방서장은 필요한 경우 보완 절차를 거쳐 소방청장 또는 관할 소방본부장에게 성능위주설계 평가단의 검토·평가를 요청해야 한다.
③ 검토·평가를 요청받은 소방청장 또는 소방본부장은 요청을 받은 날부터 14일 이내에 평가단의 심의·의결을 거쳐 해당 건축물의 성능위주설계를 검토·평가하고, 성능위주설계 검토·평가 결과서를 작성하여 관할 소방서장에게 지체 없이 통보해야 한다.
④ 성능위주설계 신고를 받은 소방서장은 신기술·신공법 등 검토·평가에 고도의 기술이 필요한 경우에는 지방위원회에 심의를 요청할 수 있다.

16

「소방시설 설치 및 관리에 관한 법률 시행령」상 소화수를 수집·처리하는 설비가 설치되어 있지 않은 중·저준위방사성폐기물의 저장시설에 설치할 수 있는 물분무등소화설비로 옳지 않은 것은?

① 이산화탄소소화설비
② 할론소화설비
③ 분말소화설비
④ 할로겐화합물 및 불활성기체 소화설비

17

「소방시설 설치 및 관리에 관한 법률 시행령」상 화재안전기준을 적용하기 어려운 특정소방대상물로 구분되는 것은?

① 석재, 불연성금속, 불연성 건축재료 등의 가공공장·기계조립공장 또는 불연성 물품을 저장하는 창고
② 펄프공장의 작업장, 음료수 공장의 세정 또는 충전을 하는 작업장, 그 밖에 이와 비슷한 용도로 사용하는 것
③ 원자력발전소, 중·저준위방사성폐기물의 저장시설
④ 자체소방대가 설치된 제조소등에 부속된 사무실

18

「소방시설 설치 및 관리에 관한 법률」 및 같은 법 시행령 지방소방기술심의위원회의 심의사항으로 옳지 않은 것은?

① 연면적 10만제곱미터 미만의 특정소방대상물에 설치된 소방시설의 설계·시공·감리의 하자 유무에 관한 사항
② 소방본부장 또는 소방서장이 「위험물안전관리법」 제2조 제1항 제6호에 따른 제조소등의 시설기준 또는 화재안전기준의 적용에 관하여 기술검토를 요청하는 사항
③ 소방기술과 관련하여 시·도지사가 소방기술심의위원회의 심의에 부치는 사항
④ 소방시설의 설계 및 공사감리의 방법에 관한 사항

19

「소방시설 설치 및 관리에 관한 법률」 및 같은 법 시행령상 방염성능의 검사에 관한 내용으로 옳지 않은 것은?

① 특정소방대상물에 사용하는 방염대상물품은 소방청장이 실시하는 방염성능검사를 받은 것이어야 한다.
② 전시용 합판·목재 또는 섬유판, 무대용 합판·목재 또는 섬유판 중 설치 현장에서 방염처리를 하는 합판·목재류 또는 섬유판의 경우 시·도지사가 실시하는 방염성능검사를 받은 것이어야 한다.
③ 방염성능검사에 합격하지 아니한 물품에 합격표시를 하거나 합격표시를 위조하거나 변조하여 사용한 자는 300만원 이하의 벌금에 처한다.
④ 방염성능검사를 할 때에 거짓 시료를 제출하는 자는 300만원 이하의 벌금에 처한다.

20

「소방시설 설치 및 관리에 관한 법률」상 소방용품에 대한 수집검사 등에 관한 내용으로 옳은 것은?

- (ㄱ)은/는 소방용품의 품질관리를 위하여 필요하다고 인정할 때에는 유통 중인 소방용품을 수집하여 검사할 수 있다.
- (ㄱ)은/는 수집검사 결과 행정안전부령으로 정하는 중대한 결함이 있다고 인정되는 소방용품에 대하여는 그 제조자 및 수입자에게 행정안전부령으로 정하는 바에 따라 회수·교환·폐기 또는 (ㄴ)을/를 명하고, 형식승인 또는 (ㄷ)을/를 취소할 수 있다.

	(ㄱ)	(ㄴ)	(ㄷ)
①	소방청장	판매중지	성능인증
②	소방청장	판매중지	제품검사
③	소방청장	생산중지	성능인증
④	소방청장 또는 시·도지사	생산중지	제품검사

21

「위험물안전관리법 시행규칙」상 위험물의 유별 저장·취급의 공통기준(중요기준)으로 옳지 않은 것은?

① 제1류 위험물은 가연물과의 접촉·혼합이나 분해를 촉진하는 물품과의 접근 또는 과열·충격·마찰 등을 피하는 한편, 알카리금속의 과산화물 및 이를 함유한 것에 있어서는 물과의 접촉을 피하여야 한다.
② 제2류 위험물은 산화제와의 접촉·혼합이나 불티·불꽃·고온체와의 접근 또는 과열을 피하는 한편, 철분·금속분·마그네슘 및 이를 함유한 것에 있어서는 물이나 산과의 접촉을 피하고 인화성 고체에 있어서는 함부로 증기를 발생시키지 아니하여야 한다.
③ 제5류 위험물은 불티·불꽃·고온체와의 접근 또는 과열을 피하고, 함부로 증기를 발생시키지 아니하여야 한다.
④ 제6류 위험물은 가연물과의 접촉·혼합이나 분해를 촉진하는 물품과의 접근 또는 과열을 피하여야 한다.

22

「위험물안전관리법 시행규칙」상 피난설비를 설치하여야 하는 대상으로 옳지 않은 것은?

① 주유취급소 중 건축물의 3층 부분을 점포로 사용하는 것
② 주유취급소 중 건축물의 2층 부분을 휴게음식점으로 사용하는 것
③ 주유취급소 중 건축물의 1층 부분을 전시장으로 사용하는 것
④ 옥내주유취급소

23

「위험물안전관리법 시행규칙」상 특정·준특정옥외탱크저장소의 정기점검에 관한 내용으로 옳지 않은 것은?

① 옥외탱크저장소 중 저장 또는 취급하는 액체위험물의 최대수량이 50만리터 이상인 것은 구조안전점검을 해야 한다.
② 특정·준특정옥외탱크저장소의 설치허가에 따른 완공검사합격확인증을 발급받은 날부터 12년 이내에 1회 이상 구조안전점검을 해야 한다.
③ 해당 기간 이내에 특정·준특정옥외저장탱크의 사용중단 등으로 구조안전점검을 실시하기가 곤란한 경우에는 관할 소방서장에게 구조안전점검의 실시기간 연장신청을 할 수 있으며, 그 신청을 받은 소방서장은 1년(특정·준특정옥외저장탱크의 사용을 중지한 경우에는 사용중지기간)의 범위에서 실시기간을 연장할 수 있다.
④ 제조소등의 관계인은 안전관리대행기관에 특정·준특정옥외탱크저장소의 정기점검을 의뢰하여 실시할 수 있다.

24

「위험물안전관리법 시행규칙」상 위험물의 운반에 관한 기준으로 옳지 않은 것은?

① 지정수량 이상의 위험물을 차량으로 운반하는 경우에는 해당 차량에 소방청장이 정하여 고시하는 바에 따라 운반하는 위험물의 위험성을 알리는 표지를 설치하여야 한다.
② 지정수량 이상의 위험물을 차량으로 운반하는 경우에 있어서 다른 차량에 바꾸어 싣거나 휴식·고장 등으로 차량을 일시 정차시킬 때에는 안전한 장소를 택하고 운반하는 위험물의 안전확보에 주의하여야 한다.
③ 지정수량 이상의 위험물을 차량으로 운반하는 경우에는 당해 위험물에 적응성이 있는 대형수동식소화기를 당해 위험물의 소요단위에 상응하는 능력단위 이하 갖추어야 한다.
④ 품명 또는 지정수량을 달리하는 2 이상의 위험물을 운반하는 경우에 있어서 운반하는 각각의 위험물의 수량을 당해 위험물의 지정수량으로 나누어 얻은 수의 합이 1 이상인 때에는 지정수량 이상의 위험물을 운반하는 것으로 본다.

25

「위험물안전관리법」상 1천5백만원 이하의 벌금에 처하는 경우로 옳은 것은?

① 위험물의 저장 또는 취급에 관한 중요기준에 따르지 아니한 자
② 안전관리자 또는 그 대리자가 참여하지 아니한 상태에서 위험물을 취급한 자
③ 위험물의 운반에 관한 중요기준에 따르지 아니한 자
④ 위험물의 저장 또는 취급에 관한 세부기준을 위반한 자

제05회 소방관계법규 모의고사

01

「소방기본법」 및 같은 법 시행규칙상 자체소방대의 설치·운영에 관한 내용으로 옳지 않은 것은?

① 관계인은 화재를 진압하거나 구조·구급 활동을 하기 위하여 상설 조직체(「위험물안전관리법」 제19조 및 그 밖의 다른 법령에 따라 설치된 자위소방대를 포함한다)를 설치·운영할 수 있다.
② 자체소방대는 소방대가 현장에 도착한 경우 소방대장의 지휘·통제에 따라야 한다.
③ 소방청장, 소방본부장 또는 소방서장은 자체소방대의 역량 향상을 위하여 필요한 교육·훈련 등을 지원할 수 있다.
④ 소방청장, 소방본부장 또는 소방서장은 자체소방대의 역량 향상을 위하여 소방기관과 자체소방대와의 합동 소방훈련등을 지원할 수 있다.

02

「소방기본법」상 소방자동차 교통안전 분석시스템 구축·운영에 관한 내용으로 (   ) 안에 들어갈 사람으로 알맞은 것은?

- (ㄱ)은 대통령령으로 정하는 소방자동차에 행정안전부령으로 정하는 기준에 적합한 운행기록장치를 장착하고 운용하여야 한다.
- (ㄴ)은 소방자동차의 안전한 운행 및 교통사고 예방을 위하여 운행기록장치 데이터의 수집·저장·통합·분석 등의 업무를 전자적으로 처리하기 위한 시스템을 구축·운영할 수 있다.
- (ㄷ)은 소방자동차 교통안전 분석 시스템으로 처리된 자료를 이용하여 소방자동차의 장비운용자 등에게 어떠한 불리한 제재나 처벌을 하여서는 아니 된다.

	(ㄱ)	(ㄴ)	(ㄷ)
①	소방청장	소방청장	소방청장, 소방본부장 및 소방서장
②	소방청장	소방청장 또는 소방본부장	소방청장
③	소방청장 또는 소방본부장	소방청장	소방청장, 소방본부장 및 소방서장
④	소방청장 또는 소방본부장	소방청장, 소방본부장 및 소방서장	소방청장 또는 소방본부장

03

「소방기본법 시행령」상 별표3 과태료 부과 개별기준에 대한 내용 중 위반행위의 횟수에 따라 가중된 과태료 부과처분의 금액으로 ( ) 안에 알맞은 것은?

위반행위	과태료 금액(단위: 만원)		
	1회	2회	3회
소방자동차의 출동에 지장을 준 경우	(ㄱ)		
한국소방안전원 또는 이와 유사한 명칭을 사용한 경우		(ㄴ)	
소방활동구역을 출입한 경우			(ㄷ)

	(ㄱ)	(ㄴ)	(ㄷ)
①	100	100	200
②	100	200	100
③	100	150	200
④	200	200	200

04

「소방의 화재조사에 관한 법률」상 화재조사를 위하여 필요한 범위에서 화재현장 보존조치를 하거나 화재현장과 그 인근 지역을 통제구역으로 설정할 수 있는 권한자를 모두 고른 것은? (단, 방화 또는 실화의 혐의로 수사의 대상이 된 경우도 포함한다)

ㄱ. 소방청장   ㄴ. 소방본부장
ㄷ. 소방서장   ㄹ. 관할 경찰서장
ㅁ. 해양경찰서장

① ㄱ, ㄴ, ㄷ
② ㄱ, ㄴ, ㄷ, ㄹ
③ ㄴ, ㄷ, ㄹ, ㅁ
④ ㄱ, ㄴ, ㄷ, ㄹ, ㅁ

05

「소방의 화재조사에 관한 법률」 및 같은 법 시행령상 화재조사 증거물 수집 등에 관한 사항으로 옳지 않은 것은?

① 수사기관의 장은 화재조사를 위하여 필요한 경우 증거물을 수집하여 검사·시험·분석 등을 할 수 있다.
② 범죄수사와 관련된 증거물인 경우에는 수사기관의 장과 협의하여 수집할 수 있다.
③ 소방서장은 수사기관의 장이 방화 또는 실화의 혐의가 있어서 이미 피의자를 체포하였거나 증거물을 압수하였을 때에 화재조사를 위하여 필요한 경우에는 범죄수사에 지장을 주지 아니하는 범위에서 그 피의자 또는 압수된 증거물에 대한 조사를 할 수 있다.
④ 소방본부장은 수집한 증거물이 화재와 관련이 없다고 인정되는 경우에는 증거물을 지체 없이 반환해야 한다.

06

「소방시설공사업법」 및 같은 법 시행령상 설계 및 시공에 관한 내용으로 옳지 않은 것은?

① 소방시설설계업을 등록한 자는 이 법이나 이 법에 따른 명령과 화재안전기준에 맞게 소방시설을 설계하여야 한다. 규정을 위반하여 설계한 경우 1년 이하의 징역 또는 1천만원 이하의 벌금에 처한다.
② 「소방시설 설치 및 관리에 관한 법률」 제18조 제1항에 따른 지방소방기술심의위원회의 심의를 거쳐 소방시설의 구조와 원리 등에서 특수한 설계로 인정된 경우는 화재안전기준을 따르지 아니할 수 있다.
③ 공사업자는 소방시설공사의 책임시공 및 기술관리를 위하여 대통령령으로 정하는 바에 따라 소속 소방기술자를 공사 현장에 배치하여야 한다.
④ 공사업자는 1명의 소방기술자를 2개의 공사 현장을 초과하여 배치해서는 안된다.

07
「소방시설공사업법 시행령」상 하자보수 보증기간이 같은 소방시설로 나열된 것은?

① 피난기구, 유도표지, 스프링클러설비, 옥외소화전설비
② 상수도소화용수설비, 비상콘센트설비, 자동화재탐지설비, 이산화탄소소화설비
③ 비상조명등, 비상방송설비, 무선통신보조설비, 연결송수관설비
④ 간이스프링클러설비, 물분무소화설비, 자동소화장치, 비상경보설비

08
「소방시설공사업법 시행규칙」상 방염처리능력평가액을 산정하는 경우 고려해야 되는 것을 모두 고른 것은?

> ㄱ. 실적평가액
> ㄴ. 기술력평가액
> ㄷ. 경력평가액
> ㄹ. 신인도평가액

① ㄱ, ㄹ
② ㄱ, ㄷ
③ ㄴ, ㄷ, ㄹ
④ ㄱ, ㄴ, ㄷ, ㄹ

09
다음은 「소방시설공사업법 시행령」상 협회에 위탁하는 업무의 내용이다. 이 중 업무를 위탁하는 자가 다른 것은?

① 소방시설업자의 지위승계 신고의 접수 및 신고내용의 확인
② 소방시설업 등록사항 변경신고의 접수 및 신고내용의 확인
③ 소방기술과 관련된 자격·학력 및 경력의 인정 업무
④ 소방시설업 등록신청의 접수 및 신청내용의 확인

10
「화재의 예방 및 안전관리에 관한 법률」 및 같은 법 시행령상 어린이, 노인, 장애인 등 화재의 예방 및 안전관리에 취약한 자의 안전한 생활환경을 조성하기 위하여 소방관서장이 지원할 수 있는 사항으로 옳지 않은 것은?

① 소방설비등의 설치에 필요한 비용 지원
② 소방시설등의 설치 및 개선
③ 소방용품의 제공
④ 전기·가스 등 화재위험 설비의 점검 및 개선

11
「화재의 예방 및 안전관리에 관한 법률」 및 같은 법 시행규칙상 소방안전관리자의 선임 및 해임 등에 관한 내용으로 옳지 않은 것은?

① 소방안전관리대상물의 관계인이 소방안전관리자 또는 소방안전관리보조자를 선임한 경우에는 행정안전부령으로 정하는 바에 따라 선임한 날부터 14일 이내에 소방본부장 또는 소방서장에게 신고하여야 한다.
② 소방안전관리대상물의 관계인은 신축으로 해당 특정소방대상물의 소방안전관리자를 신규로 선임해야 하는 경우 해당 특정소방대상물의 사용승인일부터 30일 이내에 소방안전관리자를 선임해야 한다.
③ 1급, 2급, 3급 소방안전관리대상물의 관계인은 소방안전관리자 자격시험이나 소방안전관리자에 대한 강습교육이 소방안전관리자 선임기간 내에 있지 않아 소방안전관리자를 선임할 수 없는 경우에는 소방안전관리자 선임의 연기를 신청할 수 있다.
④ 소방안전관리대상물의 관계인이 소방안전관리자 또는 소방안전관리보조자를 해임한 경우에는 그 관계인 또는 해임된 소방안전관리자 또는 소방안전관리보조자는 소방본부장이나 소방서장에게 그 사실을 알려 해임한 사실의 확인을 받을 수 있다.

12

「화재의 예방 및 안전관리에 관한 법률 시행령」상 소방청장이 실시하는 2급 소방안전관리자 자격시험에 응시할 수 있는 사람의 자격기준으로 옳지 않은 것은?

① 대학 또는 고등학교에서 소방안전 관련 교과목을 6학점 이상 이수하고 졸업한 사람
② 경찰공무원으로 2년 이상 근무한 경력이 있는 사람
③ 3급 소방안전관리대상물의 소방안전관리자로 2년 이상 근무한 실무경력이 있는 사람
④ 「위험물안전관리법」 제19조에 따른 자체소방대의 소방대원으로 3년 이상 근무한 경력이 있는 사람

13

「화재의 예방 및 안전관리에 관한 법률 시행령」상 소방본부장 또는 소방서장이 불시에 소방훈련과 교육을 실시할 수 있는 특정소방대상물로 옳지 않은 것은?

① 소방본부장 또는 소방서장이 소방훈련·교육이 필요하다고 인정하는 특정소방대상물
② 노유자시설
③ 교정 및 군사시설
④ 의료시설

14

「화재의 예방 및 안전관리에 관한 법률 시행령」상 「소방기본법」 제40조에 따른 한국소방안전원 또는 소방청장이 지정하는 화재예방안전진단기관으로부터 정기적으로 화재예방안전진단을 받아야 하는 대상으로 옳지 않은 것은?

① 법 제40조 제1항 제1호에 따른 공항시설 중 여객터미널의 연면적이 1천제곱미터 이상인 공항시설
② 제41조 제2항 제1호에 따른 발전소 중 연면적이 5천제곱미터 이상인 발전소
③ 제41조 제2항 제3호에 따른 가스공급시설 중 저장용량이 100톤 이상인 가연성 가스 탱크가 있는 가스공급시설
④ 법 제40조 제1항 제3호에 따른 도시철도시설 중 역사 및 역 시설의 연면적이 5천제곱미터 이상인 도시철도시설

15

「소방시설 설치 및 관리에 관한 법률」 및 같은 법 시행령상 주택에 설치하는 소방시설에 관한 내용으로 옳지 않은 것은?

① 단독주택, 공동주택(아파트 및 기숙사 포함한다)의 소유자는 주택용소방시설을 설치하여야 한다.
② 주택용 소방시설이란 소화기 및 단독경보형감지기를 말한다.
③ 국가 및 지방자치단체는 주택용소방시설의 설치 및 국민의 자율적인 안전관리를 촉진하기 위하여 필요한 시책을 마련하여야 한다.
④ 주택용소방시설의 설치기준 및 자율적인 안전관리 등에 관한 사항은 시·도의 조례로 정한다.

16

「소방시설 설치 및 관리에 관한 법률 시행령」상 분말형태의 소화약제를 사용하는 소화기의 내용연수는 얼마인가?

① 3년
② 5년
③ 10년
④ 15년

17

「소방시설 설치 및 관리에 관한 법률」 및 같은 법 시행규칙상 소방시설등의 자체점검 결과의 조치등의 내용으로 옳지 않은 것은?

① 관리업자 또는 소방안전관리자로 선임된 소방시설관리사 및 소방기술사는 자체점검을 실시한 경우에는 그 점검이 끝난 날부터 10일 이내에 소방시설등 자체점검 실시 결과 보고서(전자문서로 된 보고서를 포함한다)에 소방청장이 정하여 고시하는 소방시설등점검표를 첨부하여 관계인에게 제출해야 한다.
② 소방시설등의 자체점검 결과 이행계획서를 보고받은 소방본부장 또는 소방서장은 소방시설등을 구성하고 있는 기계·기구를 수리하거나 정비해야 하는 경우 보고일부터 20일 이내로 이행계획의 완료 기간을 정하여 관계인에게 통보해야 한다.
③ 완료기간 내에 이행계획을 완료한 관계인은 이행을 완료한 날부터 10일 이내에 소방시설등의 자체점검 결과 이행완료 보고서(전자문서로 된 보고서를 포함한다)에 서류(전자문서를 포함한다)를 첨부하여 소방본부장 또는 소방서장에게 보고해야 한다.
④ 특정소방대상물의 관계인은 천재지변이나 그 밖에 대통령령으로 정하는 사유로 이행계획을 완료하기 곤란한 경우에는 소방본부장 또는 소방서장에게 대통령령으로 정하는 바에 따라 이행계획 완료를 연기하여 줄 것을 신청할 수 있다.

18

「소방시설 설치 및 관리에 관한 법률」상 소방청장이 관리사 자격을 취소(1차 취소)하여야 하는 사유로 옳지 않은 것은?

① 거짓이나 그 밖의 부정한 방법으로 시험에 합격한 경우
② 소방시설관리사증을 다른 사람에게 빌려준 경우
③ 결격사유에 해당하게 된 경우
④ 대행인력의 배치기준·자격·방법 등 준수사항을 지키지 아니한 경우

19

「소방시설 설치 및 관리에 관한 법률 시행령」상 형식승인을 받아야 하는 소방용품을 모두 고른 것은?

> ㄱ. 에어로졸식 소화용구, 자동확산소화기, 주거용 주방자동소화장치, 분말자동소화장치
> ㄴ. 관창, 소방호스, 스프링클러헤드, 가스관선택밸브, 기동용기
> ㄷ. 누전경보기, 중계기, 감지기, 경종, 사이렌, 발신기
> ㄹ. 피난사다리, 구조대, 완강기, 객석유도등
> ㅁ. 방염제, 방염도료

① ㄱ, ㄹ, ㅁ
② ㄴ, ㄷ, ㄹ
③ ㄱ, ㄴ, ㄷ, ㅁ
④ ㄱ, ㄴ, ㄷ, ㄹ, ㅁ

20

다음은 「소방시설 설치 및 관리에 관한 법률」상 전산시스템 구축 및 운영에 관한 내용이다. ( ) 안에 알맞은 것은?

> ( )은/는 특정소방대상물의 체계적인 안전관리를 위하여 다음 각 호의 정보가 포함된 전산시스템을 구축·운영하여야 한다.
> 1. 제6조 제3항에 따라 제출받은 설계도면의 관리 및 활용
> 2. 제23조 제3항에 따라 보고받은 자체점검 결과의 관리 및 활용
> 3. 그 밖에 ( )이/가 필요하다고 인정하는 자료의 관리 및 활용

① 시·도지사
② 소방청장
③ 소방본부장 또는 소방서장
④ 소방청장, 소방본부장 또는 소방서장

21

「위험물안전관리법 시행규칙」상 탱크안전성능검사를 신청하는 시기로 옳지 않은 것은?

① 기초·지반검사: 위험물탱크의 기초 및 지반에 관한 공사의 개시 전
② 충수·수압검사: 위험물을 저장 또는 취급하는 탱크본체에 관한 공사의 개시 전
③ 용접부검사: 탱크본체에 관한 공사의 개시 전
④ 암반탱크검사: 암반탱크의 본체에 관한 공사의 개시 전

22

「위험물안전관리법」 및 같은 법 시행령상 위험물안전관리자에 관한 내용으로 옳지 않은 것은?

① 위험물기능사의 자격을 취득한 사람은 황린, 질산을 취급할 수 있다.
② 소방공무원으로 근무한 경력이 2년 있는 자는 등유, 경유를 취급할 수 있다.
③ 국가기술자격법에 따른 위험물의 취급에 관한 자격취득자 또는 위험물안전에 관한 기본지식과 경험이 있는 자로서 행정안전부령이 정하는 자를 대리자로 지정하여 그 직무를 대행하게 하여야 한다. 이 경우 대리자가 안전관리자의 직무를 대행하는 기간은 30일을 초과할 수 없다.
④ 제조소등에 있어서 위험물취급자격자가 아닌 자는 안전관리자 또는 대리자가 참여한 상태에서 위험물을 취급하여야 한다.

23

「위험물안전관리법」 및 같은 법 시행령, 시행규칙상 자체소방대 및 화학소방자동차에 관한 내용으로 옳지 않은 것은?

① 보일러, 버너 그 밖에 이와 유사한 장치로 제4류 위험물을 소비하는 일반취급소로서 제4류 위험물의 최대수량의 합이 지정수량의 3천배 이상인 경우 자체소방대를 설치하여야 한다.
② 옥외탱크저장소에 저장하는 제4류 위험물의 최대수량이 지정수량의 50만배 이상인 사업소의 자체소방대에 화학소방자동차 2대, 자체소방대원은 10인을 갖춰야 한다.
③ 화학소방자동차 중 이산화탄소 방사차는 3,000kg 이상의 이산화탄소를 비치하여야 한다.
④ 제조소등에 자체소방대를 두지 아니한 관계인은 1년 이하의 징역 또는 1천만원 이하의 벌금에 처한다.

24

「위험물안전관리법」에서 규정하고 있는 명령등에 관한 내용으로 옳지 않은 것은?

① 시·도지사, 소방본부장 또는 소방서장은 위험물에 의한 재해를 방지하기 위하여 허가를 받지 아니하고 지정수량 이상의 위험물을 저장 또는 취급하는 자에 대하여 그 위험물 및 시설의 제거 등 필요한 조치를 명할 수 있다.
② 시·도지사, 소방본부장 또는 소방서장은 관할하는 구역에 있는 이동탱크저장소에서의 위험물의 저장 또는 취급이 규정에 위반된다고 인정하는 때에는 당해 이동탱크저장소의 관계인에 대하여 동항의 기준에 따라 위험물을 저장 또는 취급하도록 명할 수 있다.
③ 시·도지사, 소방본부장 또는 소방서장은 제조소등의 관계인이 응급조치를 강구하지 아니하였다고 인정하는 때에는 응급조치를 강구하도록 명할 수 있다.
④ 시·도지사, 소방본부장 또는 소방서장은 공공의 안전을 유지하거나 재해의 발생을 방지하기 위하여 긴급한 필요가 있다고 인정하는 때에는 제조소등의 관계인에 대하여 당해 제조소등의 사용을 일시정지하거나 그 사용을 제한할 것을 명할 수 있다.

25

다음은 「위험물안전관리법 시행규칙」상 옥외탱크저장소의 위치·구조 및 설비의 기준이다. (   ) 안에 들어갈 말로 옳은 것은?

> - 옥외저장탱크의 펌프설비의 주위에는 너비 (ㄱ)m 이상의 공지를 보유할 것. 다만, 방화상 유효한 격벽을 설치하는 경우와 제6류 위험물 또는 지정수량의 10배 이하 위험물의 옥외저장탱크의 펌프설비에 있어서는 그러하지 아니하다.
> - 펌프설비로부터 옥외저장탱크까지의 사이에는 당해 옥외저장탱크의 보유공지 너비의 (ㄴ) 이상의 거리를 유지할 것
> - 펌프실의 바닥의 주위에는 높이 (ㄷ)m 이상의 턱을 만들고 바닥은 콘크리트 등 위험물이 스며들지 아니하는 재료로 적당히 경사지게 하여 그 최저부에는 집유설비를 설치할 것
> - 펌프실 외의 장소에 설치하는 펌프설비에는 그 직하의 지반면의 주위에 높이 (ㄹ)m 이상의 턱을 만들고 당해 지반면은 콘크리트 등 위험물이 스며들지 아니하는 재료로 적당히 경사지게 하여 그 최저부에는 집유설비를 할 것

	(ㄱ)	(ㄴ)	(ㄷ)	(ㄹ)
①	5	2분의 1	0.2	0.15
②	5	3분의 1	0.2	0.1
③	3	3분의 1	0.15	0.2
④	3	3분의 1	0.2	0.15

제06회 소방관계법규 모의고사

01

「소방기본법」 및 같은 법 시행규칙상 소방신호에 관한 내용으로 옳지 않은 것은?

① 화재예방, 소방활동 또는 소방훈련을 위하여 사용되는 소방신호의 종류와 방법은 행정안전부령으로 정한다.
② 소화활동이 필요없다고 인정되는 때에는 1분간 1회 타종신호를 발령한다.
③ 게시판을 철거하거나 통풍대 또는 기를 내리는 것으로 소방활동이 해제되었음을 알린다.
④ 소방신호의 방법은 그 전부 또는 일부를 함께 사용할 수 있다.

02

「소방기본법」상 소방활동 종사명령에 관한 내용으로 옳은 것은?

① 소방청장, 소방본부장 또는 소방서장은 화재, 재난·재해, 그 밖의 위급한 상황이 발생한 현장에서 소방활동을 위하여 필요할 때에는 그 관할구역에 사는 사람 또는 그 현장에 있는 사람으로 하여금 사람을 구출하는 일 또는 불을 끄거나 불이 번지지 아니하도록 하는 일을 하게 할 수 있다.
② 소방청장 또는 시·도지사는 소방활동에 종사한 사람에게 손실보상심의위원회의 심사·의결에 따라 정당한 보상을 하여야 한다.
③ 고의 또는 과실로 화재 또는 구조·구급 활동이 필요한 상황을 발생시킨 사람은 시·도지사로부터 소방활동의 비용을 지급받을 수 없다.
④ 사람을 구출하는 일 또는 불을 끄거나 불이 번지지 아니하도록 하는 일을 방해한 사람은 100만원 이하의 벌금에 처한다.

03

「소방기본법」상 한국소방안전원의 업무를 모두 고른 것은?

> ㄱ. 회원에 대한 기술지원 등 정관으로 정하는 사항
> ㄴ. 소방기술과 안전관리에 관한 각종 간행물 발간
> ㄷ. 소방산업의 발전 및 소방기술의 향상을 위한 지원
> ㄹ. 화재 예방과 안전관리의식 고취를 위한 대국민 홍보

① ㄱ, ㄴ
② ㄱ, ㄴ, ㄹ
③ ㄴ, ㄷ, ㄹ
④ ㄱ, ㄴ, ㄷ, ㄹ

04

「소방의 화재조사에 관한 법률 시행령」상 소방관서장이 화재합동조사단의 단원으로 임명하거나 위촉할 수 있는 사람으로 옳지 않은 것은?

① 화재조사관 양성을 위한 전문교육을 이수한 사람
② 화재조사 업무에 관한 경력이 3년 이상인 소방공무원
③ 「고등교육법」 제2조에 따른 학교 또는 이에 준하는 교육기관에서 화재조사, 소방 또는 안전관리 등 관련 분야 조교수 이상의 직에 3년 이상 재직한 사람
④ 「국가기술자격법」에 따른 국가기술자격의 직무분야 중 안전관리 분야에서 산업기사 이상의 자격을 취득한 사람

05

「소방시설공사업법」 및 같은 법 시행령상 소방시설업의 등록에 관한 내용으로 옳지 않은 것은?

① 특정소방대상물의 소방시설공사등을 하려는 자는 업종별로 자본금(개인인 경우에는 자산 평가액을 말한다), 기술인력 등 대통령령으로 정하는 요건을 갖추어 시·도지사에게 소방시설업을 등록하여야 한다.
② 일반 소방시설설계업의 기계분야 및 전기분야를 함께 하는 경우 주된 기술인력은 소방기술사 1명 또는 기계분야 소방설비기사와 전기분야 소방설비기사 자격을 함께 취득한 사람 1명 이상으로 할 수 있다.
③ 소방공무원으로 재직한 경력이 3년 이상인 사람으로서 자격수첩을 발급받은 사람을 전문소방시설설계업 등록 시 보조기술인력으로 등록할 수 있다.
④ 방염처리업은 업종에 따라 섬유류 방염업, 합성수지류 방염업, 합판·목재류 방염업으로 구분하며, 방염처리업자가 2개 이상의 방염업을 함께 하는 경우 공통되는 방염처리시설 및 시험기기는 중복하여 갖추어야 한다.

06

「소방시설공사업법」상 등록된 소방시설업의 1차 취소 사유로 옳은 것을 모두 고른 것은?

> ㄱ. 등록을 한 후 정당한 사유 없이 1년이 지날 때까지 영업을 시작하지 아니한 경우
> ㄴ. 법인의 대표자가 결격사유에 해당하게 된 경우 그 사유가 발생한 날부터 3개월 이내에 그 사유를 해소한 경우
> ㄷ. 다른 자에게 자기의 성명이나 상호를 사용하여 소방시설공사등을 수급 또는 시공하게 하거나 소방시설업의 등록증 또는 등록수첩을 빌려준 경우
> ㄹ. 거짓이나 그 밖의 부정한 방법으로 등록한 경우
> ㅁ. 영업정지 기간 중에 소방시설공사등을 한 경우

① ㄱ, ㄴ
② ㄹ, ㅁ
③ ㄴ, ㄷ, ㄹ
④ ㄴ, ㄷ, ㄹ, ㅁ

07

「소방시설공사업법 시행령」상 소방공사 감리원의 배치기준 및 배치기간에 관한 내용으로 옳지 않은 것은?

① 제연설비가 설치되는 특정소방대상물의 공사 현장의 책임감리원은 행정안전부령으로 정하는 중급감리원 이상의 소방공사 감리원(기계분야 및 전기분야)으로 한다.
② 소방시설공사 현장의 연면적 합계가 20만제곱미터 이상인 경우에는 20만제곱미터를 초과하는 연면적에 대하여 10만제곱미터(20만제곱미터를 초과하는 연면적이 10만제곱미터에 미달하는 경우에는 10만제곱미터로 본다)마다 보조감리원 1명 이상을 추가로 배치해야 한다.
③ 상주 공사감리에 해당하지 않는 소방시설의 공사에는 보조감리원을 배치하지 않을 수 있다.
④ 소방공사 감리원을 상주 공사감리 및 일반 공사감리로 구분하여 소방시설공사의 착공일부터 소방시설 완공검사증명서 발급일까지의 기간 중 행정안전부령으로 정하는 기간 동안 배치한다.

08

「소방시설공사업법」상 특정소방대상물의 관계인 또는 발주자가 해당 도급계약의 수급인과 도급계약을 해지할 수 있는 경우로 옳지 않은 것은?

① 소방시설업이 영업정지 된 경우
② 소방시설업을 폐업한 경우
③ 정당한 사유 없이 14일 이상 소방시설공사를 계속하지 아니하는 경우
④ 발주자가 적정성 심사를 한 결과 하수급인 또는 하도급계약 내용의 변경 요구에 정당한 사유 없이 따르지 아니하는 경우

09

「소방시설공사업법」상 벌칙의 상한계 기준이 다른 것은?

① 영업정지처분을 받고 그 영업정지 기간에 영업을 한 자
② 부정한 청탁을 받고 재물 또는 재산상의 이익을 취득하거나 부정한 청탁을 하면서 재물 또는 재산상의 이익을 제공한 자
③ 공사감리 결과의 통보 또는 공사감리 결과보고서의 제출을 거짓으로 한 자
④ 소방시설업자가 아닌 자에게 소방시설공사등을 도급한 자

10

「화재의 예방 및 안전관리에 관한 법률」상 용어의 정의로 옳지 않은 것은?

① "예방"이란 화재의 위험으로부터 사람의 생명·신체 및 재산을 보호하기 위하여 화재발생을 사전에 제거하거나 방지하기 위한 모든 활동을 말한다.
② "안전관리"란 화재로 인한 피해를 최소화하기 위한 예방, 대비, 대응 등의 활동을 말한다.
③ "화재안전조사"란 소방청장, 소방본부장 또는 소방서장이 소방대상물, 관계지역 또는 관계인에 대하여 소방시설등이 소방 관계 법령에 적합하게 설치·관리되고 있는지, 소방대상물에 화재의 발생 위험이 있는지 등을 확인하기 위하여 실시하는 현장조사·문서열람·보고요구 등을 하는 활동을 말한다.
④ "화재예방안전진단"이란 화재발생 우려가 크거나 화재가 발생할 경우 피해가 클 것으로 예상되는 지역에 대하여 화재의 예방 및 안전관리를 강화하기 위해 지정·관리하는 지역을 말한다.

11

「화재의 예방 및 안전관리에 관한 법률」상 화재안전조사 결과에 따른 소방대상물의 위치·구조·설비 또는 관리의 상황이 화재예방을 위하여 보완될 필요가 있거나 화재가 발생하면 인명 또는 재산의 피해가 클 것으로 예상되는 때 관계인에게 명할 수 있는 조치사항으로 옳지 않은 것은?

① 소방대상물의 개수·이전·제거
② 소방안전관리자 선임
③ 공사의 정지 또는 중지
④ 사용의 금지 또는 제한

12

다음은 「화재의 예방 및 안전관리에 관한 법률 시행령」상 소방안전관리보조자 선임인원에 대한 내용이다. ( )에 알맞은 것은?

> 연면적이 (ㄱ) 이상인 특정소방대상물(아파트 및 연립주택은 제외한다)의 경우에는 1명. 다만, 초과되는 연면적 (ㄱ) (특정소방대상물의 방재실에 (ㄴ)가 24시간 상시 근무하고 「소방장비관리법 시행령」 별표 1 제1호 가목에 따른 소방자동차 중 (ㄷ), 소방물탱크차, (ㄹ) 또는 무인방수차를 운용하는 경우에는 (ㅁ)로 한다)마다 1명 이상을 추가로 선임해야 한다.

	(ㄱ)	(ㄴ)	(ㄷ)	(ㄹ)	(ㅁ)
①	1만5천[m²]	자위소방대	소방펌프차	소방화학차	3만[m²]
②	1만5천[m²]	자체소방대	소방펌프차	소방고가차	5만[m²]
③	1만5천[m²]	자위소방대	소방펌프차	구조차	3만[m²]
④	3만[m²]	자위소방대	소방고가차	소방화학차	4만5천[m²]

13

「화재의 예방 및 안전관리에 관한 법률」 및 같은 법 시행령상 관리의 권원이 분리된 특정소방대상물의 소방안전관리에 관한 내용으로 옳은 것은?

① 소방관서장은 관리의 권원이 많아 효율적인 소방안전관리가 이루어지지 아니한다고 판단되는 경우 대통령령으로 정하는 바에 따라 관리의 권원을 조정하여 소방안전관리자를 선임하도록 할 수 있다.
② 둘 이상의 소유권, 관리권 또는 점유권이 동일인에게 귀속된 경우에는 하나의 관리 권원으로 보아 소방안전관리자를 선임할 수 있다.
③ 화재 수신기 또는 소화펌프(가압송수장치를 포함한다)가 별도로 설치되어 있는 경우 하나의 관리 권원으로 보아 소방안전관리자 1명을 선임할 수 있다.
④ 연면적 1만 제곱미터 이상인 특정소방대상물로서 그 관리의 권원이 분리되어 있는 경우 권원별 관계인은 대통령령으로 정하는 바에 따라 소방안전관리자를 선임하여야 한다.

14

「화재의 예방 및 안전관리에 관한 법률」상 규정을 위반하여 진단기관으로부터 화재예방안전진단을 받지 아니한 자가 처할 수 있는 벌칙 규정은?

① 3년 이하의 징역 또는 3천만원 이하의 벌금
② 1년 이하의 징역 또는 1천만원 이하의 벌금
③ 300만원 이하의 벌금
④ 300만원 이하의 과태료

15

「소방시설 설치 및 관리에 관한 법률」상 용어의 정의로 옳지 않은 것은?

① "소방시설"이란 소화설비, 경보설비, 피난구조설비, 소화용수설비, 그 밖에 소화활동설비로서 대통령령으로 정하는 것을 말한다.
② "특정소방대상물"이란 건축물 등의 규모·용도 및 수용인원 등을 고려하여 소방시설을 설치하여야 하는 소방대상물로서 대통령령으로 정하는 것을 말한다.
③ "화재안전성능"이란 화재를 예방하고 화재발생 시 피해를 최소화하기 위하여 소방대상물의 재료, 공간 및 설비 등에 요구되는 안전성능을 말한다.
④ "화재안전기준" 중 기술기준이란 화재안전 확보를 위하여 재료, 공간 및 설비 등에 요구되는 안전성능으로서 소방청장이 고시로 정하는 기준을 말한다.

16

「소방시설 설치 및 관리에 관한 법률 시행령」상 지진이 발생할 경우 소방시설이 정상적으로 작동될 수 있도록 소방청장이 정하는 내진설계기준에 맞게 설치해야 하는 소방시설로 옳은 것은?

① 이산화탄소소화설비, 옥내소화전설비, 포소화설비
② 옥내소화전설비, 스프링클러설비, 옥외소화전설비
③ 간이스프링클러설비, 옥내소화전설비, 연결송수관설비
④ 연결살수설비, 스프링클러설비, 물분무소화설비

17

「소방시설 설치 및 관리에 관한 법률 시행령」상 옥내소화전설비를 설치해야 하는 특정소방대상물로 옳지 않은 것은?

① 연면적 1천m^2인 복합건축물
② 「화재의 예방 및 안전관리에 관한 법률 시행령」 별표 2에서 정하는 수량의 1천배의 특수가연물을 저장·취급하는 공장
③ 연면적 2천m^2인 판매시설
④ 지하가 중 길이가 2천m인 터널

18

「소방시설 설치 및 관리에 관한 법률」 및 같은 법 시행령상 특정소방대상물별로 설치하여야 하는 소방시설의 정비 및 수용인원의 산정방법에 대한 내용으로 옳은 것은?

① 대통령령으로 소방시설을 정할 때에는 특정소방대상물의 규모·용도·수용인원 및 이용자 특성 등을 고려하여야 한다.
② 소방청장은 건축 환경 및 화재위험특성 변화사항을 효과적으로 반영할 수 있도록 소방시설 규정을 2년에 1회 이상 정비하여야 한다.
③ 수용인원 산정 시 복도, 계단 및 화장실의 바닥면적을 포함한다.
④ 수용인원 산정시 계산 결과 소수점 이하의 수는 올림한다.

19

「소방시설 설치 및 관리에 관한 법률 시행령」상 과태료 부과권자가 개별기준에 따른 과태료의 1/2의 범위에서 금액을 줄여 부과할 수 있는 경우로 옳지 않은 것은?

① 위반행위자가 처음 위반행위를 한 경우로서 3년 이상 해당 업종을 모범적으로 영위한 사실이 인정되는 경우
② 위반행위자가 화재 등 재난으로 재산에 현저한 손실을 입거나 사업 여건의 악화로 그 사업이 중대한 위기에 처하는 등 사정이 있는 경우
③ 위반행위자가 과태료를 체납하고 있는 경우
④ 위반행위가 사소한 부주의나 오류로 인한 것으로 인정되는 경우

20

「위험물안전관리법 시행규칙」상 완공검사의 신청시기로 옳지 않은 것을 모두 고른 것은?

> ㄱ. 지하탱크가 있는 제조소등의 경우: 당해 지하탱크를 매설한 후
> ㄴ. 이동탱크저장소의 경우: 이동저장탱크를 완공하고 상시 설치 장소를 확보한 후
> ㄷ. 이송취급소의 경우: 지하·하천 등에 매설하는 경우 이송배관 공사의 전체 또는 일부를 완료한 후
> ㄹ. 전체 공사가 완료된 후에는 완공검사를 실시하기 곤란한 경우: 배관을 지하에 설치하는 경우에는 시·도지사, 소방본부장 또는 소방서장이 지정하는 부분을 매몰하기 직전

① 없음
② ㄴ
③ ㄱ, ㄷ
④ ㄱ, ㄷ, ㄹ

21

「위험물안전관리법」상 제조소등의 사용 중지에 관한 내용으로 옳지 않은 것은?

① 제조소등의 관계인은 제조소등의 사용을 중지(경영상 형편, 대규모 공사 등의 사유로 3개월 이상 위험물을 저장하지 아니하거나 취급하지 아니하는 것을 말한다)하려는 경우에는 위험물의 제거 및 제조소등에의 출입통제 등 행정안전부령으로 정하는 안전조치를 하여야 한다.
② 제조소등의 사용을 중지하는 기간에도 위험물안전관리자가 계속하여 직무를 수행하는 경우 탱크·배관 등 위험물을 저장 또는 취급하는 설비에서 위험물 및 가연성 증기 등의 제거등 안전조치를 하여야 한다.
③ 제조소등의 관계인은 제조소등의 사용을 중지하거나 중지한 제조소등의 사용을 재개하려는 경우에는 해당 제조소등의 사용을 중지하려는 날 또는 재개하려는 날의 14일 전까지 행정안전부령으로 정하는 바에 따라 제조소등의 사용 중지 또는 재개를 시·도지사에게 신고하여야 한다.
④ 제조소등의 관계인은 제2항의 사용 중지신고에 따라 제조소등의 사용을 중지하는 기간 동안에는 제15조 제1항 본문에도 불구하고 위험물안전관리자를 선임하지 아니할 수 있다.

22

「위험물안전관리법 시행규칙」상 1인의 안전관리자를 중복하여 선임할 수 있는 저장소를 모두 고른 것은? (단, 저장소가 동일구 내에 있거나 상호 100미터 이내의 거리에 있는 저장소로서 동일인이 설치한 경우이다)

> ㄱ. 10개의 옥내저장소
> ㄴ. 11개의 옥외탱크저장소
> ㄷ. 5개의 옥내탱크저장소
> ㄹ. 31개의 암반탱크저장소
> ㅁ. 3개의 간이탱크저장소

① ㄱ
② ㄴ, ㄷ, ㄹ
③ ㄱ, ㄴ, ㄷ, ㅁ
④ ㄱ, ㄴ, ㄷ, ㄹ, ㅁ

23

「위험물안전관리법」에 관한 내용으로 옳지 않은 것은?

① 소방청장, 소방본부장 또는 소방서장은 탱크시험자에 대하여 당해 업무를 적정하게 실시하게 하기 위하여 필요하다고 인정하는 때에는 감독상 필요한 명령을 할 수 있다.
② 탱크시험자에 대한 감독상 명령에 따르지 아니한 자는 1천500만원 이하의 벌금에 처한다.
③ 시·도지사, 소방본부장 또는 소방서장은 공공의 안전을 유지하거나 재해의 발생을 방지하기 위하여 긴급한 필요가 있다고 인정하는 때에는 제조소등의 관계인에 대하여 당해 제조소등의 사용을 일시정지하거나 그 사용을 제한할 것을 명할 수 있다.
④ 제조소등의 관계인은 당해 제조소등에서 위험물의 유출 그 밖의 사고가 발생한 때에는 즉시 그리고 지속적으로 위험물의 유출 및 확산의 방지, 유출된 위험물의 제거 그 밖에 재해의 발생방지를 위한 응급조치를 강구하여야 한다.

24

「위험물안전관리법」상 1년 이하의 징역 또는 1천만원 이하의 벌금에 해당하는 사항으로 옳지 않은 것은?

① 탱크시험자로 등록하지 아니하고 탱크시험자의 업무를 한 자
② 제조소등의 완공검사를 받지 아니하고 위험물을 저장·취급한 자
③ 규정을 위반하여 운반용기에 대한 검사를 받지 아니하고 운반용기를 사용하거나 유통시킨 자
④ 제조소등에 대한 긴급 사용정지·제한명령을 위반한 자

25

「위험물안전관리법 시행규칙」상 간이탱크저장소의 위치·구조 및 설비의 기준으로 옳지 않은 것은?

① 하나의 간이탱크저장소에 설치하는 간이저장탱크는 그 수를 2 이하로 하고, 동일한 품질의 위험물의 간이저장탱크를 3 이상 설치하지 아니하여야 한다.
② 간이저장탱크는 움직이거나 넘어지지 아니하도록 지면 또는 가설대에 고정시키되, 옥외에 설치하는 경우에는 그 탱크의 주위에 너비 1m 이상의 공지를 두고, 전용실 안에 설치하는 경우에는 탱크와 전용실의 벽과의 사이에 0.5m 이상의 간격을 유지하여야 한다.
③ 간이저장탱크의 용량은 600ℓ 이하이어야 한다.
④ 간이저장탱크는 두께 3.2mm 이상의 강판으로 흠이 없도록 제작하여야 하며, 70kPa의 압력으로 10분간의 수압시험을 실시하여 새거나 변형되지 아니하여야 한다.

제07회 소방관계법규 모의고사

01
「소방기본법」 및 같은 법 시행규칙상 소방박물관과 소방체험관의 설립과 운영에 관한 내용으로 옳지 않은 것은?

① 소방의 역사와 안전문화를 발전시키고 국민의 안전의식을 높이기 위하여 소방청장은 소방박물관을, 시·도지사는 소방체험관을 설립하여 운영할 수 있다.
② 소방박물관의 설립과 운영에 필요한 사항은 행정안전부령으로 정하고, 소방체험관의 설립과 운영에 필요한 사항은 행정안전부령으로 정하는 기준에 따라 시·도의 조례로 정한다.
③ 소방박물관에는 그 운영에 관한 중요한 사항을 심의하기 위하여 7인 이내의 위원으로 구성된 운영위원회를 둔다.
④ 소방체험관은 국내·외의 소방의 역사, 소방공무원의 복장 및 소방장비 등의 변천 및 발전에 관한 자료를 수집·보관 및 전시한다.

02
「소방기본법」 및 같은 법 시행령상 소방력의 기준과 소방장비 등에 대한 국고보조에 관한 내용으로 옳은 것은?

① 소방청장은 소방력의 기준에 따라 관할구역의 소방력을 확충하기 위하여 필요한 계획을 수립하여 시행하여야 한다.
② 소방자동차 등 소방장비의 분류·표준화와 그 관리 등에 필요한 사항은 행정안전부령으로 정한다.
③ 국가는 소방장비의 구입 등 시·도의 소방업무에 필요한 경비의 전부 또는 일부를 보조한다.
④ 소방활동장비와 설비의 구입 및 설치, 소방관서용 청사의 건축은 국고보조 대상사업의 범위에 해당한다.

03
「소방기본법」 및 같은 법 시행규칙상 소방교육·훈련에 관한 내용으로 옳지 않은 것은?

① 소방청장, 소방본부장 또는 소방서장은 소방업무를 전문적이고 효과적으로 수행하기 위하여 소방대원에게 필요한 교육·훈련을 실시하여야 한다.
② 소방청장, 소방본부장 또는 소방서장은 화재를 예방하고 화재 발생 시 인명과 재산피해를 최소화하기 위하여 어린이집의 영유아, 유치원의 유아, 학교의 학생, 피난 취약자를 대상으로 행정안전부령으로 정하는 바에 따라 소방안전에 관한 교육과 훈련을 실시할 수 있다.
③ 소방공무원 중 소방위, 소방경, 소방령, 소방정의 계급에 있는 사람은 현장지휘훈련을 받아야 한다.
④ 소방청장, 소방본부장 또는 소방서장은 소방안전교육훈련을 실시하려는 경우 매년 12월 31일까지 다음 해의 소방안전교육훈련 운영계획을 수립하여야 한다.

04
「소방의 화재조사에 관한 법률」상 목적에 들어가는 용어로 옳지 않은 것은?

① 화재예방
② 화재원인
③ 화재성장 및 확산
④ 소방활동

05

「소방의 화재조사에 관한 법률」상 벌칙 기준이 다른 것은?

① 규정을 위반하여 소방관서장 또는 경찰서장의 허가 없이 통제구역에 출입한 사람
② 규정을 위반하여 소방관서장 또는 경찰서장의 허가 없이 화재현장에 있는 물건 등을 이동시키거나 변경·훼손한 사람
③ 화재조사를 하는 경우 관계인의 정당한 업무를 방해한 사람
④ 정당한 사유 없이 화재조사관의 출입 또는 조사를 거부·방해 또는 기피한 사람

06

「소방시설공사업법」상 소방시설업의 휴업·폐업 신고 등에 관한 사항으로 옳지 않은 것은?

① 소방시설업자는 소방시설업을 휴업·폐업 또는 재개업 하는 때에는 행정안전부령으로 정하는 바에 따라 소방본부장 또는 소방서장에게 신고하여야 한다.
② 폐업신고를 받은 시·도지사는 소방시설업 등록을 말소하고 그 사실을 행정안전부령으로 정하는 바에 따라 공고하여야 한다.
③ 폐업신고를 한 자가 소방시설업 등록이 말소된 후 6개월 이내에 같은 업종의 소방시설업을 다시 등록한 경우 해당 소방시설업자는 폐업신고 전 소방시설업자의 지위를 승계한다.
④ 소방시설업자의 지위를 승계한 자에 대해서는 폐업신고 전의 소방시설업자에 대한 행정처분의 효과가 승계된다.

07

「소방시설공사업법 시행령」상 소방시설공사의 착공신고 대상으로 옳지 않은 것은? (다만, 「위험물안전관리법」 제2조 제1항 제6호에 따른 제조소등 또는 「다중이용업소의 안전관리에 관한 특별법」 제2조 제1항 제4호에 따른 다중이용업소에서의 소방시설공사는 제외한다)

① 연소방지설비를 신설하는 공사
② 소방용 외의 용도와 겸용되는 비상방송설비를 「정보통신공사업법」에 따른 정보통신공사업자가 신설하는 공사
③ 연소방지설비의 살수구역을 증설하는 공사
④ 물분무등소화설비의 방호구역을 증설하는 공사

08

「소방시설공사업법」상 (   )은/는 소방시설업자의 자본금·기술인력 보유 현황, 소방시설공사등 수행상황, 행정처분 사항 등 소방시설업자에 관한 정보, 소방시설공사등의 착공 및 완공에 관한 사항, 소방기술자 및 감리원의 배치 현황 등 소방시설공사등과 관련된 정보를 종합적이고 체계적으로 관리·제공하기 위하여 소방시설업 종합정보시스템을 구축·운영할 수 있다. (   ) 안에 알맞은 것은?

① 소방청장
② 소방본부장 또는 소방서장
③ 소방청장, 소방본부장 또는 소방서장
④ 소방시설업자협회

09

「소방시설공사업법」 및 같은 법 시행규칙상 소방기술자 양성 및 교육과 실무교육에 관한 내용으로 옳은 것은?

① 소방본부장 또는 소방서장은 전문적이고 체계적인 소방기술자 양성·인정 교육훈련을 위하여 소방기술자 양성·인정 교육훈련기관을 지정할 수 있다.
② 소방기술자 양성·인정 교육훈련기관은 소방기술자 양성·인정 교육훈련을 실시할 수 있는 전담인력을 4명 이상 갖추어야 한다.
③ 소방기술자는 실무교육을 1년마다 1회 이상 받아야 한다. 다만, 실무교육을 받아야 할 기간 내에 소방기술자 양성·인정 교육훈련을 받은 경우에는 해당 실무교육을 받은 것으로 본다.
④ 소방기술자가 정하여진 교육을 받지 아니하면 그 교육을 이수할 때까지 그 소방기술자는 소방시설업 또는 「소방시설 설치 및 관리에 관한 법률」 제29조에 따른 소방시설관리업의 기술인력으로 등록된 사람으로 보지 아니한다.

10

「화재의 예방 및 안전관리에 관한 법률」 및 같은 법 시행령상 화재안전조사의 방법 및 절차 등에 관한 내용으로 옳지 않은 것은?

① 소방관서장은 화재안전조사를 화재안전조사의 항목 전체에 대하여만 실시할 수 있다.
② 화재안전조사의 실시를 사전에 통지하거나 공개하면 조사목적을 달성할 수 없다고 인정되는 경우 사전에 관계인에게 통지하지 아니한다.
③ 화재안전조사는 관계인의 승낙 없이 소방대상물의 공개시간 또는 근무시간 이외에는 할 수 없다. 다만, 화재가 발생할 우려가 뚜렷하여 긴급하게 조사할 필요가 있는 경우에는 그러하지 아니하다.
④ 소방관서장은 화재안전조사의 연기를 승인한 경우라도 연기기간이 끝나기 전에 연기사유가 없어졌거나 긴급히 조사를 해야 할 사유가 발생하였을 때는 관계인에게 미리 알리고 화재안전조사를 할 수 있다.

11

「화재의 예방 및 안전관리에 관한 법률」상 화재안전조사 결과에 따른 조치명령으로 인하여 손실보상하는 경우의 내용으로 옳지 않은 것은?

① 소방청장 또는 시·도지사는 화재안전조사 결과에 따른 조치명령으로 인하여 손실을 입은 자가 있는 경우에는 대통령령으로 정하는 바에 따라 보상하여야 한다.
② 소방청장 또는 시·도지사가 손실을 보상하는 경우에는 시가로 보상해야 한다.
③ 소방본부장 또는 소방서장은 보상금액에 관한 협의가 성립되지 않은 경우에는 그 보상금액을 지급하거나 공탁하고 이를 상대방에게 알려야 한다.
④ 보상금의 지급 또는 공탁의 통지에 불복하는 자는 지급 또는 공탁의 통지를 받은 날부터 30일 이내에 중앙토지수용위원회에 재결을 신청할 수 있다.

12

「화재의 예방 및 안전관리에 관한 법률 시행령」상 특수가연물의 품명과 수량기준으로 옳은 것은?

① 대팻밥: 400kg 이상
② 사류: 3,000kg 이상
③ 고무류·플라스틱류(발포시킨 것): 3,000kg 이상
④ 종이부스러기: 10m³ 이상

13

「화재의 예방 및 안전관리에 관한 법률 시행령」상 소방청장이 실시하는 특급 소방안전관리자 자격시험에 응시할 수 있는 사람의 자격으로 옳지 않은 것은?

① 소방공무원으로 10년 이상 근무한 경력이 있는 사람
② 소방행정학(소방학 및 소방방재학을 포함한다) 또는 소방안전공학(소방방재공학 및 안전공학을 포함한다) 분야에서 석사 이상 학위를 취득한 후 2년 이상 1급 소방안전관리대상물의 소방안전관리자로 근무한 실무경력이 있는 사람
③ 「초고층 및 지하연계 복합건축물 재난관리에 관한 특별법」 제12조 제1항 각 호 외의 부분 본문에 따라 총괄재난관리자로 지정되어 1년 이상 근무한 경력이 있는 사람
④ 5년 이상 2급 소방안전관리대상물의 소방안전관리자로 근무한 실무경력이 있는 사람

14

「화재의 예방 및 안전관리에 관한 법률」 및 같은 법 시행령상 화재 등 재난이 발생할 경우 사회·경제적으로 피해가 커 소방안전 특별관리 하여야 하는 대상으로 옳지 않은 것은?

① 「산업입지 및 개발에 관한 법률」 제2조 제8호의 산업단지
② 「영화 및 비디오물의 진흥에 관한 법률」 제2조 제10호의 영화상영관 중 수용인원 1천명 이상인 영화상영관
③ 「전통시장 및 상점가 육성을 위한 특별법」 제2조 제1호의 전통시장으로서 점포가 300개 이상인 전통시장
④ 「물류시설의 개발 및 운영에 관한 법률」 제2조 제5호의2에 따른 물류창고로서 연면적 10만제곱미터 이상인 것

15

「소방시설 설치 및 관리에 관한 법률」 및 같은 법 시행규칙상 성능위주설계평가단에 관한 내용으로 옳지 않은 것은?

① 성능위주설계에 대한 전문적·기술적인 검토 및 평가를 위하여 소방청, 소방본부 또는 소방서에 성능위주설계평가단을 둔다.
② 성능위주설계평가단의 업무를 수행하면서 알게 된 비밀을 이 법에서 정한 목적 외의 용도로 사용하거나 다른 사람 또는 기관에 제공하거나 누설한 자는 300만원 이하의 벌금에 처한다.
③ 평가단은 평가단장을 포함하여 50명 이내의 평가단원으로 성별을 고려하여 구성한다.
④ 위촉된 평가단원의 임기는 2년으로 하되, 2회에 한정하여 연임할 수 있다.

16

「소방시설 설치 및 관리에 관한 법률」 및 같은 법 시행령상 강화된 소방시설기준을 적용해야 하는 대상과 소방시설의 연결이 옳지 않은 것은?

① 공동구: 소화기, 자동소화장치, 통합감시시설, 비상경보설비
② 전력 및 통신사업용 지하구: 자동화재탐지설비, 연소방지설비, 간이스프링클러설비
③ 노유자 시설: 간이스프링클러설비, 자동화재탐지설비, 단독경보형감지기
④ 의료시설: 스프링클러설비, 자동화재속보설비, 피난구조설비

17

「소방시설 설치 및 관리에 관한 법률 시행령」상 지체없이 수리 등 필요한 조치를 하여야 하는 중대위반사항으로 옳지 않은 것은?

① 소화펌프(가압송수장치를 포함한다), 동력·감시 제어반 또는 소방시설용 전원(비상전원을 포함한다)의 고장으로 소방시설이 작동되지 않는 경우
② 화재 수신기의 고장으로 화재경보음이 자동으로 울리지 않거나 화재 수신기와 연동된 소방시설의 작동이 불가능한 경우
③ 소화배관 등이 폐쇄·차단되어 소화수 또는 소화약제가 자동 방출되지 않는 경우
④ 피난설비가 훼손되거나 철거되어 본래의 기능을 못하는 경우

18

「소방시설 설치 및 관리에 관한 법률」상 시·도지사는 관리업자의 등록을 취소하거나 6개월 이내의 기간을 정하여 이의 시정이나 그 영업의 정지를 명할 수 있다. 1차 취소하여야 하는 경우로 옳지 않은 것은?

① 거짓이나 그 밖의 부정한 방법으로 등록을 한 경우
② 관리업을 등록한 사람이 「위험물안전관리법」을 위반하여 금고 이상의 형의 집행유예를 선고받고 그 유예기간 중에 있는 경우
③ 소방시설관리업의 등록증 또는 등록수첩을 빌려준 경우
④ 결격사유에 해당하는 사람이 있는 법인으로서 결격사유에 해당하게 된 날부터 2개월 이내에 그 임원을 결격사유가 없는 임원으로 바꾸어 선임한 경우

19

「소방시설 설치 및 관리에 관한 법률」상 벌칙의 상한계가 가장 낮은 것은?

① 규정을 위반하여 소방용품의 형식승인을 받지 아니하고 소방용품을 제조하거나 수입한 자
② 제품검사를 받지 아니하거나 합격표시를 하지 아니한 소방용품을 판매·진열하거나 소방시설공사에 사용한 자
③ 방염성능검사에 합격하지 아니한 물품에 합격표시를 하거나 합격표시를 위조하거나 변조하여 사용한 자
④ 영업정지처분을 받고 그 영업정지기간 중에 관리업의 업무를 한 자

20

「위험물안전관리법 시행령」 및 같은 법 시행규칙상 용어의 정의로 옳지 않은 것은?

① 유황은 순도가 60중량퍼센트 이상인 것을 말한다. 이 경우 순도측정에 있어서 불순물은 활석 등 불연성물질과 수분에 한한다.
② 특수인화물이라 함은 이황화탄소, 디에틸에테르 그 밖에 1기압에서 발화점이 섭씨 100도 이하인 것 또는 인화점이 섭씨 영하 20도 이하이고 비점이 섭씨 40도 이하인 것을 말한다.
③ 산화성액체라 함은 액체로서 산화력의 잠재적인 위험성을 판단하기 위하여 고시로 정하는 시험에서 고시로 정하는 성질과 상태를 나타내는 것을 말한다.
④ 위험물을 저장 또는 취급하는 탱크의 용량은 해당 탱크의 공간용적에서 내용적을 뺀 용적으로 한다.

21

「위험물안전관리법」상 위험물시설 또는 군용위험물시설을 설치 및 변경에 관한 내용으로 옳지 않은 것은?

① 제조소등을 설치하고자 하는 자는 대통령령이 정하는 바에 따라 그 설치장소를 관할하는 시·도지사의 허가를 받아야 한다.
② 제조소등의 위치·구조 또는 설비와 당해 제조소등에서 저장하거나 취급하는 위험물의 품명·수량 또는 지정수량의 배수를 변경하고자 하는 자는 변경하고자 하는 날의 1일 전까지 행정안전부령이 정하는 바에 따라 시·도지사에게 신고하여야 한다.
③ 주택의 난방시설(공동주택의 중앙난방시설을 제외한다)을 위한 저장소 또는 취급소의 경우에는 허가를 받지 아니하고 당해 제조소등을 설치할 수 있다.
④ 군사목적 또는 군부대시설을 위한 제조소등을 설치하거나 그 위치·구조 또는 설비를 변경하고자 하는 군부대의 장은 대통령령이 정하는 바에 따라 미리 제조소등의 소재지를 관할하는 시·도지사와 협의하여야 한다.

22

「위험물안전관리법」상 탱크시험자에 관한 내용으로 옳은 것은?

① 시·도지사 또는 제조소등의 관계인은 안전관리업무를 전문적이고 효율적으로 수행하기 위하여 탱크안전성능시험자(이하 "탱크시험자"라 한다)로 하여금 이 법에 의한 검사 또는 점검의 일부를 실시하게 할 수 있다.
② 탱크시험자가 되고자 하는 자는 대통령령이 정하는 기술능력·시설 및 장비를 갖추어 소방본부장 또는 소방서장에게 등록하여야 한다.
③ 등록한 사항 가운데 행정안전부령이 정하는 중요사항을 변경한 경우에는 그 날부터 14일 이내에 소방본부장 또는 소방서장에게 변경신고를 하여야 한다.
④ 소방청장은 탱크시험자가 등록증을 다른 자에게 빌려준 경우에는 그 등록을 취소하여야 한다.

23

「위험물안전관리법 시행령」 및 시행규칙상 실무교육에 관한 내용으로 옳지 않은 것은?

① 소방본부장은 매년 10월 말까지 관할구역 안의 실무교육대상자 현황을 안전원에 통보하고 관할구역 안에서 안전원이 실시하는 안전교육에 관하여 지도·감독하여야 한다.
② 안전관리자는 제조소등의 안전관리자로 선임된 날부터 6개월 이내에 최초 실무교육을 받고, 그 이후 2년마다 1회 교육을 받아야 한다.
③ 소방청장은 위험물운반자, 위험물운송자, 탱크시험자의 기술인력에 대한 실무교육을 안전원에 위탁한다.
④ 기술원 또는 안전원은 실무교육을 하고자 하는 때에는 교육실시 10일 전까지 교육대상자에게 그 내용을 통보한다.

24

「위험물안전관리법 시행규칙」상 제조소의 위치·구조 및 설비의 기준에 따라 위험물을 취급하는 건축물 그 밖의 시설에는 그 취급하는 위험물의 최대수량에 따라 보유공지를 보유하여야 한다. 하지만 제조소의 작업공정이 다른 작업장의 작업공정과 연속되어 있어, 제조소의 건축물 그 밖의 공작물의 주위에 공지를 두게 되면 그 제조소의 작업에 현저한 지장이 생길 우려가 있는 경우 방화상 유효한 격벽을 설치한 때에는 보유공지를 두지 않아도 된다. 이 방화벽이 갖추어야 하는 조건으로 옳지 않은 것은?

① 방화벽은 내화구조로 한다. 다만 취급하는 위험물이 제6류 위험물인 경우에는 불연재료로 할 수 있다.
② 방화벽에 설치하는 출입구 및 창 등의 개구부는 가능한 한 최소로 한다.
③ 출입구 및 창에는 자동폐쇄식의 갑종방화문 또는 을종방화문을 설치한다.
④ 방화벽의 양단 및 상단이 외벽 또는 지붕으로부터 50cm 이상 돌출하도록 한다.

25

「위험물안전관리법 시행규칙」상 이동탱크저장소의 위치·구조 및 설비에 관한 기준으로 옳은 것은?

① 옥외에 있는 상치장소는 화기를 취급하는 장소 또는 인근의 건축물로부터 3m 이상(인근의 건축물이 1층인 경우에는 5m 이상)의 거리를 확보하여야 한다.
② 압력탱크(최대상용압력이 46.7kPa 이상인 탱크를 말한다) 외의 탱크는 50kPa의 압력으로, 압력탱크는 최대상용압력의 1.5배의 압력으로 각각 10분간의 수압시험을 실시하여 새거나 변형되지 아니하여야 한다.
③ 칸막이로 구획된 각 부분마다 맨홀과 안전장치 및 방파판을 설치하여야 한다. 다만, 칸막이로 구획된 부분의 용량이 2,000ℓ 미만인 부분에는 방파판을 설치하지 아니할 수 있다.
④ 방호틀은 정상부분은 부속장치보다 30mm 이상 높게 하거나 이와 동등 이상의 성능이 있는 것으로 한다.

제08회 소방관계법규 모의고사

01
「소방기본법」상 용어의 정의에 관한 내용으로 옳은 것을 모두 고른 것은?

> ㄱ. "소방대상물"이란 건축물, 차량, 선박(「선박법」 제1조의2 제1항에 따른 선박으로서 모든 선박이 해당한다), 선박 건조 구조물, 산림, 그 밖의 인공 구조물 또는 물건을 말한다.
> ㄴ. "소방본부장"이란 특별시·광역시·특별자치시·도 또는 특별자치도에서 화재의 예방·경계·진압·조사 및 구조·구급 등의 업무를 담당하는 기관의 장을 말한다.
> ㄷ. "소방대장"이란 소방청장, 소방본부장 또는 소방서장 등 화재, 재난·재해, 그 밖의 위급한 상황이 발생한 현장에서 소방대를 지휘하는 사람을 말한다.
> ㄹ. "관계지역"이란 특정소방대상물이 있는 장소 및 그 이웃 지역으로서 화재의 예방·경계·진압, 구조·구급 등의 활동에 필요한 지역을 말한다.

① 없음
② ㄱ, ㄴ
③ ㄷ, ㄹ
④ ㄴ, ㄹ

02
「소방기본법」상 화재로 오인할 만한 우려가 있는 불을 피우거나 연막 소독을 하려는 경우 시·도의 조례로 정하는 바에 따라 관할 소방본부장 또는 소방서장에게 신고하여야 하는 지역 또는 장소로 옳은 것은?

① 시장지역, 소방출동로가 없는 지역
② 목조건물이 밀집한 지역, 위험물의 저장 및 처리시설이 있는 지역
③ 행정안전부령으로 정하는 장소, 석유화학제품을 생산하는 공장이 있는 지역
④ 공장·창고가 밀집한 지역, 시·도의 조례로 정하는 지역

03
「소방기본법」상 소방기술 및 소방산업의 국제경쟁력과 국제적 통용성을 높이기 위하여 소방청장이 추진하여야 하는 사업으로 옳지 않은 것은?

① 소방산업의 국제 협력을 위한 조사·연구
② 소방기술의 연구·개발사업
③ 소방기술의 국외시장 개척
④ 소방산업에 관한 국제 전시회, 국제 학술회의 개최 등 국제 교류

04
「소방기본법」상 소방청장 또는 시·도지사가 손실보상심의위원회의 심사·의결에 따라 정당한 보상을 하여야 하는 사유로 옳지 않은 것은?

① 소방활동 종사로 인하여 사망하거나 부상을 입은 자
② 위험시설 등에 대한 긴급조치로 인하여 손실을 입은 자
③ 소방지원활동으로 인하여 손실을 입은 자
④ 소방기관 또는 소방대의 적법한 소방업무 또는 소방활동으로 인하여 손실을 입은 자

05

「소방시설공사업법」상 용어의 정의로 옳은 것은?

① 소방시설설계업: 소방시설공사에 기본이 되는 공사계획, 설계도면, 설계 설명서, 기술계산서 및 이와 관련된 서류를 작성하는 영업
② 소방공사감리업: 소방시설공사에 관한 소방본부장 또는 소방서장의 권한을 대행하여 소방시설공사가 설계도서와 관계 법령에 따라 적법하게 시공되는지를 확인하고, 품질·시공 관리에 대한 기술지도를 하는 영업
③ 소방기술자: 소방기술 경력 등을 인정받은 사람과 국가기술자격 법령에 따른 소방기술사, 소방설비기사, 소방설비산업기사, 산업안전기사로서 소방시설업과 「소방시설 설치 및 관리에 관한 법률」에 따른 소방시설관리업의 기술인력으로 등록된 사람을 말한다
④ 발주자: 소방시설의 설계, 시공, 감리 및 방염을 소방시설업자에게 도급하는 자를 말한다. 다만, 수급인으로서 도급받은 공사를 하도급 하는 자를 포함한다.

06

「소방시설공사업법 시행령」상 소방시설을 시공(증설)할 때에 소방시설공사의 감리를 위하여 감리업자를 공사감리자로 지정하여야 하는 것을 모두 고른 것은?

ㄱ. 옥외소화전설비
ㄴ. 연결살수설비의 송수구역
ㄷ. 무선통신보조설비의 통신구역
ㄹ. 연소방지설비의 살수구역
ㅁ. 호스릴 방식의 물분무등소화설비 방호·방수구역
ㅂ. 자동화재탐지설비의 경계구역

① ㄱ, ㄴ, ㄹ
② ㄴ, ㄷ, ㅂ
③ ㄱ, ㄷ, ㅁ, ㅂ
④ ㄱ, ㄴ, ㄹ, ㅂ

07

「소방시설공사업법」 및 같은 법 시행규칙상 소방기술 경력 등의 인정 등에 관한 내용으로 옳지 않은 것은?

① 소방청장은 소방기술의 효율적인 활용과 소방기술의 향상을 위하여 소방기술과 관련된 자격·학력 및 경력을 가진 사람을 소방기술자로 인정할 수 있다.
② 소방설비기사 기계분야의 자격을 취득한 후 3년 이상 소방 관련 업무를 수행한 사람은 기계분야의 고급기술자가 될 수 있다.
③ 소방청장은 자격수첩 또는 경력수첩을 발급받은 사람이 거짓이나 그 밖의 부정한 방법으로 자격수첩 또는 경력수첩을 발급받은 경우에는 그 자격을 취소하여야 한다.
④ 자격이 취소된 사람은 취소된 날부터 2년간 자격수첩 또는 경력수첩을 발급받을 수 없다.

08

「화재의 예방 및 안전관리에 관한 법률」상 소방청장이 기본계획 및 시행계획의 수립·시행에 필요한 기초자료를 확보하기 위하여 실태조사하는 사항으로 옳지 않은 것은?

① 소방대상물의 용도별·규모별 현황
② 소방대상물의 피난시설, 방화구획등 설치·관리 현황
③ 소방대상물의 화재의 예방 및 안전관리 현황
④ 기본계획 및 시행계획의 수립·시행을 위하여 필요한 사항

09

「화재의 예방 및 안전관리에 관한 법률 시행령」상 보일러 등의 설비 또는 기구 등의 위치·구조 및 관리와 화재예방을 위하여 불을 사용할 때 지켜야 하는 사항으로 옳지 않은 것은?

① 난로의 연통은 천장으로부터 0.6[m] 이상 떨어지고, 연통의 배출구는 건물 밖으로 0.6[m] 이상 나오게 설치해야 한다.
② 불꽃을 사용하는 용접 또는 용단 작업장 주변 반경 5[m] 이내에 소화기를 갖추어 두어야 한다.
③ 시간당 열량이 15만[kcal] 이상인 노를 설치하는 경우 노 주위에는 1[m] 이상 공간을 확보할 것
④ 「식품위생법 시행령」 제21조 제8호에 따른 식품접객업 중 일반음식점 주방에서 조리를 위하여 불을 사용하는 설비를 설치하는 경우 열을 발생하는 조리기구로부터 0.15[m] 이내의 거리에 있는 가연성 주요구조부는 단열성이 있는 불연재료로 덮어씌울 것

10

「화재의 예방 및 안전관리에 관한 법률」상 (1) 특정소방대상물(소방안전관리 대상물 제외)의 관계인과 (2) 소방안전관리대상물의 소방안전관리자의 업무로 옳지 않은 것은?

① (1) 소방시설이나 그 밖의 소방 관련 시설의 관리
   (2) 자위소방대 및 초기대응체계의 구성, 운영 및 교육
② (1) 화기 취급의 감독
   (2) 피난계획에 관한 사항과 대통령령으로 정하는 사항이 포함된 소방계획서의 작성 및 시행
③ (1) 소방훈련 및 교육
   (2) 「소방시설 설치 및 관리에 관한 법률」 제16조에 따른 피난시설, 방화구획 및 방화시설의 관리
④ (1) 소방안전관리에 필요한 업무
   (2) 화재발생 시 초기대응

11

「화재의 예방 및 안전관리에 관한 법률」 및 같은 법 시행령상 화재안전조사단 및 화재안전조사위원회에 관한 내용으로 옳지 않은 것은?

① 소방관서장은 화재안전조사를 효율적으로 수행하기 위하여 대통령령으로 정하는 바에 따라 소방청에는 중앙화재안전조사단을, 소방본부 및 소방서에는 지방화재안전조사단을 편성하여 운영할 수 있다.
② 화재안전조사위원회는 50명 이내의 위원으로 성별을 고려하여 구성한다.
③ 소방관서장은 화재안전조사의 대상을 객관적이고 공정하게 선정하기 위하여 필요한 경우 화재안전조사위원회를 구성하여 화재안전조사의 대상을 선정할 수 있다.
④ 소방관서장은 필요한 경우에는 소방기술사, 소방시설관리사, 그 밖에 화재안전 분야에 전문지식을 갖춘 사람을 화재안전조사에 참여하게 할 수 있다.

12

「화재의 예방 및 안전관리에 관한 법률」 및 같은 법 시행규칙상 법37조와 제37조를 적용받지 아니하는 특정소방대상물의 관계인에 대한 소방안전교육에 관한 내용으로 옳지 않는 것은?

① 소방훈련 및 교육을 한 날부터 30일 이내에 소방훈련 및 교육 결과를 행정안전부령으로 정하는 바에 따라 소방본부장 또는 소방서장에게 제출하여야 한다.
② 소방안전교육의 교육대상자는 법 제37조를 적용받지 않는 소화기 또는 비상경보설비가 설치된 공장 · 창고 등의 특정소방대상물의 관계인으로서 관할 소방서장이 소방안전교육이 필요하다고 인정하는 사람으로 한다.
③ 소방본부장 또는 소방서장은 소방안전교육을 실시하려는 경우에는 교육일 10일 전까지 특정소방대상물 관계인 소방안전교육 계획서를 작성하여 통보해야 한다.
④ 소방본부장이나 소방서장은 제37조를 적용받지 아니하는 특정소방대상물의 관계인에 대하여 특정소방대상물의 화재예방과 소방안전을 위하여 행정안전부령으로 정하는 바에 따라 소방안전교육을 할 수 있다.

13

「화재의 예방 및 안전관리에 관한 법률」상 소방관서장이 안전원에 위탁할 수 있는 업무로 옳지 않은 것은?

① 소방안전관리자 또는 소방안전관리보조자 선임신고의 접수
② 소방안전관리자 자격시험 및 자격의 정지 및 취소
③ 소방안전관리 등에 관한 종합정보망의 구축 · 운영
④ 건설현장 소방안전관리자 선임신고의 접수

14

「소방시설 설치 및 관리에 관한 법률 시행령」상 소방본부장 또는 소방서장의 건축허가 등의 동의를 받아야 하는 대상을 모두 고른 것은?

> ㄱ. 연면적 300m²인 수련시설
> ㄴ. 지하층 또는 무창층이 있는 건축물로서 바닥면적이 300m²인 층이 있는 것
> ㄷ. 바닥면적이 100m²인 항공기 격납고
> ㄹ. 연면적 100m²인 재가노인복지시설로서 단독주택에 설치되어 있는 경우

① ㄱ, ㄹ
② ㄴ, ㄷ
③ ㄱ, ㄴ, ㄷ
④ ㄱ, ㄴ, ㄷ, ㄹ

15

「소방시설 설치 및 관리에 관한 법률 시행령」상 한 층당 바닥면적이 1천m²인 지상 5층 건축물이 있다. 이 건축물에서 화재위험작업(용접·용단 작업 포함)을 하는 경우 설치해야 하는 임시소방시설로 옳은 것은? (해당 건축물은 소방본부장 또는 소방서장의 동의를 받아야 하는 특정소방대상물에 해당하며 무창층은 존재하지 않는다)

① 누전경보기, 간이소화장치, 방화포
② 소화기, 간이소화장치, 비상경보장치, 방화포
③ 비상경보장치, 가스누설경보기, 간이피난유도선
④ 간이소화장치, 비상조명등, 방화포, 비상경보장치

16

「소방시설 설치 및 관리에 관한 법률 시행령」상 방염성능기준 이상의 실내장식물 등을 설치해야 하는 특정소방대상물로 옳지 않은 것은?

① 교육연구시설 중 합숙소, 층수가 11층 이상인 것(아파트 제외)
② 노유자시설, 종교집회장
③ 숙박이 불가능한 수련시설, 의원
④ 방송통신시설 중 방송국, 다중이용업의 영업소

17

「소방시설 설치 및 관리에 관한 법률 시행령」상 소방청장이 실시하는 관리사 시험에 응시할 수 있는 자격기준으로 옳지 않은 것은?

① 건축전기설비기술사, 공조냉동기계기술사
② 소방설비기사 자격을 취득한 후 2년 이상 소방청장이 정하여 고시하는 소방에 관한 실무경력이 있는 사람
③ 산업안전기사 자격을 취득한 후 2년 이상 소방실무경력이 있는 사람
④ 소방안전공학(소방방재공학, 안전공학을 포함한다) 분야를 전공한 후 2년 이상 소방실무경력이 있는 사람

18

「소방시설 설치 및 관리에 관한 법률 시행규칙」상 소방시설관리업자가 지체없이 시·도지사에게 그 소방시설관리업 등록증 및 등록수첩을 반납해야 하는 사유로 옳지 않은 것은?

① 소방시설관리업을 휴업한 경우
② 소방시설관리업 등록이 취소된 경우
③ 소방시설관리업을 폐업한 경우
④ 등록증 또는 등록수첩이 헐어 못 쓰게 되어 재발급을 받은 경우

19

「소방시설 설치 및 관리에 관한 법률」상 청문권자 및 청문 대상으로 옳지 않은 것은?

① 청문권자는 소방청장, 시·도지사, 소방본부장, 소방서장이다.
② 관리사의 자격을 정지하려는 경우 청문을 하여야 한다.
③ 소방용품의 성능인증을 취소하려는 경우 청문을 하여야 한다.
④ 전문기관의 업무정지를 하려는 경우 청문을 하여야 한다.

20

다음은 「위험물안전관리법」의 목적이다. ( ) 안에 들어갈 말로 옳은 것은?

> 이 법은 위험물의 ( )·( ) 및 ( )과 이에 따른 ( )에 관한 사항을 규정함으로써 위험물로 인한 ( )를 방지하여 공공의 안전을 확보함을 목적으로 한다.

① 저장, 취급, 운반, 안전관리, 위해
② 저장, 취급, 운반, 안전관리, 위험
③ 저장, 취급, 운송, 안전관리, 위해
④ 저장, 제조, 운송, 위험관리, 위해

21

「위험물안전관리법」상 위험물의 저장 또는 취급에 관한 기술상의 기준을 시·도조례로 정하는 경우로 옳은 것은?

① 아염소산염류 30kg과 중크롬산염류 500kg을 같은 장소에 보관하는 경우
② 황린 5kg과 탄화칼슘 100kg을 같은 장소에 보관하는 경우
③ 마그네슘 600kg을 저장하는 경우
④ 유황 80kg과 유기과산화물 4kg을 같은 장소에 보관하는 경우

22

「위험물안전관리법」상 제조소등 설치자의 지위승계 및 제조소등의 폐지에 관한 내용으로 옳지 않은 것은?

① 민사집행법에 의한 경매, 「채무자 회생 및 파산에 관한 법률」에 의한 환가, 국세징수법·관세법 또는 「지방세징수법」에 따른 압류재산의 매각과 그 밖에 이에 준하는 절차에 따라 제조소등의 시설의 전부를 인수한 자는 그 설치자의 지위를 승계한다.
② 제조소등의 설치자의 지위를 승계한 자는 행정안전부령이 정하는 바에 따라 승계한 날부터 14일 이내에 시·도지사에게 그 사실을 신고하여야 한다.
③ 제조소등의 관계인은 당해 제조소등의 용도를 폐지한 때에는 행정안전부령이 정하는 바에 따라 제조소등의 용도를 폐지한 날부터 14일 이내에 시·도지사에게 신고하여야 한다.
④ 사용 중지신고 또는 재개신고를 기간 이내에 하지 아니하거나 거짓으로 한 자에게는 500만원 이하의 과태료를 부과한다.

23

「위험물안전관리법 시행령」상 제조소등의 사용을 시작하기 전에 예방규정을 정하여 시·도지사에게 제출하여야 하는 제조소등을 모두 고른 것은?

> ㄱ. 지정수량 10배의 위험물을 취급하는 제조소
> ㄴ. 지정수량 5배의 위험물을 저장하는 암반탱크저장소
> ㄷ. 지정수량 10배의 위험물을 취급하는 이송취급소
> ㄹ. 옥내저장소

① ㄱ
② ㄱ, ㄴ, ㄷ
③ ㄴ, ㄷ, ㄹ
④ ㄱ, ㄴ, ㄷ, ㄹ

24

「위험물안전관리법 시행규칙」상 옥내탱크저장소 중 탱크전용실을 단층건물 외의 건축물에 설치하는 경우 옥내저장탱크는 탱크전용실에 설치하여야 한다. 이 탱크전용실을 건축물의 1층 또는 지하층에 설치하여야 하는 위험물의 종류로 옳은 것은?

① 아염소산염류, 황린, 특수인화물, 알코올류
② 과염소산, 유황, 황린, 유기과산화물
③ 알칼리금속의 과산화물, 철분, 금속분, 과산화수소
④ 황화린, 질산, 황린, 적린

25

다음은 「위험물안전관리법 시행규칙」상 자동화재속보설비를 설치해야 하는 제조소등의 규모이다. (   ) 안에 알맞은 것은?

> 특수인화물, 제1석유류 및 알코올류를 저장 또는 취급하는 탱크의 용량이 (   ) 이상인 (   )

① 지정수량 10배, 옥외탱크저장소
② 지정수량 10배, 옥외저장소
③ 500만리터, 옥외탱크저장소
④ 1,000만리터, 옥외탱크저장소

SIMPLE
DETAIL

2024년도 메가소방 공개경쟁채용시험 필기시험 답안지

2024년도 메가소방 공개경쟁채용시험 필기시험 답안지

SilVITAil

2024 소방직 공채·경채 대비

심승아
심플
디테일
소방관계법규

심의 한 수
파이널 모의고사 | 정답 해설 |

메가 소방

SIVITAIL

심승아 심플 디테일 소방관계법규

심의 한 수
파이널 모의고사 [정답 해설]

한눈에 보는 정답

제 01 회 소방관계법규 모의고사

01	③	02	④	03	②	04	②	05	①
06	②	07	④	08	②	09	①	10	①
11	②	12	③	13	①	14	④	15	①
16	④	17	③	18	③	19	①	20	①
21	②	22	②	23	③	24	④	25	③

제 02 회 소방관계법규 모의고사

01	②	02	④	03	③	04	②	05	①
06	④	07	②	08	③	09	①	10	④
11	②	12	②	13	①	14	③	15	③
16	④	17	②	18	②	19	①	20	③
21	①	22	①	23	②	24	①	25	②

제 03 회 소방관계법규 모의고사

01	①	02	①	03	④	04	③	05	①
06	②	07	②	08	②	09	③	10	③
11	③	12	④	13	①	14	③	15	④
16	①	17	②	18	③	19	①	20	②
21	①	22	①	23	③	24	④	25	②

제 04 회 소방관계법규 모의고사

01	③	02	④	03	①	04	③	05	②
06	②	07	④	08	①	09	④	10	②
11	②	12	②	13	④	14	①	15	②
16	③	17	②	18	④	19	②	20	①
21	③	22	③	23	④	24	②	25	①

제 05 회 소방관계법규 모의고사

01	①	02	③	03	②	04	④	05	①
06	②	07	②	08	④	09	③	10	①
11	③	12	②	13	③	14	③	15	①
16	③	17	②	18	④	19	①	20	④
21	②	22	②	23	①	24	③	25	④

제 06 회 소방관계법규 모의고사

01	②	02	③	03	②	04	①	05	④
06	②	07	①	08	③	09	②	10	④
11	②	12	①	13	④	14	②	15	④
16	①	17	①	18	①	19	③	20	④
21	②	22	③	23	①	24	②	25	①

제 07 회 소방관계법규 모의고사

01	④	02	④	03	②	04	④	05	①
06	①	07	②	08	①	09	④	10	①
11	②	12	①	13	④	14	③	15	①
16	②	17	④	18	④	19	③	20	④
21	②	22	①	23	④	24	③	25	③

제 08 회 소방관계법규 모의고사

01	①	02	④	03	②	04	③	05	①
06	①	07	②	08	④	09	③	10	③
11	②	12	①	13	②	14	④	15	②
16	③	17	③	18	①	19	①	20	①
21	②	22	②	23	②	24	④	25	④

SIMPLE DETAIL

해설편

제 01 회 소방관계법규 모의고사

01	③	02	④	03	②	04	②	05	①
06	②	07	④	08	②	09	①	10	①
11	②	12	③	13	①	14	④	15	①
16	④	17	③	18	③	19	①	20	①
21	②	22	②	23	③	24	④	25	③

01 ③ LINK 기본서 1권 28p

③ 소방기술민원센터는 소방기술민원과 관련된 업무로서 **소방청장 또는 소방본부장**이 필요하다고 인정하여 지시하는 업무를 수행한다. (령 제1조의2 제3항 제5호)

선지체크
① 령 제1조의2 제1항
② 령 제1조의2 제2항
④ 령 제1조의2 제5항

추가학습
소방기술민원센터

구분	내용
설치목적	소방시설, 소방공사 및 위험물 안전관리 등과 관련된 법령해석 등의 민원을 종합적으로 접수하여 처리할 수 있는 기구
설치·운영 권자	소방청장, 소방본부장
설치·운영	소방청, 소방본부
설치·운영 사항	대통령령
업무	① 소방시설, 소방공사와 위험물 안전관리 등과 관련된 법령해석 등의 민원(소방기술민원)의 처리 ② 소방기술민원과 관련된 질의회신집 및 해설서 발간 ③ 소방기술민원과 관련된 정보시스템의 운영·관리 ④ 소방기술민원과 관련된 현장 확인 및 처리 ⑤ 소방청장 또는 소방본부장이 필요하다고 인정하여 지시하는 업무
구성	센터장을 포함하여 18명 이내
규정 외 설치·운영 사항	소방청: 소방청장 / 소방본부: 시·도의 규칙

02 ④ LINK 기본서 1권 38p

④ 지상에 설치하는 소화전, 저수조 및 급수탑의 경우 소방용수표지는 **안쪽 문자는 흰색, 바깥쪽 문자는 노란색**으로, 안쪽 바탕은 붉은색, 바깥쪽 바탕은 파란색으로 하고, 반사재료를 사용해야 한다. (규칙 별표2 제2호 나목)

선지체크
① 법 제10조 제1항
② 규칙 제6조 제1항
③ 규칙 별표2 제1호 가목

추가학습
소방용수시설의 설치기준

① 공통기준

지역	거리기준(수평거리)
주거·상업·공업	100m 이하
기타	140m 이하

② 개별기준

구분	내용
소화전	① 상수도와 연결하여 지하식 또는 지상식의 구조 ② 소화전의 연결금속구 구경: 65mm
급수탑	① 급수배관의 구경: 100mm 이상 ② 개폐밸브: 지상에서 1.5m 이상 1.7m 이하
저수조	① 지면으로부터의 낙차 4.5m 이하 ② 흡수부분의 수심 0.5m 이상 ③ 소방펌프자동차가 쉽게 접근할 수 있도록 할 것 ④ 흡수에 지장이 없도록 토사 및 쓰레기 등을 제거할 수 있는 설비를 갖출 것 ⑤ 흡수관의 투입구가 사각형의 경우에는 한 변의 길이, 원형의 경우에는 지름이 60cm 이상 ⑥ 저수조에 물을 공급하는 방법은 상수도에 연결하여 자동으로 급수되는 구조일 것

③ 표지기준

구분	내용
설치	시·도지사
지하 (소화전, 저수조)	① 맨홀 뚜껑: 지름 648mm 이상(승하강식 소화전의 경우 제외) ② 맨홀 뚜껑: "소화전·주정차금지" 또는 "저수조·주정차금지"의 표시 ③ 맨홀 뚜껑 부근에는 노란색 반사도료로 폭 15cm의 선을 그 둘레를 따라 칠할 것

지상 (소화전, 저수조, 급수탑)	안쪽문자	바깥쪽 문자	안쪽 바탕	바깥쪽 바탕
	흰색	노란색	붉은색	파란색

03 ② LINK 기본서 1권 42~43p, 76p

② 규정을 위반하여 정당한 사유 없이 소방대의 생활안전활동을 방해한 자는 **100만원 이하의 벌금**에 처한다. (법 제54조 제1의2호)

선지체크
① 법 제16조 제2항
③ 법 제16조의3 제1항 제4호
④ 법 제16조의2 제1항

➕ 추가학습

소방활동

구분	내용
정의	화재, 재난·재해, 그 밖의 위급한 상황이 발생하였을 때에는 소방대를 현장에 신속하게 출동시켜 화재진압과 인명구조·구급 등 소방에 필요한 활동(하여야 한다)
명령권자	소방청장, 소방본부장, 소방서장
방해금지	누구든지 정당한 사유 없이 출동한 소방대의 소방활동을 방해하여서는 아니 된다.

소방지원활동

구분	내용
정의	공공의 안녕질서 유지 또는 복리증진을 위하여 필요한 경우 소방활동 외의 활동(할 수 있다)
명령권자	소방청장, 소방본부장, 소방서장
활동	① 산불에 대한 예방·진압 등 지원활동 ② 자연재해에 따른 급수·배수 및 제설 등 지원활동 ③ 집회·공연 등 각종 행사 시 사고에 대비한 근접대기 등 지원활동 ④ 화재, 재난·재해로 인한 피해복구 지원활동 ⑤ 군·경찰 등 유관기관에서 실시하는 훈련지원 활동 ⑥ 소방시설 오작동 신고에 따른 조치활동 ⑦ 방송제작 또는 촬영 관련 지원활동
활동범위	소방지원활동은 소방활동 수행에 지장을 주지 아니하는 범위에서 할 수 있다.

생활안전활동

구분	내용
정의	신고가 접수된 생활안전 및 위험제거 활동(화재, 재난·재해, 그 밖의 위급한 상황에 해당하는 것은 제외)에 대응하기 위하여 소방대를 출동(하여야 한다)
명령권자	소방청장, 소방본부장, 소방서장
활동	① 붕괴, 낙하 등이 우려되는 고드름, 나무, 위험 구조물 등의 제거활동 ② 위해동물, 벌 등의 포획 및 퇴치 활동 ③ 끼임, 고립 등에 따른 위험제거 및 구출 활동 ④ 단전사고 시 비상전원 또는 조명의 공급 ⑤ 그 밖에 방치하면 급박해질 우려가 있는 위험을 예방하기 위한 활동
방해금지	누구든지 정당한 사유 없이 출동하는 소방대의 생활안전활동을 방해하여서는 아니 된다.

04 🔓 ② LINK 🔗 기본서 1권 57~58p, 80p

② 소방자동차 전용구역 설치대상은 아파트 중 세대수가 **100세대 이상인 아파트**, 기숙사 중 **3층 이상의 기숙사**로 한다.
(령 제7조의12 제1호, 제2호)

✅ 선지체크

① 령 별표3 제2호 아목
③ 령 제7조의13 제1항
④ 령 별표2의5 비고

➕ 추가학습

소방자동차 전용구역 등

구분	내용
설치자	공동주택의 건축주
설치대상	① 100세대 이상인 아파트 ② 3층 이상의 기숙사 (제외: 하나의 대지에 하나의 동으로 구성되고, 정차 또는 주차가 금지된 편도 2차선 이상의 도로에 직접 접하여 소방자동차가 도로에서 직접 소방활동이 가능한 공동주택)
설치위치	각 동별 전면 또는 후면에 소방자동차 전용구역을 1개소 이상 (제외: 하나의 전용구역에서 여러 동에 접근하여 소방활동이 가능한 경우로서 소방청장이 정하는 경우)
설치방법	① 노면표지의 외곽선: 빗금무늬, 두께 30cm, 간격 50cm ② 노면표지 도료의 색채는 황색, 문자(P, 소방차 전용)는 백색

05 🔓 ① LINK 🔗 기본서 1권 92p

① "화재"란 사람의 의도에 반하거나 고의 또는 과실에 의하여 발생하는 연소 현상으로서 소화할 필요가 있는 현상 또는 **사람의 의도에 반하여 발생하거나** 확대된 화학적 폭발현상을 말한다.
(법 제2조 제1항 제1호)

✅ 선지체크

② 법 제2조 제1항 제2호
③ 법 제2조 제1항 제3호
④ 법 제2조 제1항 제4호

➕ 추가학습

용어의 정의

용어	정의
화재	사람의 의도에 반하거나 고의 또는 과실에 의하여 발생하는 연소 현상으로서 소화할 필요가 있는 현상 또는 사람의 의도에 반하여 발생하거나 확대된 화학적 폭발현상
화재조사	소방청장, 소방본부장 또는 소방서장이 화재원인, 피해상황, 대응활동 등을 파악하기 위하여 자료의 수집, 관계인등에 대한 질문, 현장 확인, 감식, 감정 및 실험 등을 하는 일련의 행위
화재조사관	화재조사에 전문성을 인정받아 화재조사를 수행하는 소방공무원
관계인등	① 소방대상물의 관계인 ② 화재 현장을 발견하고 신고한 사람 ③ 화재 현장을 목격한 사람 ④ 소화활동을 행하거나 인명구조활동(유도대피 포함)에 관계된 사람 ⑤ 화재를 발생시키거나 화재발생과 관계된 사람

06 　② 　　　LINK 기본서 1권 103p

② 소방관서장은 수사가 진행 중이거나 수사의 필요성이 인정되는 경우에는 관계 수사기관의 장과 공표 여부에 관하여 사전에 협의하여야 한다. (법 제14조 제1항)

선지체크

① 법 제14조 제1항
③ 규칙 제8조 제1항 제2호
④ 법 제15조

추가학습

화재조사 결과의 공표

구분	내용
공표자	소방관서장 (수사가 진행 중이거나 수사의 필요성이 인정되는 경우에는 관계 수사기관의 장과 공표 여부에 관하여 사전에 협의하여야 한다)
공표하는 경우	① 국민이 유사한 화재로부터 피해를 입지 않도록 하기 위해 필요한 경우 ② 사회적 관심이 집중되어 국민의 알 권리 충족 등 공공의 이익을 위해 필요한 경우
공표사항	① 화재원인에 관한 사항 ② 화재로 인한 인명·재산피해에 관한 사항 ③ 화재발생 건축물과 구조물에 관한 사항 ④ 그 밖에 화재예방을 위해 공표할 필요가 있다고 소방관서장이 인정하는 사항
공표방법	① 소방관서의 인터넷 홈페이지에 게재 ② 신문 또는 방송을 이용하는 등 일반인이 쉽게 알 수 있는 방법

07 　④ 　　　LINK 기본서 1권 130p

④ 법인의 대표자가 피성년후견인인 경우 그 법인 (법 제5조 제6호)

선지체크

① 법 제5조 제3호
② 법 제5조 제4호
③ 법 제5조 제5호

추가학습

등록의 결격사유

① 피성년후견인
② 금고 이상의 실형을 선고받고 그 집행이 끝나거나 면제된 날부터 2년이 지나지 아니한 사람
③ 금고 이상의 형의 집행유예를 선고받고 그 유예기간 중에 있는 사람
④ 등록하려는 소방시설업 등록이 취소된 날부터 2년이 지나지 아니한 자
⑤ 법인의 대표자가 ①부터 ④까지의 규정에 해당하는 경우 그 법인
⑥ 법인의 임원이 ②부터 ④까지의 규정에 해당하는 경우 그 법인

08 　② 　　　LINK 기본서 1권 152~153p

② 11층 이상인 특정소방대상물(아파트는 제외한다)의 경우에는 소방본부장이나 소방서장이 소방시설공사가 공사감리 결과보고서대로 완공되었는지를 현장에서 확인할 수 있다. (령 제5조 제3호)

선지체크

① 법 제14조 제1항 전단
③ 법 제14조 제1항 후단, 령 제5조 제2호 가목
④ 법 제14조 제2항

추가학습

완공검사

구분	내용
검사	소방본부장, 소방서장
갈음	공사감리자가 지정되어 있는 경우에는 공사감리 결과보고서로 완공검사를 갈음
현장확인 대상	① 문화 및 집회시설, 종교시설, 판매시설, 노유자시설, 수련시설, 운동시설, 숙박시설, 창고시설, 지하상가, 다중이용업소 ② 스프링클러설비등이 설치되는 특정소방대상물 ③ 물분무등소화설비(호스릴 방식 제외)가 설치되는 특정소방대상물 ④ 연면적 1만㎡ 이상이거나 11층 이상인 특정소방대상물(아파트 제외) ⑤ 가연성가스를 제조·저장 또는 취급하는 시설 중 지상에 노출된 가연성가스탱크의 저장용량 합계가 1천톤 이상인 시설
부분완공 검사	① 공사업자가 소방대상물 일부분의 소방시설공사를 마친 경우로서 전체 시설이 준공되기 전에 부분적으로 사용할 필요가 있는 경우에는 그 일부분에 대하여 소방본부장이나 소방서장에게 부분완공검사를 신청할 수 있다. ② 이 경우 소방본부장이나 소방서장은 그 일부분의 공사가 완공되었는지를 확인하여야 한다.

09 ①   LINK 기본서 1권 167p

① 소방시설공사 분리 도급의 예외: **착공신고 소방시설공사에 해당하지 않는 공사인 경우**(령 제11조의2 제3호)

⊕ 추가학습

착공신고

구분	내용
신고	소방본부장, 소방서장
신고기간	착공 전까지
착공신고 대상 (제조소등, 다중이용업소 제외)	**신설** ① 옥내소화전설비(호스릴 방식 포함), 옥외소화전설비 ② 스프링클러설비·간이스프링클러설비(캐비닛형 포함), 화재조기진압용 스프링클러설비 ③ 물분무등소화설비(고체에어로졸 제외) ④ 연결송수관설비, 연결살수설비, 제연설비, 연소방지설비, 비상콘센트설비, 무선통신보조설비 ⑤ 소화용수설비 ⑥ 자동화재탐지설비, 비상경보설비, 비상방송설비 **증설** ① 옥내·옥외소화전설비 ② 스프링클러설비·간이스프링클러설비 또는 물분무등소화설비의 방호구역 ③ 자동화재탐지설비의 경계구역 ④ 제연설비의 제연구역 ⑤ 연결살수설비의 살수구역 ⑥ 연결송수관설비의 송수구역 ⑦ 비상콘센트설비의 전용회로 ⑧ 연소방지설비의 살수구역 **개설·이전·정비** 수신반, 소화펌프, 동력(감시)제어반 (고장 또는 파손 등으로 인하여 작동시킬 수 없는 소방시설을 긴급히 교체하거나 보수하여야 하는 경우에는 신고하지 않을 수 있다)
처리	① 2일 이내에 처리하고 그 결과를 신고인에게 통보 ② 소방시설업 종합정보시스템에 입력 – 소방시설공사현장에 배치되는 소방기술자의 성명, 자격증 번호·등급 – 시공현장의 명칭·소재지·면적 및 현장 배치기간

10 ①   LINK 기본서 1권 175p

① 공사업자(법인인 경우 법인의 대표자 또는 임원을 말한다)와 **감리업자**(법인인 경우 법인의 대표자 또는 임원을 말한다)가 같은 자인 경우 (법 제24조 제1호)

✓ 선지체크

② 법 제24조 제2호
③ 법 제24조 제3호
④ 법 제24조 제4호

⊕ 추가학습

동일한 특정소방대상물의 소방시설에 대한 시공과 감리를 함께 할 수 없는 경우
① 공사업자와 감리업자가 같은 자인 경우
② 기업집단의 관계인 경우
③ 법인과 그 법인의 임직원의 관계인 경우
④ 공사업자와 감리업자가 친족관계인 경우

11 ②   LINK 기본서 1권 238p

② **화재**가 자주 발생하였거나 발생할 우려가 뚜렷한 곳에 대한 조사가 필요한 경우 (법 제7조 제1항 제5호)

✓ 선지체크

① 법 제7조 제1항 제1호
③ 법 제7조 제1항 제6호
④ 법 제7조 제1항 제4호

⊕ 추가학습

화재안전조사

구분	내용
실시	소방관서장(소방청장, 소방본부장, 소방서장)
개인주거	관계인의 승낙이 있거나 화재발생의 우려가 뚜렷하여 긴급한 필요가 있는 때에 한정
조사이유	① 자체점검이 불성실하거나 불완전하다고 인정되는 경우 ② 화재예방강화지구 등 법령에서 화재안전조사를 하도록 규정되어 있는 경우 ③ 화재예방안전진단이 불성실하거나 불완전하다고 인정되는 경우 ④ 국가적 행사 등 주요 행사가 개최되는 장소 및 그 주변의 관계 지역에 대하여 소방안전관리 실태를 조사할 필요가 있는 경우 ⑤ 화재가 자주 발생하였거나 발생할 우려가 뚜렷한 곳에 대한 조사가 필요한 경우 ⑥ 재난예측정보, 기상예보 등을 분석한 결과 소방대상물에 화재의 발생 위험이 크다고 판단되는 경우 ⑦ 화재, 그 밖의 긴급한 상황이 발생할 경우 인명 또는 재산 피해의 우려가 현저하다고 판단되는 경우
조사 항목	① 화재의 예방조치 등에 관한 사항 ② 소방안전관리 업무 수행에 관한 사항 ③ 피난계획의 수립 및 시행에 관한 사항 ④ 소화·통보·피난 등의 훈련 및 소방안전관리에 필요한 교육(소방훈련·교육)에 관한 사항 ⑤ 소방자동차 전용구역의 설치에 관한 사항 ⑥ 시공, 감리 및 감리원의 배치에 관한 사항 ⑦ 소방시설의 설치 및 관리에 관한 사항 ⑧ 건설현장 임시소방시설의 설치 및 관리에 관한 사항 ⑨ 피난시설, 방화구획 및 방화시설의 관리에 관한 사항 ⑩ 방염에 관한 사항 ⑪ 소방시설등의 자체점검에 관한 사항 ⑫ 다중이용업소의 안전관리에 관한 사항 ⑬ 위험물 안전관리에 관한 사항 ⑭ 초고층 및 지하연계 복합건축물의 안전관리에 관한 사항 ⑮ 소방관서장이 화재안전조사가 필요하다고 인정하는 사항

12 ③
LINK 기본서 1권 250p

③ 령 별표1 제1호 라목 3)

선지체크

① 고체연료는 보일러 본체와 수평거리 **2미터 이상** 간격을 두어 보관하거나 불연재료로 된 별도의 구획된 공간에 보관할 것
(령 별표1 제1호 라목 1))
② 연통은 천장으로부터 **0.6미터** 떨어지고, 연통의 배출구는 건물 밖으로 **0.6미터 이상** 나오도록 설치할 것 (령 별표1 제1호 라목 2))
④ 연통재질은 **불연재료**로 사용하고 연결부에 청소구를 설치할 것
→ **난연재료 ×** (령 별표1 제1호 라목 5))

추가학습

보일러의 설비 또는 기구 등의 위치·구조 및 관리하는 기준

공통	① 가연성 벽·바닥 또는 천장과 접촉하는 증기기관 또는 연통의 부분은 규조토 등 난연성 또는 불연성 단열재 ② 보일러 본체와 벽·천장 사이의 거리: 0.6m 이상 ③ 보일러를 실내에 설치하는 경우: 콘크리트바닥 또는 금속 외의 불연재료로 된 바닥 위에 설치
기체	① 환기구 설치 ② 연료 공급 배관: 금속관 ③ 개폐밸브: 연료용기 등으로부터 0.5m 이내 ④ 가스누설경보기 설치
액체	① 연료탱크: 보일러 본체로부터 수평거리 1m 이상의 간격 ② 개폐밸브: 연료탱크로부터 0.5m 이내 ③ 배관에 여과장치 설치 ④ 사용이 허용된 연료 외의 것을 사용하지 않을 것 ⑤ 받침대 설치, 연료탱크 및 연료탱크 받침대는 불연재료로 할 것
고체	① 고체연료는 보일러 본체와 수평거리 2m 이상 간격을 두어 보관하거나 불연재료로 된 별도의 구획된 공간에 보관 ② 연통은 천장으로부터 0.6m 떨어지고, 연통의 배출구는 건물 밖으로 0.6m 이상 나오도록 설치 ③ 연통의 배출구는 보일러 본체보다 2m 이상 높게 설치 ④ 연통이 관통하는 벽면, 지붕 등은 불연재료로 처리 ⑤ 연통재질은 불연재료로 사용하고 연결부에 청소구 설치

13 ①
LINK 기본서 1권 275p

① 신축하려는 부분의 연면적이 5천제곱미터 이상인 것으로 지하층의 층수가 **2개층 이상**인 것 (령 제29조 제2호)

추가학습

건설현장 소방안전관리

구분	내용
선임목적	공사시공자가 화재발생 및 화재피해의 우려가 큰 경우

대상	신축·증축·개축·재축·이전·용도변경 또는 대수선을 하려는 부분의
	① 연면적의 합계가 1만5천m² 이상인 것
	② 연면적이 5천m² 이상인 것 중 아래에 해당하는 것
	  - 지하층의 층수가 2개 층 이상인 것
	  - 지상층의 층수가 11층 이상인 것
	  - 냉동창고, 냉장창고, 냉동·냉장창고

선임기간	소방시설공사 착공 신고일부터 건축물 사용승인일까지
선임신고	선임한 날부터 14일 이내 소방본부장, 소방서장 → 소방본부장 또는 소방서장은 건설현장 소방안전관리자의 선임신고를 접수하거나 해임 사실을 확인한 경우에는 지체 없이 관련 사실을 종합정보망에 입력해야 한다.
안전관리자 업무	① 건설현장의 소방계획서의 작성 ② 임시소방시설의 설치 및 관리에 대한 감독 ③ 공사진행 단계별 피난안전구역, 피난로 등의 확보와 관리 ④ 건설현장의 작업자에 대한 소방안전 교육 및 훈련 ⑤ 초기대응체계의 구성·운영 및 교육 ⑥ 화기취급의 감독, 화재위험작업의 허가 및 관리 ⑦ 그 밖에 건설현장의 소방안전관리와 관련하여 소방청장이 고시하는 업무

14 ④
LINK 기본서 1권 298~299p

④ 소방안전관리대상물 중 **소방안전관리업무의 전담이 필요한 대통령령으로 정하는 소방안전관리대상물의 관계인**은 소방훈련 및 교육을 한 날부터 30일 이내에 소방훈련 및 교육 결과를 행정안전부령으로 정하는 바에 따라 소방본부장 또는 소방서장에게 제출하여야 한다. (법 제37조 제2항)
→ 전담이 필요한 대통령령으로 정하는 소방안전관리대상물: **특급, 1급 소방안전관리대상물**
→ 가스 제조설비를 갖추고 도시가스사업의 허가를 받아야 하는 시설: 2급 소방안전관리대상물 (령 별표4 제3호 가목 2))

선지체크

① 법 제37조 1항
② 규칙 제36조 제2항
③ 규칙 제36조 제1항

추가학습

소방안전관리대상물 근무자 및 거주자 등에 대한 소방훈련

구분	내용
훈련자	소방안전관리대상물의 관계인
훈련대상자	그 장소에 근무하거나 거주하는 사람 등
지도·감독	소방본부장, 소방서장
횟수	연 1회 이상(추가실시: 소방본부장 또는 소방서장이 2회의 범위에서 추가로 실시할 것을 요청)
훈련 내용	① 소방훈련: 소화·통보·피난 등의 훈련 ② 소방안전관리에 필요한 교육 ③ 피난훈련은 그 소방대상물에 출입하는 사람을 안전한 장소로 대피시키고 유도하는 훈련을 포함
합동훈련	소방본부장 또는 소방서장은 특급 및 1급 소방안전관리대상물의 관계인으로 하여금 소방훈련과 교육을 소방기관과 합동으로 실시하게 할 수 있다.
보관	소방훈련 및 교육을 실시한 날부터 2년간 보관
결과제출	대상: 특급, 1급 소방안전관리대상물 기한: 소방훈련 및 교육을 한 날부터 30일 이내, 소방본부장 또는 소방서장에게 제출

15 ① 　LINK 기본서 1권 304p

① 대통령령으로 정하는 소방안전 특별관리시설물의 관계인은 화재의 예방 및 안전관리를 체계적·효율적으로 수행하기 위하여 대통령령으로 정하는 바에 따라 「소방기본법」 제40조에 따른 **한국소방안전원** 또는 **소방청장**이 지정하는 화재예방안전진단기관으로부터 정기적으로 화재예방안전진단을 받아야 한다. (법 제41조)

⊕ 추가학습

화재예방안전진단

구분	내용
실시	① 한국소방안전원 ② 소방청장이 지정하는 화재예방안전진단기관
결과제출	화재예방안전진단이 완료된 날부터 60일 이내에 소방본부장 또는 소방서장, 관계인에게 → 소방본부장 또는 소방서장은 제출받은 화재예방안전진단 결과에 따라 보수·보강 등의 조치가 필요하다고 인정하는 경우에는 해당 소방안전 특별관리시설물의 관계인에게 보수·보강 등의 조치를 취할 것을 명할 수 있다.
횟수	① 최초의 화재예방안전진단: 사용승인 또는 완공검사를 받은 날부터 5년이 경과한 날이 속하는 해 ② 그 이후 ・우수: 6년이 경과한 날이 속하는 해 ・양호·보통: 5년이 경과한 날이 속하는 해 ・미흡·불량: 4년이 경과한 날이 속하는 해
대상	① 여객터미널의 연면적이 1천㎡ 이상인 공항시설 ② 역 시설의 연면적이 5천㎡ 이상인 철도시설 ③ 역사 및 역 시설의 연면적이 5천㎡ 이상인 도시철도시설 ④ 여객이용시설 및 지원시설의 연면적이 5천㎡ 이상인 항만시설 ⑤ 전력용 및 통신용 지하구 중 공동구 ⑥ 천연가스 인수기지 및 공급망 중 가스시설 ⑦ 연면적이 5천㎡ 이상인 발전소 ⑧ 가연성 가스 탱크의 저장용량의 합계가 100톤 이상이거나 저장용량이 30톤 이상인 가연성 가스 탱크가 있는 가스공급시설
진단범위	① 화재위험요인의 조사에 관한 사항 ② 소방계획 및 피난계획 수립에 관한 사항 ③ 소방시설등의 유지·관리에 관한 사항 ④ 비상대응조직 및 교육훈련에 관한 사항 ⑤ 화재 위험성 평가에 관한 사항 ⑥ 화재 등의 재난 발생 후 재발방지 대책의 수립 및 그 이행에 관한 사항 ⑦ 지진 등 외부 환경 위험요인 등에 대한 예방·대비·대응에 관한 사항 ⑧ 화재예방안전진단 결과 보수·보강 등 개선요구 사항 등에 대한 이행 여부
기타	안전원 또는 진단기관의 화재예방안전진단을 받은 연도에는 소방훈련과 교육 및 자체점검을 받은 것으로 본다.

16 ④ 　LINK 기본서 2권 26p

④ 특정소방대상물에 설치되는 **소화기구**, 자동소화장치, 누전경보기, 단독경보형감지기, **가스누설경보기** 및 **피난구조설비(비상조명등은 제외한다)**가 화재안전기준에 적합한 경우 해당 특정소방대상물은 소방본부장 또는 소방서장의 건축허가등의 동의대상에서 제외한다. (령 제7조 제2항 제1호)

→ 피난사다리와 유도등은 피난구조설비에 해당한다.

⊕ 추가학습

건축허가등의 동의 등

구분	내용
건축허가 등의 권한자	행정기관
건축허가 등의 동의권자	소방본부장, 소방서장
동의여부 회신	5일 이내(특급 대상: 10일 이내)
보완	4일 이내
취소통보	7일 이내

1. 건축허가 등의 동의 대상물 범위
   ① 연면적 400㎡ 이상
   　가. 학교시설: 100㎡
   　나. 노유자 시설, 수련시설: 200㎡
   　다. 정신의료기관, 장애인 의료재활시설: 300㎡
   ② 지하층 또는 무창층이 있는 건축물: 바닥면적이 150㎡(공연장 100㎡) 이상
   ③ 차고·주차장으로 사용되는 바닥면적이 200㎡ 이상인 층이 있는 건축물이나 주차시설
   ④ 승강기 등 기계장치에 의한 주차시설로서 자동차 20대 이상을 주차할 수 있는 시설
   ⑤ 6층 이상인 건축물
   ⑥ 항공기 격납고, 관망탑, 항공관제탑, 방송용 송수신탑
   ⑦ 의원·조산원·산후조리원, 위험물 저장 및 처리 시설, 발전시설 중 풍력발전소·전기저장시설, 지하구
   ⑧ 연면적 200㎡ 미만 노유자 시설
   　가. 노인 관련 시설
   　　1) 노인주거복지시설, 노인의료복지시설, 재가노인복지시설
   　　2) 학대피해노인 전용쉼터(단독·공동주택에 설치시 제외)
   　나. 아동복지시설(아동상담소, 아동전용시설, 지역아동센터 제외)(단독·공동주택에 설치시 제외)
   　다. 장애인 거주시설(단독·공동주택에 설치시 제외)
   　라. 정신질환자 관련 시설(단독·공동주택에 설치시 제외)
   　마. 노숙인 관련 시설 중 노숙인자활시설, 노숙인재활시설, 노숙인요양시설(단독·공동주택에 설치시 제외)
   　바. 결핵환자나 한센인이 24시간 생활하는 노유자 시설(단독·공동주택에 설치시 제외)
   ⑨ 요양병원(의료재활시설 제외)
   ⑩ 공장 또는 창고시설로서 750배 이상의 특수가연물을 저장·취급하는 것
   ⑪ 가스시설로서 지상에 노출된 탱크의 저장용량의 합계가 100톤 이상인 것
2. 건축허가등의 동의대상 제외
   ① 소화기구, 자동소화장치, 누전경보기, 단독경보형감지기, 가스누설경보기, 피난구조설비(비상조명등 제외)
   ② 건축물의 증축 또는 용도변경으로 인하여 해당 특정소방대상물에 추가로 소방시설이 설치되지 않는 경우
   ③ 착공신고 대상에 해당하지 않는 경우 해당 특정소방대상물

17 ③   LINK 기본서 2권 66p

③ 령 제31조 제2항 제3호

선지체크

① 버너의 불꽃을 제거한 때부터 불꽃을 올리며 연소하는 상태가 그칠 때까지 시간은 **20초 이내**일 것 (령 제31조 제2항 제1호)
② 버너의 불꽃을 제거한 때부터 불꽃을 올리지 않고 연소하는 상태가 그칠 때까지 시간은 **30초 이내**일 것 (령 제31조 제2항 제2호)
④ 불꽃에 의하여 완전히 녹을 때까지 불꽃의 접촉 횟수는 **3회 이상**일 것 (령 제31조 제2항 제4호)

추가학습

방염성능기준

구분	내용
잔염시간	20초 이내
잔진시간	30초 이내
탄화길이	20cm 이내
탄화면적	50cm² 이내
불꽃접촉 횟수	3회 이상
최대연기밀도	400 이하

18 ③   LINK 기본서 2권 87p

③ 령 별표9

기술인력 등 업종별	기술인력	영업범위
전문 소방시설관리업	가. 주된 기술인력 　1) 소방시설관리사 자격을 취득한 후 소방 관련 실무경력이 5년 이상인 사람 1명 이상 　2) 소방시설관리사 자격을 취득한 후 소방 관련 실무경력이 3년 이상인 사람 1명 이상 나. 보조 기술인력 　1) 고급점검자 이상의 기술인력: 2명 이상 　2) 중급점검자 이상의 기술인력: 2명 이상 　3) 초급점검자 이상의 기술인력: 2명 이상	모든 특정소방 대상물

추가학습

일반 소방시설관리업

기술인력 등 업종별	기술인력	영업범위
일반 소방시설관리업	가. 주된 기술인력: 소방시설관리사 자격을 취득한 후 소방 관련 실무경력이 1년 이상인 사람 1명 이상 나. 보조 기술인력 　1) 중급점검자 이상의 기술인력: 1명 이상 　2) 초급점검자 이상의 기술인력: 1명 이상	특정소방대상물 중「화재의 예방 및 안전관리에 관한 법률 시행령」 별표 4에 따른 1급, 2급, 3급 소방안전관리대상물

19 ①   LINK 기본서 2권 91p

① 해당사항 없음 (법 제33조 제3항)

- 관리업의 운영
  1. 관리업자는 관리업의 등록증이나 등록수첩을 다른 자에게 빌려주거나 빌려서는 아니 되며, 이를 알선하여서도 아니 된다.
  2. 관리업자가 특정소방대상물의 관계인에게 지체 없이 그 사실을 알려야 하는 경우
     ① 관리업자의 지위를 승계한 경우
     ② 관리업의 등록취소 또는 영업정지 처분을 받은 경우
     ③ 휴업 또는 폐업을 한 경우

선지체크

② 법 제33조 제3항 제1호
③ 법 제33조 제3항 제2호
④ 법 제33조 제3항 제3호

20 ①   LINK 기본서 2권 101p, 117p

① 대통령령으로 정하는 소방용품을 제조하거나 수입하려는 자는 소방청장의 형식승인을 받아야 한다. **다만, 연구개발 목적으로 제조하거나 수입하는 소방용품은 그러하지 아니하다.** (법 제37조 제1항)

선지체크

② 법 제37조 제2항
③ 법 제37조 제3항
④ 법 제57조 제3호

추가학습

소방용품의 형식승인 등

구분	내용
형식승인	소방청장 → 형식승인을 받은 자는 그 소방용품에 대하여 소방청장이 실시하는 제품검사를 받아야 한다.
대상	① 대통령령으로 정하는 소방용품(상업용 주방자동소화장치는 제외)을 제조하거나 수입하려는 자 ② 제외: 연구개발 목적으로 제조하거나 수입하는 소방용품
자격	① 시험시설을 갖추고 소방청장의 심사를 받아야 한다. ② 제외: 소방용품을 수입하는 자가 판매를 목적으로 하지 아니하고 자신의 건축물에 직접 설치하거나 사용하려는 경우
판매·진열· 공사 ×	① 형식승인을 받지 아니한 것 ② 형상등을 임의로 변경한 것 ③ 제품검사를 받지 아니하거나 합격표시를 하지 아니한 것
기타	① 소방청장, 소방본부장 또는 소방서장은 제6항을 위반한 소방용품에 대하여는 그 제조자·수입자·판매자 또는 시공자에게 수거·폐기 또는 교체 등 행정안전부령으로 정하는 필요한 조치를 명할 수 있다.

기타	② 소방청장은 소방용품의 작동기능, 제조방법, 부품 등이 소방청장이 고시하는 형식승인 및 제품검사의 기술기준에서 정하고 있는 방법이 아닌 새로운 기술이 적용된 제품의 경우에는 관련 전문가의 평가를 거쳐 행정안전부령으로 정하는 바에 따라 다른 방법 및 절차로 형식승인을 할 수 있으며, 외국의 공인기관으로부터 인정받은 신기술 제품은 형식승인을 위한 시험 중 일부를 생략하여 형식승인을 할 수 있다. ③ 하나의 소방용품에 두 가지 이상의 형식승인 사항 또는 형식승인과 성능인증 사항이 결합된 경우에는 두 가지 이상의 형식승인 또는 형식승인과 성능인증 시험을 함께 실시하고 하나의 형식승인을 할 수 있다.

3. 제조소등에서의 위험물의 저장 또는 취급에 관한 기준
   ① 중요기준 : 화재 등 위해의 예방과 응급조치에 있어서 큰 영향을 미치거나 그 기준을 위반하는 경우 직접적으로 화재를 일으킬 가능성이 큰 기준으로서 행정안전부령이 정하는 기준
   ② 세부기준 : 화재 등 위해의 예방과 응급조치에 있어서 중요기준보다 상대적으로 적은 영향을 미치거나 그 기준을 위반하는 경우 간접적으로 화재를 일으킬 수 있는 기준 및 위험물의 안전관리에 필요한 표시와 서류·기구 등의 비치에 관한 기준으로서 행정안전부령이 정하는 기준
4. 제조소등의 위치·구조 및 설비의 기술기준: 행정안전부령
5. 둘 이상의 위험물을 같은 장소에서 저장 또는 취급하는 경우
   ① $\dfrac{\text{저장·취급수량}}{\text{지정수량}}$ + ② $\dfrac{\text{저장·취급수량}}{\text{지정수량}}$ ≥ 1 ⇒ 지정수량 이상으로 본다.

21 ②   LINK 기본서 2권 137P

② 과염소산, 인화성 고체(인화점이 섭씨 0도 이상인 것)
→ **황화린, 알킬알루미늄** × (령 별표2 제7호 가목)

⊕ 추가학습

옥외저장소에 설치할 수 있는 위험물
① 제2류 위험물 중 유황 또는 인화성고체(인화점 섭씨 0도 이상인 것)
② 제4류 위험물 중 제1석유류(인화점 섭씨 0도 이상인 것)·알코올류·제2석유류·제3석유류·제4석유류 및 동·식물유류)
③ 제6류 위험물
④ 제2류 위험물 및 제4류 위험물중 특별시·광역시 또는 도의 조례에서 정하는 위험물(「관세법」제154조의 규정에 의한 보세구역 안에 저장하는 경우에 한한다)
⑤ 「국제해사기구에 관한 협약」에 의하여 설치된 국제해사기구가 채택한 「국제해상위험물규칙」(IMDG Code)에 적합한 용기에 수납된 위험물

23 ③   LINK 기본서 2권 161p

③ 법 제8조 제1항 후단

✓ 선지체크

① 위험물탱크가 있는 제조소등의 설치 또는 그 위치·구조 또는 설비의 변경에 관하여 허가를 받은 자가 위험물탱크의 설치 또는 그 위치·구조 또는 설비의 변경공사를 하는 때에는 규정에 따른 완공검사를 받기 전에 기술기준에 적합한지의 여부를 확인하기 위하여 **시·도지사**가 실시하는 탱크안전성능검사를 받아야 한다. (법 제8조 제1항)
② 옥외탱크저장소의 액체위험물탱크 중 그 용량이 **50만리터인 탱크는** 충수·수압검사를 받아야 한다. → **기초·지반검사, 용접부검사 ×** 옥외탱크저장소의 기초·지반검사와 용접부검사는 옥외탱크저장소의 액체위험물탱크 중 그 용량이 100만리터 이상인 탱크가 받는 검사이다. (령 제8조 제1항)
④ 시·도지사가 면제할 수 있는 탱크안전성능검사는 **충수·수압검사**로 한다. (령 제9조 제1항)

⊕ 추가학습

탱크안전성능검사

구분	내용		
검사권한자	시·도지사		
검사 시기	완공검사를 받기 전		
검사대상	구분	신청시기	대상
	용접부 검사	탱크본체에 관한 공사의 개시 전	옥외탱크저장소의 액체위험물탱크 중 그 용량이 100만L 이상인 탱크
	기초· 지반검사	위험물탱크의 기초 및 지반에 관한 공사의 개시 전	옥외탱크저장소의 액체위험물탱크 중 그 용량이 100만L 이상인 탱크
	충수· 수압 검사	위험물을 저장 또는 취급하는 탱크에 배관 그 밖의 부속설비를 부착하기 전	액체위험물을 저장 또는 취급하는 탱크

22 ②   LINK 기본서 2권 140p, 222p

② 시·도의 조례가 정하는 바에 따라 관할 소방서장의 승인을 받아 지정수량 이상의 위험물을 **90일 이내**의 기간 동안 임시로 저장 또는 취급하는 경우에는 제조소등이 아닌 장소에서 지정수량 이상의 위험물을 취급할 수 있다. (법 제5조 제2항 제1호)

✓ 선지체크

① 법 제34조의3
③ 법 제5조 제2항 제2호
④ 법 제5호 제2항 후단

⊕ 추가학습

위험물의 저장 및 취급의 제한
1. 지정수량 이상의 위험물을 저장소가 아닌 장소에서 저장하거나 제조소등이 아닌 장소에서 취급하여서는 아니 된다.
2. 제조소등이 아닌 장소에서 지정수량 이상의 위험물을 취급할 수 있는 경우(기준: 시·도의 조례)
   ① 시·도의 조례가 정하는 바에 따라 관할 소방서장의 승인을 받아 지정수량 이상의 위험물을 90일 이내의 기간 동안 임시로 저장 또는 취급하는 경우
   ② 군부대가 지정수량 이상의 위험물을 군사목적으로 임시로 저장 또는 취급하는 경우

검사대상	암반탱크 검사	암반탱크의 본체에 관한 공사의 개시 전	액체위험물을 저장 또는 취급하는 암반 내의 공간을 이용한 탱크
검사 면제	① 탱크안전성능시험자 또는 한국소방산업기술원으로부터 탱크안전성능시험을 받은 경우 전부 또는 일부 면제 ② 면제: 충수·수압검사		

③ 지정수량의 150배 이상의 위험물을 저장하는 옥내저장소
④ 지정수량의 200배 이상의 위험물을 저장하는 옥외탱크저장소
⑤ 암반탱크저장소
⑥ 이송취급소

24 ④   LINK 기본서 2권 187p, 190p

④ 령 제16조
ㄱ, ㄷ, ㅂ은 관계인이 예방규정을 정하여야 하는 제조소등에 해당한다.

- 정기점검의 대상인 제조소등
  1. 관계인이 예방규정을 정하여야 하는 제조소등
  2. 지하탱크저장소
  3. 이동탱크저장소
  4. 위험물을 취급하는 탱크로서 지하에 매설된 탱크가 있는 제조소·주유취급소 또는 일반취급소

✓ 선지체크

ㅁ. 위험물을 취급하는 탱크로서 **지하에 매설**된 탱크가 있는 주유취급소 (령 제16조 제4호)

⊕ 추가학습

정기점검

구분	내용
점검자	제조소등의 관계인
점검 실시자	(제조소등의 안전관리자는 안전관리대행기관 또는 탱크시험자의 점검현장에 참관해야 한다) ① 위험물안전관리자 ② 위험물운송자(이동탱크저장소의 경우) ③ 안전관리대행기관(구조안전점검 제외) ④ 탱크시험자 → 탱크시험자는 정기점검을 실시한 결과 그 탱크 등의 유지관리상황이 적합하다고 인정되는 때에는 점검을 완료한 날부터 10일 이내에 정기점검결과서에 위험물탱크안전성능시험자등록증 사본 및 시험성적서를 첨부하여 제조소등의 관계인에게 교부하고, 적합하지 아니한 경우에는 개선하여야 하는 사항을 통보하여야 한다.
점검대상	① 예방규정을 정하여야 하는 제조소등 ② 지하탱크저장소 ③ 이동탱크저장소 ④ 위험물을 취급하는 탱크로서 지하에 매설된 탱크가 있는 제조소·주유취급소 또는 일반취급소
점검횟수	연 1회 이상
점검결과 제출	점검을 한 날부터 30일 이내에 점검결과를 시·도지사에게 제출
점검결과 기록유지	3년

관계인이 예방규정을 정하여야 하는 제조소등

① 지정수량의 10배 이상의 위험물을 취급하는 제조소
② 지정수량의 100배 이상의 위험물을 저장하는 옥외저장소

25 ③   LINK 기본서 2권 350p

③ 옥내소화전설비는 각층을 기준으로 하여 당해 층의 모든 옥내소화전(설치개수가 5개 이상인 경우는 5개의 옥내소화전)을 동시에 사용할 경우에 각 노즐 끝부분의 방수압력이 **350kPa 이상**이고 방수량이 **1분당 260ℓ 이상**의 성능이 되도록 할 것
(규칙 별표17 제5호 마목 3))

✓ 선지체크

① 규칙 별표17 제5호 마목 1)
② 규칙 별표17 제5호 마목 2)
④ 규칙 별표17 제5호 마목 4)

⊕ 추가학습

소화설비

전기설비의 소화설비	제조소등에 전기설비(전기배선, 조명기구 등은 제외)가 설치된 경우에는 당해 장소의 면적 100m²마다 소형수동식소화기를 1개 이상 설치할 것
소요단위의 계산방법	① 제조소 또는 취급소의 건축물 | 외벽이 내화구조인 것 | 연면적 100m²를 1소요단위로 할 것 | | 외벽이 내화구조가 아닌 것 | 연면적 50m²를 1소요단위로 할 것 | ② 저장소의 건축물 | 외벽이 내화구조인 것 | 연면적 150m²를 1소요단위로 할 것 | | 외벽이 내화구조가 아닌 것 | 연면적 75m²를 1소요단위로 할 것 | ③ 제조소등의 옥외에 설치된 공작물 – 외벽이 내화구조인 것으로 간주하고, 공작물의 최대수평투영면적을 연면적으로 간주하여 ① 및 ②의 규정에 의하여 소요단위를 산정할 것 ④ 위험물은 지정수량의 10배를 1소요단위로 할 것
옥내소화전 설비	① 건축물의 층마다 당해 층의 각 부분에서 하나의 호스 접속구까지의 수평거리가 25m 이하가 되도록 설치할 것 ② 수원의 수량: 옥내소화전이 가장 많이 설치된 층의 옥내소화전 설치개수(최대 5개) × 7.8m³ ③ 각 노즐 끝부분의 방수압력: 350kPa 이상 ④ 방수량: 1분당 260ℓ 이상 ⑤ 비상전원을 설치할 것
옥외소화전 설비	① 방호대상물의 각 부분에서 하나의 호스접속구까지의 수평거리가 40m 이하가 되도록 설치할 것 ② 수원의 수량: 옥외소화전의 설치개수(최대 4개) × 13.5m³ ③ 각 노즐끝부분의 방수압력: 350kPa 이상 ④ 방수량: 1분당 450ℓ 이상 ⑤ 비상전원을 설치할 것

제 02 회 소방관계법규 모의고사

01	②	02	④	03	③	04	②	05	①
06	④	07	②	08	③	09	①	10	④
11	②	12	②	13	①	14	③	15	③
16	④	17	①	18	②	19	②	20	③
21	①	22	①	23	②	24	①	25	②

01 ②   LINK 기본서 1권 32~33p

② 법 제6조 제2항 제3호, 령 제1조의3 제2항 제1호

선지체크

① 소방청장은 소방업무에 관한 종합계획을 **관계 중앙행정기관의 장과**의 협의를 거쳐 계획 시행 전년도 10월 31일까지 수립해야 한다. (령 제1조의3 제1항)
③ 시·도지사는 관할 지역의 특성을 고려하여 종합계획의 시행에 필요한 세부계획을 **매년 수립**하여 **소방청장에게 제출**하여야 하며, 세부계획에 따른 소방업무를 성실히 수행하여야 한다. (법 제6조 제4항)
④ 소방청장은 소방업무의 체계적 수행을 위하여 필요한 경우 **시·도지사**가 제출한 세부계획의 보완 또는 수정을 요청할 수 있다. (법 제6조 제5항)

추가학습

소방업무에 관한 종합계획

종합계획	1. 수립시행: 소방청장 2. 5년마다 수립·시행 3. 기간: 관계 중앙행정기관의 장과의 협의를 거쳐 계획 시행 전년도 10월 31일까지 수립 4. 종합계획 내용 ① 소방서비스의 질 향상을 위한 정책의 기본방향 ② 소방업무에 필요한 체계의 구축, 소방기술의 연구·개발 및 보급 ③ 소방업무에 필요한 장비의 구비 ④ 소방전문인력 양성 ⑤ 소방업무에 필요한 기반조성 ⑥ 소방업무의 교육 및 홍보(소방자동차의 우선 통행 등에 관한 홍보 포함) ⑦ 재난·재해 환경 변화에 따른 소방업무에 필요한 대응 체계 마련 ⑧ 장애인, 노인, 임산부, 영유아 및 어린이 등 이동이 어려운 사람을 대상으로 한 소방활동에 필요한 조치
세부계획	1. 수립시행: 시·도지사 2. 매년 수립 3. 기간: 계획 시행 전년도 12월 31일까지 수립하여 소방청장에게 제출 4. 소방청장은 소방업무의 체계적 수행을 위하여 필요한 경우 시·도지사가 제출한 세부계획의 보완 또는 수정을 요청할 수 있다.

02 ④   LINK 기본서 1권 52p

④ 한국소방시설업자협회는 소방안전교육사를 배치하지 않는다. (령 별표2의3)

추가학습

소방안전교육사의 배치

배치대상	배치기준(단위: 명)
소방청	2 이상
소방본부	2 이상
소방서	1 이상
한국소방안전원	본회: 2 이상 시·도지부: 1 이상
한국소방산업기술원	2 이상

03 ③   LINK 기본서 1권 56p

③ 모든 차와 사람은 소방자동차가 **화재진압 및 구조·구급 활동을 위하여 사이렌을 사용하여 출동하는 경우**에는 소방자동차에 진로를 양보하지 아니하는 행위를 하여서는 아니 된다.
→ 훈련을 하는 경우 × (법 제21조 제3항 제1호)

선지체크

① 법 제21조 제1항
② 법 제21조 제2항
④ 법 제21조 제4항

추가학습

소방자동차의 우선 통행 등

1. 모든 차와 사람은 소방자동차(지휘를 위한 자동차와 구조·구급차 포함)가 화재진압 및 구조·구급 활동을 위하여 출동을 할 때에는 이를 방해하여서는 아니 된다.
2. 소방자동차가 화재진압 및 구조·구급 활동을 위하여 출동하거나 훈련을 위하여 필요할 때에는 사이렌을 사용할 수 있다.
3. 모든 차와 사람은 소방자동차가 화재진압 및 구조·구급 활동을 위하여 2에 따라 사이렌을 사용하여 출동하는 경우에는 다음의 행위를 하여서는 아니 된다.
   ① 소방자동차에 진로를 양보하지 아니하는 행위
   ② 소방자동차 앞에 끼어들거나 소방자동차를 가로막는 행위
   ③ 그 밖에 소방자동차의 출동에 지장을 주는 행위
4. 3의 경우를 제외하고 소방자동차의 우선 통행에 관하여는 「도로교통법」에서 정하는 바에 따른다.

04 ②   LINK 기본서 1권 61p

② 전기·가스·수도·통신·교통의 업무에 종사하는 사람으로서 원활한 소방활동을 위하여 필요한 사람(령 제8조 제2호)

선지체크

① 령 제8조 제1호
③ 령 제8조 제3호
④ 령 제8조 제5호

추가학습

소방활동구역의 설정

구분	내용
설정권자	소방대장 (경찰공무원: 소방대가 소방활동구역에 있지 아니하거나 소방대장의 요청이 있을 때)
활동구역 출입자	① 소방활동구역 안에 있는 소방대상물의 관계인 ② 전기·가스·수도·통신·교통의 업무에 종사하는 사람으로서 원활한 소방활동을 위하여 필요한 사람 ③ 의사·간호사 그 밖의 구조·구급업무에 종사하는 사람 ④ 취재인력 등 보도업무에 종사하는 사람 ⑤ 수사업무에 종사하는 사람 ⑥ 그 밖에 소방대장이 소방활동을 위하여 출입을 허가한 사람

05 ①   LINK 기본서 1권 95p

① 화재조사의 실시 및 조사결과 분석·관리 (법 제6조 제2항 제1호)

선지체크

② 법 제6조 제2항 제2호
③ 법 제6조 제2항 제2호
④ 법 제6조 제2항 제3호

추가학습

화재조사전담부서의 설치·운영

구분	내용
설치·운영권자	소방관서장(소방청장, 소방본부장, 소방서장)
전담부서 구성	화재조사관 2명 이상 배치
화재조사관 자격기준	① 소방청장이 실시하는 화재조사에 관한 시험에 합격한 소방공무원 ② 화재감식평가 분야의 기사 또는 산업기사 자격을 취득한 소방공무원
전담부서 업무	① 화재조사의 실시 및 조사결과 분석·관리 ② 화재조사 관련 기술개발과 화재조사관의 역량증진 ③ 화재조사에 필요한 시설·장비의 관리·운영 ④ 그 밖의 화재조사에 관하여 필요한 업무
조사결과 보고	화재조사전담부서가 화재조사를 완료한 경우에는 화재조사 결과를 소방관서장에게 보고

06 ④   LINK 기본서 1권 132p

④ 규칙 제6조 제3항

선지체크

① 소방시설업자는 행정안전부령으로 정하는 중요 사항을 변경할 때에는 행정안전부령으로 정하는 바에 따라 시·도지사에게 신고하여야 한다. (법 제6조)
② 상호(명칭) 또는 영업소 소재지, 대표자, 기술인력이 변경된 경우 변경신고해야 한다. → 자본금 × (규칙 제5조)
③ 영업소 소재지가 등록된 시·도에서 다른 시·도로 변경된 경우에는 제출받은 변경신고 서류를 접수일로부터 7일 이내에 해당 시·도지사에게 보내야 한다. (규칙 제6조 제4항)

추가학습

등록사항의 변경신고

구분	내용
신고	시·도지사

신고 사항	1. 상호(명칭) 또는 영업소 소재지: 소방시설업 등록증 및 등록수첩
	2. 대표자
	  ① 소방시설업 등록증 및 등록수첩
	  ② 변경된 대표자의 성명, 주민등록번호 및 주소지 등의 인적사항이 적힌 서류
	3. 기술인력
	  ① 소방시설업 등록수첩
	  ② 기술인력 증빙서류

07 ②   LINK 기본서 1권 155p

② 지하층을 포함한 층수가 16층 이상으로서 500세대 이상인 아파트에 대한 소방시설의 공사는 상주 공사감리 해야 한다. (령 별표3)

선지체크

① 법 제16조 제1항 제8호
③ 령 별표3
④ 령 별표4 제1호 비고 라목

추가학습

소방공사감리업자 업무

적법성	적합성	-
① 소방시설등의 설치계획표의 적법성 검토 ② 피난시설 및 방화시설의 적법성 검토 ③ 실내장식물의 불연화와 방염 물품의 적법성 검토	① 소방시설등 설계도서의 적합성 검토 ② 소방시설등 설계 변경 사항의 적합성 검토 ③ 소방용품의 위치·규격 및 사용 자재의 적합성 검토 ④ 공사업자가 작성한 시공 상세 도면의 적합성 검토	① 공사업자가 한 소방시설등의 시공이 설계도서와 화재안전기준에 맞는지에 대한 지도·감독 ② 완공된 소방시설등의 성능시험

소방공사감리의 종류 및 대상

구분	상주	일반
대상	① 연면적 3만m² 이상(아파트 제외) ② 지하층을 포함한 층수가 16층 이상으로서 500세대 이상인 아파트	상주 공사감리에 해당하지 않는 소방시설의 공사
방법	① 1일 이상 현장을 이탈하는 경우에는 감리일지 등에 기록하여 발주청 또는 발주자의 확인을 받아야 한다.	① 감리원은 주 1회 이상 공사 현장에 배치 ② 감리업자는 감리원이 부득이한 사유로 14일 이내의 범위에서 업무를 수행할 수 없는 경우에는 업무대행자를 지정하여 그 업무를 수행하게 해야 한다. ③ 지정된 업무대행자는 주 2회 이상 공사 현장에 배치

---

08 ③   LINK 기본서 1권 169p

③ 공사 1건의 도급금액이 **1천만원 미만**인 소규모 소방시설공사 (령 제11조의6 제1호)

➕ 추가학습

공사대금의 지급보증 등

1. 공사대금의 지급보증 또는 담보를 제공하는 경우: 수급인이 국가, 지방자치단체 또는 대통령령으로 정하는 공공기관 외의 자가 발주하는 공사를 도급받은 경우로서 수급인이 발주자에게 계약의 이행을 보증하는 때에
2. 지급보증 또는 담보 제공을 하기 곤란한 경우: 수급인이 그에 상응하는 보험 또는 공제에 가입할 수 있도록 계약의 이행보증을 받은 날부터 30일 이내에 보험료 또는 공제료를 지급
3. 공사대금의 지급보증 등의 예외가 되는 소방시설공사의 범위
   ① 공사 1건의 도급금액이 1천만원 미만인 소규모 소방시설공사
   ② 공사기간이 3개월 이내인 단기의 소방시설공사

---

09 ①   LINK 기본서 1권 216p

① 위반행위자가 처음 위반행위를 한 경우로서 **3년 이상** 해당 업종을 모범적으로 영위한 사실이 인정되는 경우 (령 별표5 제1호 다목 2))

✓ 선지체크

② 령 별표5 제1호 다목 3)
③ 령 별표5 제1호 다목 4)
④ 령 별표5 제1호 다목 6)

➕ 추가학습

과태료의 부과기준

① 위반행위의 횟수에 따른 과태료의 가중된 부과기준은 최근 1년간 같은 위반행위로 과태료 부과처분을 받은 경우에 적용한다. 이 경우 기간의 계산은 위반행위에 대하여 과태료 부과처분을 받은 날과 그 처분 후 다시 같은 위반행위를 하여 적발된 날을 기준으로 한다.

② ①에 따라 가중된 부과처분을 하는 경우 가중처분의 적용 차수는 그 위반행위 전 부과처분 차수의 다음 차수로 한다. 다만, 적발된 날부터 소급하여 1년이 되는 날 전에 한 부과처분은 가중처분의 차수 산정 대상에서 제외한다.

③ 과태료 부과권자는 위반행위자가 다음의 어느 하나에 해당하는 경우에는 제2호에 따른 과태료 금액의 2분의 1의 범위에서 그 금액을 줄여 부과할 수 있다. 다만, 과태료를 체납하고 있는 위반행위자에 대해서는 그렇지 않다.
  1) 위반행위자가 「질서위반행위규제법 시행령」 제2조의2 제1항 각 호의 어느 하나에 해당하는 경우
  2) 위반행위자가 처음 위반행위를 한 경우로서 3년 이상 해당 업종을 모범적으로 영위한 사실이 인정되는 경우
  3) 위반행위자가 화재 등 재난으로 재산에 현저한 손실이 발생하거나 사업여건의 악화로 사업이 중대한 위기에 처하는 등의 사정이 있는 경우
  4) 위반행위가 사소한 부주의나 오류 등 과실로 인한 것으로 인정되는 경우
  5) 위반행위자가 같은 위반행위로 다른 법률에 따라 과태료·벌금 또는 영업정지 등의 처분을 받은 경우
  6) 위반행위자가 위법행위로 인한 결과를 시정하거나 해소한 경우
  7) 그 밖에 위반행위의 정도, 위반행위의 동기와 그 결과 등을 고려하여 과태료 금액을 줄일 필요가 있다고 인정되는 경우

---

10 ④   LINK 기본서 1권 246p

④ 소방관서장은 화재안전조사 결과를 공개하는 경우 **30일 이상** 해당 소방관서 인터넷 홈페이지나 전산시스템을 통해 공개해야 한다. (령 제15조 제2항)

✓ 선지체크

① 법 제16조 제1항
② 법 제16조 제3항
③ 령 제15조 제4항

➕ 추가학습

화재안전조사 결과 공개

구분	내용
공개권자	소방관서장(소방청장, 소방본부장, 소방서장)
공개기간	30일 이상 해당 소방관서 인터넷 홈페이지나 전산시스템을 통해 공개 → 소방청장은 화재안전조사 결과를 체계적으로 관리하고 활용하기 위하여 전산시스템을 구축·운영하여야 한다.
공개항목	① 소방대상물의 위치, 연면적, 용도 등 현황 ② 소방시설등의 설치 및 관리 현황 ③ 피난시설, 방화구획 및 방화시설의 설치 및 관리 현황 ④ 제조소등 설치 현황 ⑤ 소방안전관리자 선임 현황 ⑥ 화재예방안전진단 실시 결과
이의신청	① 관계인은 공개 내용 등을 통보받은 날부터 10일 이내에 소방관서장에게 이의신청 가능 ② 소방관서장은 10일 이내에 심사·결정하여 결과를 지체 없이 신청인에게 통지

11 ②   LINK 기본서 1권 248p

② 소화기 등 소방시설을 비치 또는 설치한 장소에서 화기 등을 취급하는 경우 (규칙 제7조 제1항 제2호)

선지체크
① 규칙 제7조 제1항 제1호
③ 규칙 제7조 제1항 제3호
④ 규칙 제7조 제1항 제4호

추가학습

화재의 예방조치 등

구분	내용
위험행위	① 모닥불, 흡연 등 화기의 취급 ② 풍등 등 소형열기구 날리기 ③ 용접·용단 등 불꽃을 발생시키는 행위 ④ 위험물을 방치하는 행위
위험행위 금지장소	① 제조소등 ② 「고압가스 안전관리법」에 따른 저장소 ③ 액화석유가스의 저장소·판매소 ④ 수소연료공급시설 및 수소연료사용시설 ⑤ 화약류를 저장하는 장소
위험행위 가능장소 (안전조치)	① 흡연실 등 법령에 따라 지정된 장소에서 화기 등을 취급하는 경우 ② 소화기 등 소방시설을 비치 또는 설치한 장소에서 화기 등을 취급하는 경우 ③ 화재감시자 등 안전요원이 배치된 장소에서 화기 등을 취급하는 경우 ④ 그 밖에 소방관서장과 사전 협의하여 안전조치를 한 경우

12 ②   LINK 기본서 1권 261p

② 특급 소방안전관리대상물: 50층 이상(지하층은 제외한다)이거나 지상으로부터 높이가 200미터 이상인 아파트
(령 별표4 제1호 가목 1)

선지체크
① 연면적 1만5천제곱미터 이상인 특정소방대상물
   (령 별표4 제2호 가목 2)
③ 가연성 가스를 1천톤 이상 저장·취급하는 시설
   (령 별표4 제2호 가목 4)
④ 연면적 1만5천제곱미터 이상인 특정소방대상물
   (령 별표4 제2호 가목 2)

추가학습

1급 소방안전관리대상물
제외: 동·식물원, 철강 등 불연성 물품을 저장·취급하는 창고, 위험물 저장 및 처리 시설 중 제조소등과 지하구

구분	내용
범위	① 30층 이상(지하층 제외)이거나 지상으로부터 높이가 120미터 이상인 아파트 ② 연면적 1만5천m² 이상인 특정소방대상물(아파트 및 연립주택은 제외) ③ 지상층의 층수가 11층 이상인 특정소방대상물(아파트는 제외) ④ 가연성 가스를 1천톤 이상 저장·취급하는 시설
자격	① 소방설비기사, 소방설비산업기사 ② 소방공무원으로 7년 이상 ③ 소방청장이 실시하는 시험에 합격한 사람

13 ①   LINK 기본서 1권 275p~276p

① 초기대응체계의 구성·운영 및 교육 (법 제29조 제2항 제5호)

선지체크
② 법 제29조 제2항 제2호
③ 법 제29조 제2항 제4호
④ 법 제29조 제2항 제3호

추가학습

건설현장 소방안전관리

구분	내용
선임목적	공사시공자가 화재발생 및 화재피해의 우려가 큰 경우

대상	신축·증축·개축·재축·이전·용도변경 또는 대수선을 하려는 부분의
	① 연면적의 합계가 1만5천m² 이상인 것
	② 연면적이 5천m² 이상인 것 중 아래에 해당하는 것
	  - 지하층의 층수가 2개 층 이상인 것
	  - 지상층의 층수가 11층 이상인 것
	  - 냉동창고, 냉장창고, 냉동·냉장창고

선임기간	소방시설공사 착공 신고일부터 건축물 사용승인일까지
선임신고	선임한 날부터 14일 이내 소방본부장, 소방서장 → 소방본부장 또는 소방서장은 건설현장 소방안전관리자의 선임신고를 접수하거나 해임 사실을 확인한 경우에는 지체 없이 관련 사실을 종합정보망에 입력해야 한다.
안전관리자 업무	① 건설현장의 소방계획서의 작성 ② 임시소방시설의 설치 및 관리에 대한 감독 ③ 공사진행 단계별 피난안전구역, 피난로 등의 확보와 관리 ④ 건설현장의 작업자에 대한 소방안전 교육 및 훈련 ⑤ 초기대응체계의 구성·운영 및 교육 ⑥ 화기취급의 감독, 화재위험작업의 허가 및 관리 ⑦ 그 밖에 건설현장의 소방안전관리와 관련하여 소방청장이 고시하는 업무

14 ③   LINK 기본서 1권 254p

③ 령 별표3 제2호 가목

선지체크

① 특수가연물 표지 중 화기엄금 표시 부분의 **바탕은 붉은색**으로, **문자는 백색**으로 해야 한다. (령 별표3 제2호 나목 3))
② 특수가연물 표지는 **한 변의 길이**가 0.3미터 이상, **다른 한 변의 길이**가 0.6미터 이상인 직사각형으로 해야 한다. (령 별표3 제2호 나목 1))
④ 특수가연물 표지의 **바탕은 흰색**으로, **문자는 검은색**으로 할 것. 다만, "화기엄금" 표시 부분은 제외한다. (령 별표3 제2호 나목 2))

추가학습

특수가연물

품명		수량
면화류		200kg 이상
나무껍질 및 대팻밥		400kg 이상
넝마 및 종이부스러기	사류	1,000kg 이상
	볏짚류	
가연성 고체류		3,000kg 이상
석탄·목탄류		10,000kg 이상
가연성 액체류		2m³ 이상
목재가공품 및 나무부스러기		10m³ 이상
고무류·플라스틱류	발포시킨 것	20m³ 이상
	그 밖의 것	3,000kg 이상

① 특수가연물의 저장·취급 기준(석탄·목탄류를 발전용으로 저장하는 경우는 제외)
 - 품명별로 구분하여 쌓을 것
 - 높이 및 면적기준

구분	살수설비를 설치하거나 방사능력 범위에 해당 특수가연물이 포함되도록 대형수동식소화기를 설치하는 경우	그 밖의 경우
높이	15m 이하	10m 이하
쌓는 부분의 바닥면적	200m² 이하 (석탄·목탄류: 300m²)	50m² 이하 (석탄·목탄류: 200m²)

 - 실내·외에 설치하는 경우 기준

구분	실내	실외
바닥면적 사이	1.2m 또는 쌓는 높이의 1/2 중 큰 값 이상	3m 또는 쌓는 높이 중 큰 값 이상
추가기준	① 주요구조부는 내화구조이면서 불연재료 ② 다른 종류의 특수가연물과 같은 공간에 보관하지 않을 것(내화구조의 벽으로 분리되는 경우는 가능)	쌓는 부분이 대지경계선, 도로 및 인접 건축물과 최소 6m 이상 간격(쌓는 높이보다 0.9m 이상 높은 내화구조 벽체를 설치한 경우 간격 기준 제외)

② 특수가연물 표지
 - 품명, 최대저장수량, 단위부피당 질량 또는 단위체적당 질량, 관리책임자 성명·직책, 연락처 및 화기취급의 금지표시가 포함된 특수가연물 표지를 설치
 - 특수가연물 표지의 규격 (한 변의 길이: 0.3m 이상, 다른 한 변의 길이: 0.6m 이상인 직사각형)

구분	바탕	문자
표지	흰색	검은색
표지 중 화기엄금 표시	붉은색	백색

 - 특수가연물 표지는 특수가연물을 저장하거나 취급하는 장소 중 보기 쉬운 곳에 설치

15 ③   LINK 기본서 2권 25p

③ 법 제6조 제6항

선지체크

① 건축물 등의 증축·개축·재축·용도변경 또는 대수선의 신고를 수리할 권한이 있는 행정기관은 그 신고를 수리하면 그 건축물 등의 시공지 또는 소재지를 **관할하는 소방본부장이나 소방서장에게 지체없이 그 사실을 알려야 한다.** (법 제6조 제2항)
② 소방본부장 또는 소방서장은 법 제6조 제4항에 따라 건축허가등의 동의 요구서류를 접수한 날부터 **5일(허가를 신청한 건축물 등이 「화재의 예방 및 안전관리에 관한 법률 시행령」 별표 4 제1호 가목의 어느 하나에 해당하는 경우에는 10일) 이내**에 건축허가등의 동의 여부를 회신해야 한다. (규칙 제3조 제3항)
 → 「화재의 예방 및 안전관리에 관한 법률 시행령」 별표 4 제1호 가목: 특급 소방안전관리대상물
④ 건축허가등의 동의를 요구한 기관이 그 건축허가등을 취소했을 때에는 취소한 날부터 **7일 이내**에 건축물 등의 시공지 또는 소재지를 관할하는 소방본부장 또는 소방서장에게 그 사실을 통보해야 한다. (규칙 제3조 제5항)

추가학습

건축허가 등의 동의

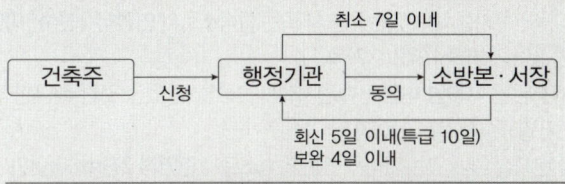

구분	내용
건축허가 등의 권한자	행정기관
건축허가 등의 동의권자	소방본부장, 소방서장
동의여부 회신	5일 이내(특급 대상: 10일 이내)
보완	4일 이내
취소통보	7일 이내

1. 동의
 ① 건축물 등의 신축·증축·개축·재축·이전·용도변경 또는 대수선의 허가·협의 및 사용승인의 권한이 있는 행정기관이 건축허가등을 할 때
  → 사용승인에 대한 동의를 할 때에는 소방시설공사의 완공검사증명서를 발급하는 것으로 동의를 갈음할 수 있다(행정기관은 소방시설공사의 완공검사증명서를 확인하여야 한다).
2. 통지
 ① 건축물 등의 증축·개축·재축·용도변경 또는 대수선의 신고를 수리할 권한이 있는 행정기관이 그 신고를 수리할 때

16 ④ LINK 기본서 2권 27p~28p

④ **지하층의 층수가 2개 층 이상이고** 지하층의 바닥면적의 합계가 3만 제곱미터 이상인 창고시설 (령 제9조 제5호)

✓ 선지체크

① 령 제9조 제1호
② 령 제9조 제2호
③ 령 제9조 제4호 나목

⊕ 추가학습

성능위주설계 대상

① 연면적 20만m^2 이상인 특정소방대상물(아파트등 제외)
② 50층 이상(지하층 제외)이거나 지상으로부터 높이가 200m 이상인 아파트등
③ 30층 이상(지하층 포함)이거나 지상으로부터 높이가 120m 이상인 특정소방대상물(아파트등은 제외)
④ 연면적 3만m^2 이상인 철도, 도시철도 시설, 공항시설
⑤ 연면적 10만m^2 이상인 창고시설
⑥ 지하층의 층수가 2개 층 이상이고 지하층의 바닥면적의 합계가 3만 m^2 이상인 창고시설
⑦ 영화상영관이 10개 이상인 특정소방대상물
⑧ 지하연계 복합건축물에 해당하는 특정소방대상물
⑨ 수저터널
⑩ 길이가 5천m 이상인 터널

17 ① LINK 기본서 2권 43p

① 연면적 **400m^2 미만**인 유치원 (령 별표4 제2호 가목 4))

✓ 선지체크

② 교육연구시설 내에 있는 기숙사 또는 합숙소로서 **연면적 2천m^2 미만**인 것 (령 별표4 제2호 가목 1))
③ 수용인원 **100명 미만**인 수련시설(숙박시설이 있는 것만 해당한다) (령 별표4 제2호 가목 3))
④ 수련시설 내에 있는 기숙사 또는 합숙소로서 **연면적 2천m^2 미만**인 것 (령 별표4 제1호 가목 2))

⊕ 추가학습

단독경보형감지기

설치대상	조건
① 수용인원 100명 미만인 수련시설(숙박시설이 있는 것만 해당)	
② 공동주택 중 연립주택 및 다세대주택(2024.12.1)	
유치원	연면적 400m^2 미만인 것
① 교육연구시설내에 있는 합숙소·기숙사 ② 수련시설 내에 있는 합숙소·기숙사	연면적 2천m^2 미만인 것

18 ② LINK 기본서 2권 108p

② 소방청장은 소방용품의 형식승인의 변경승인 업무를 **기술원에 위탁**할 수 있다. (법 제50조 제2항)
→ 소방청장은 소방용품의 **제품검사 업무**를 기술원 또는 **전문기관에 위탁**할 수 있다. (법 제50조 제3항)

✓ 선지체크

① 령 제48조 제1항
③ 법 제50조 제5항 제2호
④ 법 제50조 제6항

⊕ 추가학습

권한 또는 업무의 위임·위탁 등

구분	내용
권한위임	소방청장 → 국립소방연구원장 화재안전기준 중 기술기준에 대한 관리·운영 권한
위탁	1. 소방청장 → 한국소방산업기술원 ① 방염성능검사 (현장에서 방염처리를 하는 합판·목재류에 대한 방염성능검사는 제외) ② 소방용품의 형식승인 ③ 형식승인의 변경승인 ④ 형식승인의 취소 ⑤ 성능인증 및 성능인증의 취소 ⑥ 성능인증의 변경인증 ⑦ 우수품질인증 및 그 취소 2. 소방청장 → 기술원 또는 전문기관 ① 제품검사 업무 3. 소방청장 → 소방기술과 관련된 법인 또는 단체 ① 표준자체점검비의 산정 및 공표 ② 소방시설관리사증의 발급·재발급 ③ 점검능력 평가 및 공시 ④ 데이터베이스 구축·운영 4. 소방청장 → 화재안전 관련 전문연구기관 ① 건축 환경 및 화재위험특성 변화 추세 연구에 관한 업무

19 ① LINK 기본서 2권 113~114p

① 해당사항 없음

· 위반행위의 신고 및 신고포상금의 지급

구분	내용
신고	누구든지 → 소방본부장 또는 소방서장에게
신고사유	① 규정을 위반하여 소방시설을 설치 또는 관리를 한 자 ② 규정을 위반하여 소방시설의 기능과 성능에 지장을 줄 수 있는 폐쇄·차단 등의 행위를 한 자 ③ 규정을 위반하여 피난시설, 방화구획 및 방화시설의 관리한 자
포상금 지급	소방본부장 또는 소방서장

✓ 선지체크

② 법 제55조 제1항 제1호
③ 법 제55조 제1항 제2호
④ 법 제55조 제1항 제3호

20 ③ LINK 기본서 2권 182p

③ 제조소등의 위반행위의 횟수에 따른 행정처분기준은 최근 2년간 같은 위반행위로 행정처분을 받은 경우에 적용한다. 이 경우 기간의 계산은 위반행위에 대하여 행정처분을 받은 날과 그 처분 후 다시 같은 위반행위를 하여 적발된 날을 기준으로 한다.
(규칙 별표2 제1호 다목)

선지체크

① 이 법은 **항공기·선박·철도** 및 **궤도**에 의한 위험물의 저장·취급 및 운반에 있어서는 이를 적용하지 아니한다. → **차량 ×** (법 제3조)
② **국가**는 지방자치단체가 위험물에 의한 사고의 예방·대비 및 대응을 위한 시책을 추진하는 데에 필요한 행정적·재정적 지원을 하여야 한다. (법 제3조의2 제2항)
④ 시·도지사는 제조소등에 대한 사용의 정지가 그 이용자에게 심한 불편을 주거나 그 밖에 공익을 해칠 우려가 있는 때에는 사용정지처분에 갈음하여 **2억원 이하**의 과징금을 부과할 수 있다. (법 제13조 제1항)

21 ① LINK 기본서 2권 200p

① **제1류 위험물**, 제3류 위험물 중 **자연발화성물질**, 제4류 위험물 중 **특수인화물**, **제5류 위험물** 또는 **제6류 위험물**은 차광성이 있는 피복으로 가릴 것 (규칙 별표19 Ⅱ 제5호)

추가학습

적재방법

적재방법
(제외: 덩어리 상태의 유황을 운반하기 위하여 적재하는 경우, 위험물을 동일구 내에 있는 제조소등의 상호간에 운반하기 위하여 적재하는 경우)
① 위험물이 온도변화 등에 의하여 누설되지 아니하도록 운반용기를 밀봉하여 수납할 것
② 수납하는 위험물과 위험한 반응을 일으키지 아니하는 등 당해 위험물의 성질에 적합한 재질의 운반용기에 수납할 것
③ 고체위험물은 운반용기 내용적의 95% 이하의 수납률로 수납할 것
④ 액체위험물은 운반용기 내용적의 98% 이하의 수납률로 수납하되, 55도의 온도에서 누설되지 아니하도록 충분한 공간용적을 유지하도록 할 것
⑤ 하나의 외장용기에는 다른 종류의 위험물을 수납하지 아니할 것
⑥ 제3류 위험물은 다음의 기준에 따라 운반용기에 수납할 것
 - 자연발화성물질: 불활성 기체를 봉입하여 밀봉하는 등 공기와 접하지 아니하도록 할 것
 - 자연발화성물질 외의 물품: 파라핀·경유·등유 등의 보호액으로 채워 밀봉하거나 불활성 기체를 봉입하여 밀봉하는 등 수분과 접하지 아니하도록 할 것
 - 자연발화성물질 중 알킬알루미늄등: 운반용기의 내용적의 90% 이하의 수납률로 수납하되, 50℃의 온도에서 5% 이상의 공간용적을 유지하도록 할 것
⑦ 운반용기는 수납구를 위로 향하게 하여 적재할 것
⑧ 제1류 위험물, 제3류 위험물 중 자연발화성물질, 제4류 위험물 중 특수인화물, 제5류 위험물 또는 제6류 위험물은 차광성이 있는 피복으로 가릴 것
⑨ 제1류 위험물 중 알칼리금속의 과산화물 또는 이를 함유한 것, 제2류 위험물 중 철분·금속분·마그네슘 또는 이들 중 어느 하나 이상을 함유한 것 또는 제3류 위험물 중 금수성물질은 방수성이 있는 피복으로 덮을 것
⑩ 제5류 위험물 중 55℃ 이하의 온도에서 분해될 우려가 있는 것은 보냉 컨테이너에 수납하는 등 적정한 온도관리를 할 것

22 ① LINK 기본서 2권 213p

① 법 제29조

구분	내용
청문실시자	시·도지사, 소방본부장, 소방서장
청문 대상	① 제조소등 설치허가의 취소 ② 탱크시험자의 등록취소

23 ② LINK 기본서 2권 214p

② **소방본부장** 또는 **소방서장**은 정기검사를 **기술원**에 위탁한다.
(령 제22조 제3항)

선지체크

① 령 제22조 제2항 제1호 가목
③ 령 제22조 제2항 제1호 다목
④ 령 제22조 제2항 제2호 나목

추가학습

위탁

구분		내용
소방청장	→ 안전원	안전관리자, 운반자, 운송자 안전교육
	→ 기술원	탱크시험자 기술인력 안전교육
시·도지사 → 기술원		① 탱크안전성능검사 - 용량이 100만리터 이상인 액체위험물을 저장하는 탱크 - 암반탱크 - 지하탱크저장소의 위험물탱크 중 이중벽탱크로 정하는 액체위험물탱크에 대한 탱크안전성능검사 ② 완공검사 - 지정수량의 3천배 이상의 위험물을 취급하는 제조소 또는 일반취급소의 설치 또는 변경에 따른 완공검사 - 옥외탱크저장소(저장용량이 50만 리터 이상인 것) 또는 암반탱크저장소의 설치 또는 변경에 따른 완공검사 ③ 운반용기 검사
소방본부장, 소방서장 → 기술원		정기검사

24 ①   LINK 기본서 2권 249p

① 규칙 별표5 I 제2호

저장 또는 취급하는 위험물의 최대수량	공지의 너비	
	벽·기둥 및 바닥이 내화구조로 된 건축물	그 밖의 건축물
지정수량의 5배 이하		0.5m 이상
지정수량의 5배 초과 10배 이하	1m 이상	1.5m 이상
지정수량의 10배 초과 20배 이하	2m 이상	3m 이상
지정수량의 20배 초과 50배 이하	3m 이상	5m 이상
지정수량의 50배 초과 200배 이하	5m 이상	10m 이상
지정수량의 200배 초과	10m 이상	15m 이상

25 ②   LINK 기본서 2권 179p

② 령 제12조 제2항

- 대리자의 자격이 있는 자를 각 제조소등별로 지정하여 안전관리자를 보조하게 하여야 하는 대상
1. 제조소
2. 이송취급소
3. 일반취급소. 다만, 인화점이 38도 이상인 제4류 위험물만을 지정수량의 30배 이하로 취급하는 일반취급소로서 다음의 1에 해당하는 일반취급소를 제외한다.
   가. 보일러·버너 또는 이와 비슷한 것으로서 위험물을 소비하는 장치로 이루어진 일반취급소
   나. 위험물을 용기에 옮겨 담거나 차량에 고정된 탱크에 주입하는 일반취급소

제 03 회 소방관계법규 모의고사

01	①	02	①	03	④	04	③	05	①
06	②	07	②	08	②	09	③	10	③
11	③	12	④	13	①	14	②	15	④
16	①	17	②	18	③	19	①	20	②
21	①	22	①	23	③	24	④	25	②

01 ①   LINK 기본서 1권 27p

① 규칙 제3조 제2항 제1호
ㄴ. 재산피해액이 **50억원 이상** 발생한 화재
ㄹ. 다중이용업소의 화재

선지체크

ㄱ. 사상자가 **10인 이상** 발생한 화재 (규칙 제3조 제2항 제1호 가목)
ㄷ. **11층 이상**인 건축물에서 발생한 화재 (규칙 제3조 제2항 제1호 마목)
ㅁ. **소방청장**이 정하는 재난상황 (규칙 제3조 제2항 제4호)
ㅂ. 지정수량의 **3천배 이상**의 위험물의 제조소·저장소·취급소에서 발생한 화재 (규칙 제3조 제2항 제1호 마목)

추가학습

종합상황실 보고
소방서의 종합상황실의 경우는 소방본부의 종합상황실에, 소방본부의 종합상황실의 경우는 소방청의 종합상황실에 각각 보고해야 한다.
① 사망자가 5인 이상 발생한 화재
② 사상자가 10인 이상 발생한 화재
③ 이재민이 100인 이상 발생한 화재
④ 재산피해액이 50억원 이상 발생한 화재
⑤ 관공서·학교·정부미도정공장·문화재·지하철 또는 지하구의 화재
⑥ 관광호텔, 층수가 11층 이상인 건축물, 지하상가, 시장, 백화점에서 발생한 화재
⑦ 지정수량의 3천배 이상의 위험물의 제조소등에서 발생한 화재
⑧ 층수가 5층 이상이거나 객실이 30실 이상인 숙박시설에서 발생한 화재
⑨ 층수가 5층 이상이거나 병상이 30개 이상인 종합병원·정신병원·한방병원·요양소에서 발생한 화재
⑩ 연면적 1만5천m^2 이상인 공장에서 발생한 화재
⑪ 화재경계지구에서 발생한 화재(화재예방법: 화재예방강화지구)
⑫ 철도차량, 항구에 매어둔 총 톤수가 1천톤 이상인 선박, 항공기, 발전소 또는 변전소에서 발생한 화재
⑬ 가스 및 화약류의 폭발에 의한 화재
⑭ 다중이용업소의 화재
⑮ 통제단장의 현장지휘가 필요한 재난상황
⑯ 언론에 보도된 재난상황
⑰ 소방청장이 정하는 재난상황

02 ①   LINK 기본서 1권 39~41p

① 법 제11조 제1항

선지체크

② 소방업무의 응원을 위하여 파견된 소방대원은 **응원을 요청한** 소방본부장 또는 소방서장의 지휘에 따라야 한다. (법 제11조 제3항)
③ **시·도지사**는 소방업무의 응원을 요청하는 경우를 대비하여 출동 대상지역 및 규모와 필요한 경비의 부담 등에 관하여 필요한 사항을 행정안전부령으로 정하는 바에 따라 이웃하는 시·도지사와 협의하여 미리 규약으로 정하여야 한다. (법 제11조 제4항)
④ 소방청장은 시·도지사에게 동원된 소방력을 화재, 재난·재해 등이 발생한 지역에 지원·파견하여 줄 것을 요청하거나 필요한 경우 직접 소방대를 편성하여 화재진압 및 인명구조 등 소방에 필요한 활동을 하게 할 수 있다. (법 제11조의2 제3항)

추가학습

소방업무의 응원

구분	내용
응원요청	긴급한 경우 소방본부장이나 소방서장 → 이웃한 소방본부장 또는 소방서장
미리규약	시·도지사 – 이웃하는 시·도지사
상호응원 협정 사항	1. 소방활동에 관한 사항 　① 화재의 경계·진압활동 　② 구조·구급업무의 지원 　③ 화재조사활동 2. 응원출동대상지역 및 규모 3. 소요경비의 부담에 관한 사항 　① 출동대원의 수당·식사 및 의복의 수선 　② 소방장비 및 기구의 정비와 연료의 보급 　③ 그 밖의 경비 4. 응원출동의 요청방법 5. 응원출동훈련 및 평가

03 ④   LINK 기본서 1권 48p, 50p

④ 소방청장은 시험합격자 공고일부터 **1개월 이내**에 행정안전부령으로 정하는 소방안전교육사증을 시험합격자에게 발급하며, 이를 소방안전교육사증 교부대장에 기재하고 관리하여야 한다.
(령 제7조의8 제4항)

선지체크

① 법 제17조의2 제1항
② 령 제7조의3 제3항
③ 령 제7조의6 제1항

➕ **추가학습**

소방안전교육사

구분	내용
안전교육사 업무	기획·진행·분석·평가 및 교수업무
시험실시자	소방청장
시행	2년마다 1회 시행 (소방청장이 필요하다고 인정하는 때에는 그 횟수를 증감할 수 있다)
공고	시행일 90일 전까지 소방청의 인터넷 홈페이지에 공고
합격기준	1차 시험: 매과목 40점 이상, 전과목 평균 60점 이상 득점한 자
	2차 시험: 최고점수와 최저점수를 제외한 점수의 평균이 60점 이상인 사람
증발급	시험합격자 공고일부터 1개월 이내

---

04 🔓 ③   LINK 🔗 기본서 1권 76p

③ 300만원 이하의 벌금 (법 제52조 제1호)

✅ **선지체크**

① 100만원 이하의 벌금 (법 제54조 제2호)
② 100만원 이하의 벌금 (법 제54조 제4호)
④ 100만원 이하의 벌금 (법 제54조 제3호)

➕ **추가학습**

300만원 이하의 벌금
① 사람을 구출하거나 불이 번지는 것을 막기 위하여 긴급하다고 인정할 때에는 소방대상물 또는 토지 외의 소방대상물과 토지에 대하여 일시적으로 사용하거나 그 사용의 제한 또는 소방활동에 필요한 처분을 방해한 자 또는 정당한 사유 없이 그 처분에 따르지 아니한 자
② 소방활동을 위하여 긴급하게 출동할 때에는 소방자동차의 통행과 소방활동에 방해가 되는 주차 또는 정차된 차량 및 물건 등을 제거하거나 이동시키는 처분을 방해한 자 또는 정당한 사유 없이 그 처분에 따르지 아니한 자

100만원 이하의 벌금
① 정당한 사유 없이 소방대의 생활안전활동을 방해한 자
② 정당한 사유 없이 소방대가 현장에 도착할 때까지 사람을 구출하는 조치 또는 불을 끄거나 불이 번지지 아니하도록 하는 조치를 하지 아니한 사람
③ 피난 명령을 위반한 사람
④ 정당한 사유 없이 물의 사용이나 수도의 개폐장치의 사용 또는 조작을 하지 못하게 하거나 방해한 자
⑤ 화재 발생을 막거나 폭발 등으로 화재가 확대되는 것을 막기 위하여 가스·전기 또는 유류 등의 시설에 대하여 위험물질의 공급을 차단하는 등 필요한 조치를 정당한 사유 없이 방해한 자

---

05 🔓 ①   LINK 🔗 기본서 1권 94p

① 소방청장, 소방본부장 또는 소방서장은 화재발생 사실을 알게 된 때에는 지체 없이 화재조사를 하여야 한다. **이 경우 수사기관의 범죄 수사에 지장을 주어서는 아니 된다.** (법 제5조 제1항)

✅ **선지체크**

② 령 제2조
③ 법 제5조 제2항 제5호
④ 령 제3조 제3항

➕ **추가학습**

화재조사의 실시

구분	내용
조사권자	소방청장, 소방본부장, 소방서장
조사실시	화재발생 사실을 알게된 때에 지체 없이
조사대상	①「소방기본법」에 따른 소방대상물에서 발생한 화재 ② 소방관서장이 화재조사가 필요하다고 인정하는 화재
조사항목	① 화재원인에 관한 사항 ② 화재로 인한 인명·재산피해상황 ③ 대응활동에 관한 사항 ④ 소방시설 등의 설치·관리 및 작동 여부에 관한 사항 ⑤ 화재발생건축물과 구조물, 화재유형별 화재위험성 등에 관한 사항 ⑥「화재의 예방 및 안전관리에 관한 법률」에 따른 화재안전조사의 실시 결과에 관한 사항
조사절차	① 현장출동 중 조사: 화재발생 접수, 출동 중 화재상황 파악 등 ② 화재현장 조사: 화재의 발화원인, 연소상황 및 피해상황 조사 등 ③ 정밀조사: 감식·감정, 화재원인 판정 등 ④ 화재조사 결과 보고
협조	소방관서장은 화재조사를 하는 경우「산림보호법」에 따른 산불 조사 등 다른 법률에 따른 화재 관련 조사가 원활히 수행될 수 있도록 협조해야 한다.

---

06 🔓 ②   LINK 🔗 기본서 1권 134p, 213p

②「채무자 회생 및 파산에 관한 법률」에 따른 환가의 절차에 따라 소방시설업자의 소방시설의 전부를 인수한 자가 종전의 소방시설업자의 지위를 승계하려는 경우에는 그 인수일부터 **30일 이내**에 행정안전부령으로 정하는 바에 따라 그 사실을 시·도지사에게 신고하여야 한다. (법 제7조 제2항 제2호)

✅ **선지체크**

① 법 제7조 제1항 제1호
③ 법 제40조 제1항 제1호
④ 법 제7조 제4항

➕ 추가학습

소방시설업자의 지위승계

구분	내용
신고	시·도지사
기간	승계한 날부터 30일 이내
지위승계 사유	① 소방시설업자가 사망한 경우 그 상속인 ② 소방시설업자가 그 영업을 양도한 경우 그 양수인 ③ 법인인 소방시설업자가 다른 법인과 합병한 경우 합병 후 존속하는 법인이나 합병으로 설립되는 법인 ④ 경매, 환가, 압류재산의 매각
기타	상속인이 결격사유에 해당하는 경우 상속받은 날부터 3개월 동안은 그러하지 아니하다.

07 ②   LINK 기본서 1권 147~148p

② 령 별표2 제1호

✅ 선지체크

ㄹ. 행정안전부령으로 정하는 고급기술자 이상의 소방기술자(기계분야 및 전기분야)를 배치해야 하는 소방시설공사 현장
(령 별표2 제1호 나목)

ㅁ. 행정안전부령으로 정하는 초급기술자 이상의 소방기술자(기계분야 및 전기분야)를 배치해야 하는 소방시설공사 현장
(령 별표2 제1호 라목)

➕ 추가학습

소방기술자의 배치기준

구분	면적기준		기타기준
특급	연면적 20만m² 이상		지하층 포함 40층 이상
고급	연면적 3만m² 이상 20만m² 미만 (아파트 제외)	-	지하층 포함 16층 이상 40층 미만
중급	연면적 5천m² 이상 3만m² 미만 (아파트 제외)	연면적 1만m² 이상 20만m² 미만 아파트	물분무등소화설비(호스릴 방식 제외) 또는 제연설비가 설치
초급	연면적 1천m² 이상 5천m² 미만 (아파트 제외)	연면적 1천m² 이상 1만m² 미만 아파트	지하구
자격수첩	연면적 1천m² 미만		

① 기계분야 및 전기분야의 자격을 모두 갖춘 소방기술자가 있는 경우에는 소방시설공사를 분야별로 구분하지 않고 그 소방기술자를 배치할 수 있다.
② 특정 공사 현장이 2개 이상의 공사 현장 기준에 해당하는 경우에는 해당 공사 현장 기준에 따라 배치해야 하는 소방기술자를 각각 배치하지 않고 그 중 상위 등급 이상의 소방기술자를 배치할 수 있다.

08 ②   LINK 기본서 1권 143p

② **시·도지사**는 영업정지가 그 이용자에게 불편을 주거나 그 밖에 공익을 해칠 우려가 있을 때에는 영업정지처분을 갈음하여 **2억원** 이하의 과징금을 부과할 수 있다. (법 제10조 제1항)

➕ 추가학습

과징금처분

구분	내용
부과권자	시·도지사
목적	영업정지가 그 이용자에게 불편을 주거나 그 밖에 공익을 해칠 우려가 있을 때
금액	2억원 이하

09 ③   LINK 기본서 1권 162p

③ 소방본부장, 소방서장 → **소방청장** × (법 제20조)

➕ 추가학습

공사감리 결과의 통보 등

서면통보	공사감리 결과보고서 제출
① 관계인, 도급인, 건축사 ② 공사가 완료된 날부터 7일 이내	① 소방본부장, 소방서장 ② 공사가 완료된 날부터 7일 이내 ③ 첨부서류 - 소방청장이 정하여 고시하는 소방시설 성능시험조사표 1부 - 착공신고 후 변경된 소방시설설계도면 1부 - 소방공사 감리일지 1부 - 특정소방대상물의 사용승인 신청서 등 사용승인 신청을 증빙할 수 있는 서류 1부

10 ③   LINK 기본서 1권 171p, 211p

③ 법 제22조 제1항

✅ 선지체크

① 특정소방대상물의 관계인 또는 발주자는 소방시설공사등을 도급할 때에는 해당 소방시설업자에게 도급하여야 한다. 규정을 위반하여 위반하여 해당 소방시설업자가 아닌 자에게 소방시설공사등을 도급한 자는 **1년 이하의 징역 또는 1천만원 이하의 벌금**에 처한다. (법 제21조 제1항, 법 제36조 제5호)
② 공사업자가 도급받은 소방시설공사의 도급금액 중 그 공사(**하도급한 공사를 포함**한다)의 근로자에게 지급하여야 할 임금에 해당하는 금액은 압류할 수 없다. (법 제21조의2 제1항)
④ 소방시설공사업과 「건설산업기본법」 제9조에 따른 건설업을 함께 하는 공사업자가 소방시설공사와 해당 사업의 공사를 함께 도급받은 경우에는 도급받은 소방시설공사의 **일부**를 다른 공사업자에게 하도급할 수 있다. (령 제12조 제1항 제2호)

➕ 추가학습

하도급의 제한

1. 도급을 받은 자는 소방시설의 설계, 시공, 감리를 제3자에게 하도급할 수 없다.
2. 소방시설공사의 시공을 하도급할 수 있는 경우
   해당 사업의 공사를 함께 도급받은 경우에는 도급받은 소방시설공사의 일부를 다른 공사업자에게 하도급할 수 있다. 다른 공사업자에게 그 일부를 하도급할 수 있는 소방시설공사는 착공신고(신설 대상)의 소방설비 중 하나 이상의 소방설비를 설치하는 공사로 한다.
   ① 주택건설사업
   ② 건설업
   ③ 전기공사업
   ④ 정보통신공사업
3. 하수급인은 하도급받은 소방시설공사를 제3자에게 다시 하도급할 수 없다.

---

11 ③   LINK 기본서 1권 232p~233p

③ 소방청장은 기본계획을 시행하기 위한 계획을 계획 시행 전년도 10월 31일까지 수립해야 한다. (령 제4조 제1항)
→ 소방청장은 화재의 예방 및 안전관리에 관한 기본계획을 계획 시행 전년도 8월 31일까지 관계 중앙행정기관의 장과 협의한 후 계획 시행 전년도 9월 30일까지 수립해야 한다. (령 제2조)

✅ 선지체크

① 법 제4조 제1항
② 법 제4조 제2항
④ 법 제4조 제6항

➕ 추가학습

화재의 예방 및 안전관리 기본계획

기본계획	1. 수립·시행권자: 소방청장 2. 수립·시행: 5년마다 3. 기간: 계획 시행 전년도 8월 31일까지 관계 중앙행정기관의 장과 협의한 후 → 계획 시행 전년도 9월 30일까지 수립 4. 기본계획 내용 ① 화재예방정책의 기본목표 및 추진방향 ② 화재의 예방과 안전관리를 위한 법령·제도의 마련 등 기반 조성 ③ 화재의 예방과 안전관리를 위한 대국민 교육·홍보 ④ 화재의 예방과 안전관리 관련 기술의 개발·보급 ⑤ 화재의 예방과 안전관리 관련 전문인력의 육성·지원 및 관리 ⑥ 화재의 예방과 안전관리 관련 산업의 국제경쟁력 향상 ⑦ 화재발생 현황 ⑧ 소방대상물의 환경 및 화재위험특성 변화 추세 등 화재예방정책의 여건 변화에 관한 사항 ⑨ 소방시설의 설치·관리 및 화재안전기준의 개선에 관한 사항 ⑩ 계절별·시기별·소방대상물별 화재예방대책의 추진 및 평가 등에 관한 사항 ⑪ 그 밖에 화재의 예방 및 안전관리와 관련하여 소방청장이 필요하다고 인정하는 사항
시행계획	1. 수립·시행권자: 소방청장 2. 수립·시행: 매년 3. 기간: 계획 시행 전년도 10월 31일까지 수립 4. 시행계획 내용 ① 기본계획의 시행을 위하여 필요한 사항 ② 그 밖에 화재의 예방 및 안전관리와 관련하여 소방청장이 필요하다고 인정하는 사항 5. 소방청장은 관계 중앙행정기관의 장과 시·도지사에게 기본계획 및 시행계획을 각각 계획 시행 전년도 10월 31일 까지 통보해야 한다.
세부시행 계획	1. 수립·시행권자: 관계 중앙행정기관의 장 및 시·도지사 2. 기간: 계획 시행 전년도 12월 31일까지 소방청장에게 통보 3. 세부시행계획 내용 ① 기본계획 및 시행계획에 대한 관계 중앙행정기관 또는 시·도의 세부 집행계획 ② 직전 세부시행계획의 시행 결과 ③ 그 밖에 화재안전과 관련하여 관계 중앙행정기관의 장 또는 시·도지사가 필요하다고 결정한 사항

---

12 ④   LINK 기본서 1권 255p

④ 소방관서장은 화재예방강화지구 안의 관계인에 대하여 대통령령으로 정하는 바에 따라 소방에 필요한 훈련 및 교육을 실시할 수 있다. (법 제18조 제5항)

✅ 선지체크

① 시·도지사는 「물류시설의 개발 및 운영에 관한 법률」 제2조 제6호에 따른 물류단지를 화재예방강화지구로 지정하여 관리할 수 있다. (법 제18조 제1항 제9호)
② 시·도지사가 화재예방강화지구로 지정할 필요가 있는 지역을 화재예방강화지구로 지정하지 아니하는 경우 소방청장은 해당 시·도지사에게 해당 지역의 화재예방강화지구 지정을 요청할 수 있다. (법 제18조 제2항)
③ 소방관서장은 화재예방강화지구 안의 소방대상물의 위치·구조 및 설비 등에 대한 화재안전조사를 연 1회 이상 실시해야 한다. (령 제20조 제1항)

➕ 추가학습

화재예방강화지구의 지정 등

구분	내용
지정권자	시·도지사
지정요청권자	소방청장
대상	① 시장지역 ② 공장·창고가 밀집한 지역 ③ 목조건물이 밀집한 지역 ④ 노후·불량건축물이 밀집한 지역 ⑤ 위험물의 저장 및 처리 시설이 밀집한 지역 ⑥ 석유화학제품을 생산하는 공장이 있는 지역 ⑦ 산업단지 ⑧ 소방시설·소방용수시설 또는 소방출동로가 없는 지역 ⑨ 물류단지 ⑩ 소방관서장이 화재예방강화지구로 지정할 필요가 있다고 인정하는 지역

관리	화재안전조사 (하여야 한다)	훈련 및 교육 (할 수 있다)
관리	① 조사: 소방관서장 ② 연 1회 이상 ③ 소방관서장은 화재안전조사를 한 결과 화재의 예방강화를 위하여 필요하다고 인정할 때에는 관계인에게 소화기구, 소방용수시설 또는 그 밖에 소방에 필요한 설비의 설치를 명할 수 있다.	① 실시: 소방관서장 ② 연 1회 이상 ③ 대상: 관계인(훈련 또는 교육 10일 전까지 통보)
기타	시·도지사는 화재예방강화지구에서의 화재예방에 필요한 자료를 매년 작성·관리하여야 한다. ① 화재예방강화지구의 지정 현황 ② 화재안전조사의 결과 ③ 소화기구, 소방용수시설 또는 그 밖에 소방에 필요한 설비의 설치 명령 현황 ④ 소방훈련 및 교육의 실시 현황 ⑤ 화재예방 강화를 위하여 필요한 사항	
지원	① 소방청장(소방설비등의 설치를 명하는 경우 관계인에게) ② 지원에 필요한 협조 요청: 소방청장 → 관계 중앙행정기관의 장 및 시·도지사에게 ③ 비용 지원: 시·도지사가 시·도의 조례로 정하는 바에 따라 소방설비등의 설치에 필요한 비용을 지원	

13 ①   LINK 기본서 1권 258p

① **소방청장**은 화재안전영향평가에 관한 업무를 수행하기 위하여 화재안전영향평가심의회를 구성·운영할 수 있다.(법 제22조 제1항)

✅ 선지체크

② 법 제22조 제2항
③ 령 제22조 제1항 제2호
④ 령 제22조 제3항

➕ 추가학습

화재안전영향평가심의회

구분		내용
운영권자		소방청장
구성	인원	위원장 1명을 포함한 12명 이내의 위원
	위원장	위원 중에서 호선
	위원	① 화재안전과 관련되는 법령이나 정책을 담당하는 관계 기관의 소속 직원(행정안전부, 산업통상자원부, 보건복지부, 고용노동부, 국토교통부) ② 소방청에서 화재안전 관련 업무를 수행하는 소방준감 이상의 소방공무원 중 소방청장이 지명하는 사람
		③ 소방기술사 ④ 안전원, 기술원, 화재보험협회, 가스안전공사, 전기안전공사에서 화재 안전관련 업무를 수행하는 사람 ⑤ 학교 또는 이에 준하는 학교나 공인된 연구기관에서 부교수 이상의 직 또는 이에 상당하는 직에 있거나 있었던 사람으로서 화재안전 또는 관련 법령이나 정책에 전문성이 있는 사람
임기		2년, 한 차례만 연임가능

14 ③   LINK 기본서 1권 267p

ㄱ. 간이스프링클러설비가 설치된 의료시설: 3급 소방안전관리대상물 (령 별표4 제4호 가목 1))
ㄷ. 가연성 가스를 300톤 저장·취급하는 시설: 2급 소방안전관리대상물 (령 별표4 제3호 가목 2))
ㄹ. 지하구: 2급 소방안전관리대상물 (령 별표 4 제3호 가목 3))

✅ 선지체크

ㄴ. 연면적 3만제곱미터이며, 층수가 15층인 복합건축물: 1급 소방안전관리대상물 (령 별표4 제2호 가목 2))
→ 대행하게 할 수 있는 소방안전관리대상물: **연면적 1만5천제곱미터 이상인 특정소방대상물 제외**

ㅁ. 옥내소화전설비가 설치된 높이 150미터인 아파트: 1급 소방안전관리대상물 (령 별표4 제2호 가목 1))
→ 30층 이상(지하층은 제외한다)이거나 지상으로부터 높이가 **120미터 이상인 아파트**

➕ 추가학습

소방안전관리업무의 대행

① 소방안전관리자는 관리업자의 대행업무 수행을 감독하고 대행업무 외의 소방안전관리업무는 직접 수행하여야 한다.

구분		내용	
대행기관		관리업자	
대행대상		① 지상층의 층수가 11층 이상인 1급 소방안전관리대상물 (연면적 1만5천m² 이상인 특정소방대상물과 아파트 제외) ② 2급 소방안전관리대상물 ③ 3급 소방안전관리대상물	
대행업무		① 피난시설, 방화구획 및 방화시설의 관리 ② 소방시설이나 그 밖의 소방 관련 시설의 관리	
업무대행 인력의 배치기준	등급	설치된 소방시설의 종류	대행인력의 기술등급
	1급 또는 2급	스프링클러설비, 물분무등소화설비, 제연설비	중급 이상 1명 이상
		옥내소화전설비, 옥외소화전설비	
	3급	자동화재탐지설비, 간이스프링클러설비	초급 이상 1명 이상

업무대행 인력의 배치기준	① 연면적 5천m² 미만으로서 스프링클러설비가 설치된 1급 또는 2급 소방안전관리대상물의 경우에는 초급점검자를 배치할 수 있다. → 제외: 스프링클러설비 외에 제연설비 또는 물분무등소화설비가 설치된 경우 ② 스프링클러설비에는 화재조기진압용 스프링클러설비를 포함하고, 물분무등소화설비에는 호스릴 방식은 제외한다.
대가	엔지니어링사업 대가의 기준 중 실비정액가산방식

15 ④ LINK 기본서 1권 313p

④ 법 제46조
소방청장 또는 **시·도지사**는 다음 각 호의 어느 하나에 해당하는 처분을 하려면 청문을 하여야 한다.
1. 소방안전관리자의 자격 취소
2. 진단기관의 지정 취소

16 ① LINK 기본서 2권 12p

① 판매시설: 슈퍼마켓과 일용품 등의 소매점으로서 같은 건축물에 해당 용도로 쓰는 바닥면적 합계가 **1천m² 이상**인 것 (령 별표2 제5호 라목 1))

선지체크
② 령 별표2 제3호 다목
③ 령 별표2 제25호
④ 령 별표2 제28호 가목 1)

17 ② LINK 기본서 2권 59p

② 임시소방시설의 종류: 소화기, 간이소화장치, 비상경보장치, 가스누설경보기, 간이피난유도선, 비상조명등, 방화포 (령 별표8 제1호)

추가학습

임시소방시설을 설치하여야 하는 공사의 종류와 규모

종류	규모
소화기	소방본부장 또는 소방서장의 동의를 받아야 하는 특정소방대상물
간이소화장치	① 연면적 3천m² 이상 ② 바닥면적이 600m² 이상인 지하층, 무창층 또는 4층 이상의 층
비상경보장치	① 연면적 400m² 이상 ② 바닥면적이 150m² 이상 지하층 또는 무창층
가스누설경보기 간이피난유도선 비상조명등	바닥면적이 150m² 이상인 지하층 또는 무창층
방화포	용접·용단 작업이 진행되는 경우

18 ③ LINK 기본서 2권 70p

③ 물분무등소화설비[호스릴(hose reel) 방식의 물분무등소화설비만을 설치한 경우는 제외한다]가 설치된 연면적 5,000m² 이상인 특정소방대상물(**제조소등은 제외**한다) (규칙 별표3 제3호 가목 3))

선지체크
① 규칙 별표3 제3호 가목 2)
② 규칙 별표3 제3호 가목 1)
④ 규칙 별표3 제3호 가목 5)

추가학습

종합점검

구분	내용
목적	작동점검을 포함하여 법령에서 정하는 기준에 적합한 지 여부
횟수	① 연1회 이상(특급: 반기에 1회 이상) ② 소방본부장 또는 소방서장은 소방청장이 소방안전관리가 우수하다고 인정한 특정소방대상물에 대해서는 3년의 범위에서 소방청장이 고시하거나 정한 기간 동안 종합점검을 면제할 수 있다.
시기	① 최초점검: 건축물을 사용할 수 있게 된 날부터 60일 이내 ② 특정소방대상물의 사용승인일이 속하는 달의 말일
대상	① 최조첨검을 받는 특정소방대상물 ② 스프링클러설비가 설치된 특정소방대상물 ③ 물분무등소화설비(호스릴방식 제외)가 설치된 연면적 5,000m² 이상인 특정소방대상물(제조소등 제외) ④ 다중이용업의 영업장이 설치된 특정소방대상물로서 연면적이 2,000m² 이상인 것 ⑤ 제연설비가 설치된 터널 ⑥ 공공기관 중 연면적이 1,000m² 이상인 것으로서 옥내소화전설비 또는 자동화재탐지설비가 설치된 것(소방대가 근무하는 공공기관 제외)
점검자	① 관리업에 등록된 소방시설관리사 ② 소방안전관리자로 선임된 소방시설관리사 및 소방기술사

19 ① LINK 기본서 2권 96p, 99p

① 시·도지사는 **영업정지를 명하는 경우로서** 그 영업정지가 이용자에게 불편을 주거나 그 밖에 공익을 해칠 우려가 있을 때에는 **영업정지처분을 갈음하여 3천만원이하의 과징금을 부과할 수 있다.**
(법 제36조 제1항)
→ 소방시설관리업의 등록증 또는 등록수첩을 빌려준 경우에는 등록을 취소하여야 한다. (법 제35조 제1항 제5호)

추가학습

과징금 처분

구분	내용
부과권자	시·도지사
목적	영업정지를 명하는 경우로서 그 영업정지가 이용자에게 불편을 주거나 그 밖에 공익을 해칠 우려가 있을 때
금액	3천만원 이하

등록의 취소와 영업정지
① 거짓이나 그 밖의 부정한 방법으로 등록을 한 경우(1차 취소)
② 점검을 하지 아니하거나 거짓으로 한 경우
③ 등록기준에 미달하게 된 경우
④ 결격사유 어느 하나에 해당하게 된 경우(1차 취소)
⑤ 등록증 또는 등록수첩을 빌려준 경우(1차 취소)
⑥ 점검능력 평가를 받지 아니하고 자체점검을 한 경우

20 ② LINK 기본서 2권 106p

② **소방청장**은 제품검사를 전문적·효율적으로 실시하기 위하여 요건을 모두 갖춘 기관을 제품검사 전문기관으로 지정할 수 있다. (법 제46조 제1항)

➕ 추가학습
제품검사 전문기관의 지정 등

구분	내용
지정권자	소방청장
지정목적	제품검사를 전문적·효율적으로 실시하기 위하여
지정의 취소·정지	① 거짓이나 그 밖의 부정한 방법으로 지정을 받은 경우 (1차 취소) ② 정당한 사유 없이 1년 이상 계속하여 제품검사 또는 실무교육 등 지정받은 업무를 수행하지 아니한 경우 ③ 요건을 갖추지 못하거나 조건을 위반한 경우 ④ 감독 결과 이 법이나 다른 법령을 위반하여 전문기관으로서의 업무를 수행하는 것이 부적당하다고 인정되는 경우

21 ① LINK 기본서 2권 132p~133p

① 제1류 – 브롬산염류 – 300kg

✅ 선지체크
② 제2류 – 철분 – **500kg**
③ 제3류 – 유기금속화합물 – **50kg**
④ 제4류 – 제2석유류(수용성 액체) – **2,000L**

22 ① LINK 기본서 2권 174p

① **시·도지사, 소방본부장** 또는 **소방서장**은 유지·관리의 상황이 기술기준에 부적합하다고 인정하는 때에는 그 기술기준에 적합하도록 제조소등의 위치·구조 및 설비의 수리·개조 또는 이전을 명할 수 있다.
→ 소방청장 × (법 제14조 제2항)

✅ 선지체크
② 법 제15조 제1항 전단
③ 법 제15조 제2항
④ 법 제15조 제1항 후단

➕ 추가학습
위험물안전관리자

구분	내용
선임권자	제조소등의 관계인
취급자의 자격	(아래 표 참조)
안전관리자 선임제외	허가받지 아니하는 제조소등, 이동탱크저장소
선임 기간	안전관리자가 해임하거나 퇴직한 날부터 30일 이내 (재선임)
선임 신고	선임한 날부터 14일 이내에 소방본부장 또는 소방서장에게
해임·퇴직한 경우	소방본부장이나 소방서장에게 그 사실을 알려 해임되거나 퇴직한 사실을 확인받을 수 있다.

위험물취급자격자의 구분	취급할 수 있는 위험물
위험물기능장, 위험물산업기사, 위험물기능사	모든 위험물
안전관리자교육이수자	제4류 위험물
소방공무원으로 근무한 경력이 3년 이상인 자	제4류 위험물

다른 법률에 의하여 안전관리자로 선임할 수 있는 경우
① 제조소등에서 저장·취급하는 위험물이「화학물질관리법」에 따른 유독물질에 해당하는 경우
②「소방시설 설치 및 관리에 관한 법률」에 따른 특정소방대상물의 난방·비상발전 또는 자가발전에 필요한 위험물을 저장·취급하기 위하여 설치된 저장소 또는 일반취급소가 해당 특정소방대상물 안에 있거나 인접하여 있는 경우

23 ③ LINK 기본서 2권 205p, 223p

③ **알킬알루미늄, 알킬리튬**의 운송에 있어서는 운송책임자의 감독 또는 지원을 받아 이를 운송하여야 한다. (령 제19조)

✅ 선지체크
① 법 제35조 제7호
② 규칙 별표19 Ⅲ 제4호
④ 규칙 제52조 제1항 제1호

➕ 추가학습
위험물의 운송

구분	내용
위험물운송자 정의	이동탱크저장소에 의하여 위험물을 운송하는 자 (운송책임자 및 이동탱크저장소운전자)
위험물운송자 자격	① 위험물 분야의 자격을 취득할 것 ② 교육을 수료할 것
운송책임자 자격	① 국가기술자격을 취득하고 관련 업무에 1년 이상 종사한 경력이 있는 자 ② 위험물의 운송에 관한 안전교육을 수료하고 관련 업무에 2년 이상 종사한 경력이 있는 자
운송책임자의 감독·지원 위험물	알킬알루미늄, 알킬리튬

24 ④

LINK 기본서 2권 208p

④ 위촉되는 민간위원의 임기는 2년으로 하며, 한 차례만 연임할 수 있다. (령 제19조의2 제3항)

선지체크

① 소방청장, 소방본부장 또는 소방서장은 위험물의 누출·화재·폭발 등의 사고가 발생한 경우 사고의 원인 및 피해 등을 조사하여야 한다. (법 제22조의2 제1항)
② 소방청장, 소방본부장 또는 소방서장은 사고 조사에 필요한 경우 자문을 하기 위하여 관련 분야에 전문지식이 있는 사람으로 구성된 사고조사위원회를 둘 수 있다. (법 제22조의2 제3항)
③ 사고조사위원회는 위원장 1명을 포함하여 7명 이내의 위원으로 구성한다. (령 제19조의2 제1항)

➕ 추가학습

위험물 누출 등의 사고 조사

구분		내용
사고조사		소방청장, 소방본부장, 소방서장
사고조사 위원회	설치·운영권자	소방청장, 소방본부장, 소방서장
	구성	위원장 1명을 포함하여 7명 이내의 위원
	위원	① 소속 소방공무원 ② 기술원의 임직원 중 위험물 안전관리 관련 업무에 5년 이상 종사한 사람 ③ 한국소방안전원의 임직원 중 위험물 안전관리 관련 업무에 5년 이상 종사한 사람 ④ 위험물로 인한 사고의 원인·피해 조사 및 위험물 안전관리 관련 업무 등에 관한 학식과 경험이 풍부한 사람
	임기	2년, 한 차례만 연임

25 ②

LINK 기본서 2권 278p

- 탱크전용실은 지하의 가장 가까운 벽·피트·가스관 등의 시설물 및 대지경계선으로부터 0.1m 이상 떨어진 곳에 설치하고, 지하저장탱크와 탱크전용실의 안쪽과의 사이는 0.1m 이상의 간격을 유지하도록 하며, 당해 탱크의 주위에 마른 모래 또는 습기 등에 의하여 응고되지 아니하는 입자지름 5mm 이하의 마른 자갈분을 채워야 한다. (규칙 별표8 제2호)
- 지하저장탱크의 윗부분은 지면으로부터 0.6m 이상 아래에 있어야 한다. (규칙 별표8 제3호)
- 지하저장탱크는 압력탱크(최대상용압력이 46.7kPa 이상인 탱크를 말한다) 외의 탱크에 있어서는 70kPa의 압력으로, 압력탱크에 있어서는 최대상용압력의 1.5배의 압력으로 각각 10분간 수압시험을 실시하여 새거나 변형되지 아니하여야 한다. (규칙 별표8 제6호)

➕ 추가학습

지하탱크저장소

저장소 구조	① 위험물을 저장 또는 취급하는 지하탱크는 지면하에 설치된 탱크전용실에 설치하여야 한다. ② 지하저장탱크의 윗부분은 지면으로부터 0.6m 이상 아래에 있어야 한다. ③ 지하저장탱크를 2 이상 인접해 설치하는 경우에는 그 상호간에 1m(당해 2 이상의 지하저장탱크의 용량의 합계가 지정수량의 100배 이하인 때에는 0.5m) 이상의 간격을 유지하여야 한다.
탱크전용실 구조	① 지하의 가장 가까운 벽·피트·가스관 등의 시설물 및 대지경계선으로부터 0.1m 이상 떨어진 곳에 설치하여야 한다. ② 지하저장탱크와 탱크전용실의 안쪽과의 사이는 0.1m 이상의 간격을 유지하여야 한다. ③ 당해 탱크의 주위에 마른 모래 또는 습기 등에 의하여 응고되지 아니하는 입자지름 5mm 이하의 마른 자갈분을 채워야 한다. ④ 벽·바닥 및 뚜껑의 두께는 0.3m 이상의 철근콘크리트구조 또는 이와 동등 이상의 강도가 있는 구조로 설치하여야 한다.

제 04 회 소방관계법규 모의고사

01	③	02	④	03	①	04	③	05	②
06	②	07	③	08	①	09	④	10	②
11	②	12	②	13	④	14	①	15	②
16	③	17	②	18	④	19	②	20	①
21	③	22	②	23	④	24	③	25	①

01 ③
LINK 기본서 1권 25p, 33p

③ **소방청장**은 화재 예방 및 대형 재난 등 필요한 경우 시·도 소방본부장 및 소방서장을 지휘·감독할 수 있다. (법 제3조 제3항)

선지체크
① 법 제3조 제1항
② 법 제3조 제2항
④ 법 제7조 제1항

추가학습
소방의 날 제정과 운영 등
① 소방의 날: 매년 11월 9일
② 소방의 날 행사에 관하여 필요한 사항은 소방청장 또는 시·도지사가 따로 정하여 시행할 수 있다.
③ 명예직 소방대원으로 위촉할 수 있는 권한자: 소방청장

02 ④
LINK 기본서 1권 39p

④ 규칙 별표3 제1호 가목

선지체크
① 소화전의 경우 상수도와 연결하여 지하식 또는 지상식의 구조로 하고, 소방용 호스와 연결하는 소화전의 연결금속구의 구경은 **65밀리미터**로 할 것 (규칙 별표3 제2호 가목)
② 급수탑의 경우 급수배관의 구경은 100밀리미터 이상으로 하고, 개폐밸브는 지상에서 **1.5미터 이상 1.7미터 이하**의 위치에 설치하도록 할 것 (규칙 별표3 제2호 나목)
③ 저수조의 경우 소방펌프자동차가 쉽게 접근할 수 있도록 하며, 지면으로부터의 낙차가 **4.5미터 이하**일 것 (규칙 별표3 제2호 다목)

추가학습
소방용수시설의 설치기준
① 공통기준

지역	거리기준(수평거리)
주거·상업·공업	100m 이하
기타	140m 이하

② 개별기준

구분	내용
소화전	① 상수도와 연결하여 지하식 또는 지상식의 구조 ② 소화전의 연결금속구 구경: 65mm
급수탑	① 급수배관의 구경: 100mm 이상 ② 개폐밸브: 지상에서 1.5m 이상 1.7m 이하
저수조	① 지면으로부터의 낙차 4.5m 이하 ② 흡수부분의 수심 0.5m 이상 ③ 소방펌프자동차가 쉽게 접근할 수 있도록 할 것 ④ 흡수에 지장이 없도록 토사 및 쓰레기 등을 제거할 수 있는 설비를 갖출 것 ⑤ 흡수관의 투입구가 사각형의 경우에는 한 변의 길이, 원형의 경우에는 지름이 60cm 이상 ⑥ 저수조에 물을 공급하는 방법은 상수도에 연결하여 자동으로 급수되는 구조일 것

③ 표지기준

구분	내용			
설치	시·도지사			
지하 (소화전, 저수조)	① 맨홀 뚜껑: 지름 648mm 이상(승하강식 소화전의 경우 제외) ② 맨홀 뚜껑: "소화전·주정차금지" 또는 "저수조·주정차금지"의 표시 ③ 맨홀 뚜껑 부근에는 노란색 반사도료로 폭 15cm의 선을 그 둘레를 따라 칠할 것			
지상 (소화전, 저수조, 급수탑)	안쪽문자	바깥쪽 문자	안쪽 바탕	바깥쪽 바탕
	흰색	노란색	붉은색	파란색

03 ①
LINK 기본서 1권 47~49p

① ㄱ, ㄷ (령 별표2의2 제2호, 제5호)

선지체크
ㄴ. 「영유아보육법」 제21조에 따라 보육교사의 자격을 취득한 사람(보육교사 자격을 취득한 사람은 보육교사 자격을 취득한 후 **3년 이상의 보육업무 경력이 있는 사람만 해당**한다) (령 별표 2의2 제4호)
ㄹ. 「국가기술자격법」 제2조 제3호에 따른 국가기술자격의 직무분야 중 안전관리 분야의 산업기사 자격을 취득한 후 안전관리 분야에 **3년 이상** 종사한 사람 (령 별표 2의2 제9호)
ㅁ. 「국가기술자격법」 제2조 제3호에 따른 국가기술자격의 직무분야 중 **위험물 중직무분야의 기능장 자격을 취득한 사람** (령 별표2의2 제17호)

추가학습
소방안전교육사 시험 응시자격

구분	내용
-	① 중앙·지방소방학교에서 2주 이상의 소방안전교육사 관련 전문교육과정을 이수한 소방공무원 ② 교원의 자격 취득자 ③ 어린이집의 원장 ④ 안전관리 분야의 기술사 자격 취득자 ⑤ 소방시설관리사 ⑥ 위험물기능장

-	⑦ 소방안전교육 관련 교과목(응급구조학과, 교육학과, 의학과, 간호학과, 소방청장이 정하여 고시하는 소방 관련 학과에 개설된 전공과목)을 총 6학점 이상 이수자 ⑧ 특급 소방안전관리자
1년	① 안전관리 분야의 기사 자격 취득자 ② 간호사 면허 취득자 ③ 1급 응급구조사 자격 취득자 ④ 1급 소방안전관리자 자격 취득자
3년	① 소방공무원 ② 보육교사의 자격 ③ 안전관리 분야의 산업기사 자격 취득자 ④ 2급 응급구조사 자격 취득자 ⑤ 2급 소방안전관리자 자격 취득자
5년	의용소방대 활동

04 ③   LINK 기본서 1권 55p, 76p, 78p

③ 규정을 위반하여 정당한 사유 없이 소방대가 현장에 도착할 때까지 사람을 구출하는 조치 또는 불을 끄거나 불이 번지지 아니하도록 하는 조치를 하지 아니한 관계인은 **100만원 이하의 벌금**에 처한다. (법 제54조 제2호)

선지체크
① 법 제20조 제1항
② 법 제20조 제2항
④ 법 제56조 제1항 제2호

추가학습
관계인의 소방활동 등
1. 관계인은 소방대상물에 화재, 재난·재해, 그 밖의 위급한 상황이 발생한 경우에는 소방대가 현장에 도착할 때까지
   ① 경보를 울리거나
   ② 대피를 유도하는 등의 방법으로
   ③ 사람을 구출하는 조치
   ④ 또는 불을 끄거나 불이 번지지 아니하도록 필요한 조치를 하여야 한다.
2. 관계인은 소방대상물에 화재, 재난·재해, 그 밖의 위급한 상황이 발생한 경우에는 이를 **소방본부, 소방서 또는 관계 행정기관**에 지체 없이 알려야 한다.

05 ②   LINK 기본서 1권 136p, 211p

② 소방시설업자는 **소방시설업자의 지위를 승계한 경우, 소방시설업의 등록취소처분** 또는 영업정지처분을 받은 경우, **휴업하거나 폐업한 경우** 소방시설공사등을 맡긴 특정소방대상물의 관계인에게 지체 없이 그 사실을 알려야 한다.
→ 소방기술인력을 변경한 경우 × (법 제8조 제3항)

선지체크
① 법 제8조 제4항, 규칙 제8조 제1호
③ 법 제8조 제2항
④ 법 제37조 제1호

추가학습
소방시설업자가 특정소방대상물의 관계인에게 지체없이 사실을 알려야 하는 경우
① 소방시설업자의 지위를 승계한 경우
② 소방시설업의 등록취소처분 또는 영업정지처분을 받은 경우
③ 휴업하거나 폐업한 경우

소방시설업자가 하자보수 보증기간 동안 보관하여야 하는 서류
① 소방시설설계업: 소방시설 설계기록부, 소방시설 설계도서
② 소방시설공사업: 소방시설공사 기록부
③ 소방공사감리업: 소방공사 감리기록부, 소방공사 감리일지, 소방시설의 완공 당시 설계도서

06 ②   LINK 기본서 1권 149p

② 발주자가 공사의 중단을 요청하는 경우 (령 별표2 제2호 나목 3))

선지체크
① 령 별표2 제2호 나목 2)
③ 령 별표2 제2호 나목 1)
④ 령 별표2 제2호 나목 1)

추가학습
소방기술자 배치기준

구분	내용
소방기술자 배치기간	소방시설공사의 착공일부터 소방시설 완공검사증명서 발급일까지
공사가 중단된 기간 동안 소방기술자 배치 ×	① 민원 또는 계절적 요인 등으로 해당 공정의 공사가 일정 기간 중단된 경우 ② 예산의 부족 등 발주자의 책임 있는 사유 또는 천재지변 등 불가항력으로 공사가 일정기간 중단된 경우 ③ 발주자가 공사의 중단을 요청하는 경우
소방기술자 배치	① 1명의 소방기술자를 2개의 공사 현장을 초과하여 배치해서는 안 된다. ② 연면적 3만m² 이상의 특정소방대상물(아파트 제외)이거나 지하층을 포함한 층수가 16층 이상으로서 500세대 이상인 아파트에 대한 소방시설 공사의 경우에는 1개의 공사 현장에만 배치
2개 공사현장 초과배치 가능	① 연면적이 5천m² 미만인 공사 현장에만 배치하는 경우(연면적의 합계는 2만m²를 초과해서는 안 된다) ② 연면적이 5천m² 이상인 공사 현장 2개 이하 + 5천m² 미만인 공사 현장에 같이 배치하는 경우(5천m² 미만의 공사 현장의 연면적의 합계는 1만m²를 초과해서는 안 된다)
소방기술자 배치 ×	소방공사감리업자가 감리하는 소방시설공사의 경우 ① 소방시설의 비상전원을 「전기공사업법」에 따른 전기공사업자가 공사하는 경우 ② 상수도소화용수설비, 소화수조·저수조 또는 그 밖의 소화용수설비를 기계설비·가스공사업자 또는 상·하수도설비공사업자가 공사하는 경우 ③ 소방 외의 용도와 겸용되는 제연설비를 기계설비·가스공사업자가 공사하는 경우 ④ 소방 외의 용도와 겸용되는 비상방송설비 또는 무선통신보조설비를 정보통신공사업자가 공사하는 경우

07 ③ LINK 기본서 1권 206p

③ 소방시설업 등록취소처분이나 영업정지처분 또는 소방기술인정 자격취소처분을 하려면 청문을 하여야 한다. (법 제32조)
　ㄴ. 방염처리업 영업정지처분
　　→ 방염처리업은 소방시설업에 해당한다.

선지체크

ㄱ. 소방시설업 등록취소처분
　→ 소방시설관리업은 소방시설업이 아니다.
ㄷ. 소방기술인정 자격정지처분은 청문대상이 아니다.

추가학습

청문대상
① 소방시설업 등록취소처분
② 소방시설업 영업정지처분
③ 소방기술 인정 자격취소처분

08 ① LINK 기본서 1권 212p

① 300만원 이하의 벌금 (법 제37조 제4의2호)

선지체크

② 200만원 이하의 과태료 (법 제40조 제6호)
③ 200만원 이하의 과태료 (법 제40조 제4호)
④ 200만원 이하의 과태료 (법 제40조 제9호)

추가학습

300만원 이하의 벌금
① 다른 자에게 자기의 성명이나 상호를 사용하여 소방시설공사등을 수급 또는 시공하게 하거나 소방시설업의 등록증이나 등록수첩을 빌려준 자
② 소방시설공사 현장에 감리원을 배치하지 아니한 자
③ 소방시설공사가 설계도서 또는 화재안전기준에 적합하지 아니하여 시정 또는 보완하도록 한 감리업자의 보완 요구에 따르지 아니한 자
④ 소방본부장 또는 소방서장에게 위반사항을 보고한 것을 이유로 공사감리 계약을 해지하거나 대가 지급을 거부하거나 지연시키거나 불이익을 준 자
⑤ 소방시설공사를 다른 업종의 공사와 분리하여 도급하지 아니한 자
⑥ 소방기술 인정 자격수첩 또는 경력수첩을 빌려 준 사람
⑦ 동시에 둘 이상의 업체에 취업한 사람
⑧ 관계인의 정당한 업무를 방해하거나 업무상 알게 된 비밀을 누설한 사람

09 ④ LINK 기본서 1권 237p

④ 령 제6조 제2항

선지체크

① 소방청장은 화재의 예방 및 안전관리에 관한 통계를 매년 작성·관리하여야 한다. (법 제6조 제1항)
② 소방청장은 통계자료의 작성·관리에 관한 업무의 전부 또는 일부를 행정안전부령으로 정하는 바에 따라 전문성이 있는 기관을 지정하여 수행하게 할 수 있다. (법 제6조 제3항)
③ 소방청장은 한국소방안전원, 정부출연연구기관, 통계작성지정기관으로 하여금 통계자료의 작성·관리에 관한 업무를 수행하게 할 수 있다. (규칙 제3조)

추가학습

통계의 작성 및 관리

구분	내용
작성·관리자	소방청장
기간	매년
기관 지정	소방청장은 통계자료의 작성·관리에 관한 업무의 전부 또는 일부를 전문성이 있는 기관을 지정하여 수행하게 할 수 있다. ① 한국소방안전원 ② 정부출연연구기관 ③ 통계작성지정기관
작성·관리 항목	① 소방대상물의 현황 및 안전관리에 관한 사항 ② 소방시설등의 설치 및 관리에 관한 사항 ③ 다중이용업 현황 및 안전관리에 관한 사항 ④ 제조소등 현황 ⑤ 화재발생 이력 및 화재안전조사 등 화재예방 활동에 관한 사항 ⑥ 실태조사 결과 ⑦ 화재예방강화지구의 현황 및 안전관리에 관한 사항 ⑧ 어린이, 노인, 장애인 등 화재의 예방 및 안전관리에 취약한 자에 대한 지역별·성별·연령별 지원 현황 ⑨ 소방안전관리자 자격증 발급 및 선임 관련 지역별·성별·연령별 현황 ⑩ 화재예방안전진단 대상의 현황 및 그 실시 결과 ⑪ 소방시설업자, 소방기술자 및 소방시설관리업 등록을 한 자의 지역별·성별·연령별 현황 ⑫ 그 밖에 화재의 예방 및 안전관리에 관한 자료로서 소방청장이 작성·관리가 필요하다고 인정하는 사항
기타	소방청장은 통계를 체계적으로 작성·관리하고 분석하기 위하여 전산시스템을 구축·운영할 수 있다.

10 ②   LINK 기본서 1권 256p

② **소방청장**은 소방설비등의 설치를 명하는 경우 해당 관계인에게 소방설비등의 설치에 필요한 지원을 할 수 있다. (법 제19조 제1항)

◆ 선지체크
① 법 제18조 제4항
③ 법 제19조 제2항
④ 법 제19조 제3항

◆ 추가학습

화재예방강화지구의 지정 및 화재의 예방 등에 대한 지원

구분	내용
지정권자	시·도지사
지정 요청권자	소방청장
대상	① 시장지역 ② 공장·창고가 밀집한 지역 ③ 목조건물이 밀집한 지역 ④ 노후·불량건축물이 밀집한 지역 ⑤ 위험물의 저장 및 처리 시설이 밀집한 지역 ⑥ 석유화학제품을 생산하는 공장이 있는 지역 ⑦ 산업단지 ⑧ 소방시설·소방용수시설 또는 소방출동로가 없는 지역 ⑨ 물류단지 ⑩ 소방관서장이 화재예방강화지구로 지정할 필요가 있다고 인정하는 지역
관리	**화재안전조사 (하여야 한다)** ① 조사: 소방관서장 ② 연 1회 이상 ③ 소방관서장은 화재안전조사를 한 결과 화재의 예방강화를 위하여 필요하다고 인정할 때에는 관계인에게 소화기구, 소방용수시설 또는 그 밖에 소방에 필요한 설비의 설치를 명할 수 있다. **훈련 및 교육 (할 수 있다)** ① 실시: 소방관서장 ② 연 1회 이상 ③ 대상: 관계인(훈련 또는 교육 10일 전까지 통보)
기타	시·도지사는 화재예방강화지구에서의 화재예방에 필요한 자료를 매년 작성·관리하여야 한다. ① 화재예방강화지구의 지정 현황 ② 화재안전조사의 결과 ③ 소화기구, 소방용수시설 또는 그 밖에 소방에 필요한 설비의 설치 명령 현황 ④ 소방훈련 및 교육의 실시 현황 ⑤ 화재예방 강화를 위하여 필요한 사항
지원	① 소방청장(소방설비등의 설치를 명하는 경우 관계인에게) ② 지원에 필요한 협조 요청: 소방청장 → 관계 중앙행정기관의 장 및 시·도지사에게 ③ 비용 지원: 시·도지사가 시·도의 조례로 정하는 바에 따라 소방설비등의 설치에 필요한 비용을 지원

11 ②   LINK 기본서 1권 268p

② 2급 소방안전관리대상물의 스프링클러설비: **중급점검자** 이상 1명 이상 (규칙 별표1 제1호 가목)

◆ 추가학습

소방안전관리업무의 대행

구분	내용
대행기관	관리업자
대행대상	① 지상층의 층수가 11층 이상인 1급 소방안전관리대상물 (연면적 1만5천m² 이상인 특정소방대상물과 아파트 제외) ② 2급 소방안전관리대상물 ③ 3급 소방안전관리대상물
대행업무	① 피난시설, 방화구획 및 방화시설의 관리 ② 소방시설이나 그 밖의 소방 관련 시설의 관리

	등급	설치된 소방시설의 종류	대행 인력의 기술등급
업무대행 인력의 배치기준	1급 또는 2급	스프링클러설비, 물분무등소화설비, 제연설비	중급 이상 1명 이상
		옥내소화전설비, 옥외소화전설비	초급 이상 1명 이상
	3급	자동화재탐지설비, 간이스프링클러설비	

① 연면적 5천m² 미만으로서 스프링클러설비가 설치된 1급 또는 2급 소방안전관리대상물의 경우에는 초급점검자를 배치할 수 있다.
→ 제외: 스프링클러설비 외에 제연설비 또는 물분무등소화설비가 설치된 경우
② 스프링클러설비에는 화재조기진압용 스프링클러설비를 포함하고, 물분무등소화설비에는 호스릴 방식은 제외한다.

대가	엔지니어링사업 대가의 기준 중 실비정액가산방식

12 ②   LINK 기본서 1권 278p

② 위반행위의 횟수에 따른 행정처분 기준은 최근 **3년간** 같은 위반행위로 행정처분을 받은 경우에 적용한다. 이 경우 기준 적용일은 위반행위에 대한 행정처분일과 그 처분 후에 한 위반행위가 다시 적발된 날을 기준으로 한다. (규칙 별표3 제1호 나목)

◆ 추가학습

소방안전관리자 자격의 정지 및 취소

구분	내용
권한자	소방청장 (자격을 취소하거나 1년 이하의 기간을 정하여 그 자격을 정지)
자격의 취소·정지	① 거짓이나 그 밖의 부정한 방법으로 소방안전관리자 자격증을 발급받은 경우(1차 취소) ② 소방안전관리업무를 게을리한 경우

자격의 취소·정지	③ 소방안전관리자 자격증을 다른 사람에게 빌려준 경우 (1차 취소) ④ 실무교육을 받지 아니한 경우 ⑤ 이 법 또는 이 법에 따른 명령을 위반한 경우
기타	① 소방안전관리자 자격이 취소된 사람은 취소된 날부터 2년간 소방안전관리자 자격증을 발급받을 수 없다. ② 위반행위의 횟수에 따른 행정처분 기준은 최근 3년간 같은 위반행위로 행정처분을 받은 경우에 적용한다. 이 경우 기준 적용일은 위반행위에 대한 행정처분일과 그 처분 후에 한 위반행위가 다시 적발된 날을 기준으로 한다.

13 ④   LINK 기본서 1권 309p

④ 소방청장은 지정신청서를 접수한 경우에는 지정기준 등에 적합한지를 검토하여 **60일 이내**에 진단기관 지정 여부를 결정해야 한다. (규칙 제45조 제1항)

➕ 추가학습

진단기관의 지정 및 취소

구분	내용
지정권자	소방청장 → 지정신청서를 접수한 경우에는 지정기준 등에 적합한지를 검토하여 60일 이내에 진단기관 지정 여부를 결정해야 한다.

지정기준	1. 시설
	2. 전문인력
	① 다음에 해당하는 사람
	  - 소방기술사: 1명 이상
	  - 소방시설관리사: 1명 이상
	  - 전기안전기술사·화공안전기술사·가스기술사·위험물기능장 또는 건축사: 1명 이상
	② 다음의 분야별로 각 1명 이상

분야	자격 요건
소방	① 소방기술사 ② 소방시설관리사 ③ 소방설비기사: 3년 이상 경력 ④ 소방설비산업기사: 5년 이상 경력
전기	① 전기안전기술사 ② 전기기사: 소방관련 업무경력 3년 이상 ③ 전기산업기사: 소방관련 업무경력 5년 이상
화공	① 화공안전기술사 ② 화공기사: 소방관련 업무경력 3년 이상 ③ 화공산업기사: 소방관련 업무경력 5년 이상
가스	① 가스기술사 ② 가스기사: 소방관련 업무경력 3년 이상 ③ 가스산업기사: 소방관련 업무경력 5년 이상
위험물	① 위험물기능장 ② 위험물산업기사: 소방관련 업무경력이 5년 이상

지정기준	건축	① 건축사 ② 건축기사: 소방관련 업무경력 3년 이상 ③ 건축산업기사: 소방관련 업무경력이 5년 이상
	교육훈련	소방안전교육사
	3. 장비	

진단기관 취소	소방청장 (지정을 취소하거나 6개월 이내의 기간을 정하여 업무의 전부 또는 일부의 정지)
지정취소 및 업무정지	① 거짓이나 그 밖의 부정한 방법으로 지정을 받은 경우 (1차 취소) ② 화재예방안전진단 결과를 소방본부장 또는 소방서장, 관계인에게 제출하지 아니한 경우 ③ 지정기준에 미달하게 된 경우 ④ 업무정지기간에 화재예방안전진단 업무를 한 경우 (1차 취소)
행정처분 기준	위반행위의 횟수에 따른 행정처분 기준은 최근 3년간 같은 위반행위로 행정처분을 받은 경우에 적용한다. 이 경우 기준 적용일은 위반행위에 대한 행정처분일과 그 처분 후에 한 위반행위가 다시 적발된 날을 기준으로 한다.

14 ①   LINK 기본서 1권 323p

① 과태료는 대통령령으로 정하는 바에 따라 **소방청장, 시·도지사, 소방본부장** 또는 **소방서장**이 부과·징수한다. (법 제52조 제4항)

➕ 추가학습

과태료의 부과기준

① 위반행위의 횟수에 따른 과태료의 가중된 부과기준은 최근 1년간 같은 위반행위로 과태료 부과처분을 받은 경우에 적용한다. 이 경우 기간의 계산은 위반행위에 대하여 과태료 부과처분을 받은 날과 그 처분 후 다시 같은 위반행위를 하여 적발된 날을 기준으로 한다.
② ①에 따라 가중된 부과처분을 하는 경우 가중처분의 적용 차수는 그 위반행위 전 부과처분 차수의 다음 차수로 한다.
③ 부과권자는 다음의 어느 하나에 해당하는 경우에는 개별기준에 따른 과태료의 2분의 1 범위에서 그 금액을 줄여 부과할 수 있다. 다만, 과태료를 체납하고 있는 위반행위자에 대해서는 그렇지 않다.
  1) 위반행위가 사소한 부주의나 오류로 인한 것으로 인정되는 경우
  2) 위반행위자가 법 위반상태를 시정하거나 해소하기 위하여 노력한 사실이 인정되는 경우
  3) 위반행위자가 처음 위반행위를 한 경우로서 3년 이상 해당 업종을 모범적으로 영위한 사실이 인정되는 경우
  4) 위반행위자가 화재 등 재난으로 재산에 현저한 손실을 입거나 사업 여건의 악화로 그 사업이 중대한 위기에 처하는 등 사정이 있는 경우
  5) 위반행위자가 같은 위반행위로 다른 법률에 따라 과태료·벌금·영업정지 등의 처분을 받은 경우
  6) 그 밖에 위반행위의 정도, 위반행위의 동기와 그 결과 등을 고려하여 과태료 금액을 줄일 필요가 있다고 인정되는 경우

15 ② 　　　　　　　　　　　　LINK 기본서 2권 29p

② 규칙 제5조 제1항

선지체크

① 소방시설을 설치하려는 자가 성능위주설계를 한 경우에는 「건축법」 제11조에 따른 건축허가를 신청하기 전에 해당 특정소방대상물의 시공지 또는 소재지를 관할하는 소방서장에게 신고하여야 한다. (법 제8조 제2항)
③ 검토·평가를 요청받은 소방청장 또는 소방본부장은 요청을 받은 날부터 20일 이내에 평가단의 심의·의결을 거쳐 해당 건축물의 성능위주설계를 검토·평가하고, 성능위주설계 검토·평가 결과서를 작성하여 관할 소방서장에게 지체 없이 통보해야 한다. (규칙 제5조 제2항)
④ 성능위주설계 신고를 받은 소방서장은 신기술·신공법 등 검토·평가에 고도의 기술이 필요한 경우에는 중앙위원회에 심의를 요청할 수 있다. (규칙 제5조 제3항)

추가학습

성능위주설계 대상

① 연면적 20만m^2 이상인 특정소방대상물(아파트등 제외)
② 50층 이상(지하층 제외)이거나 지상으로부터 높이가 200m 이상인 아파트등
③ 30층 이상(지하층 포함)이거나 지상으로부터 높이가 120m 이상인 특정소방대상물(아파트등은 제외)
④ 연면적 3만m^2 이상인 철도, 도시철도 시설, 공항시설
⑤ 연면적 10만m^2 이상인 창고시설
⑥ 지하층의 층수가 2개 층 이상이고 지하층의 바닥면적의 합계가 3만m^2 이상인 창고시설
⑦ 영화상영관이 10개 이상인 특정소방대상물
⑧ 지하연계 복합건축물에 해당하는 특정소방대상물
⑨ 수저터널
⑩ 길이가 5천m 이상인 터널

16 ③ 　　　　　　　　　　　　LINK 기본서 2권 41p

③ 소화수를 수집·처리하는 설비가 설치되어 있지 않은 중·저준위방사성폐기물의 저장시설에는 이산화탄소소화설비, 할론소화설비 또는 할로겐화합물 및 불활성기체 소화설비를 설치해야 한다.
(령 별표4 제1호 바목 6)

추가학습

물분무등소화설비(제외: 위험물 저장 및 처리 시설 중 가스시설, 지하구)

설치대상	조건
① 항공기 및 자동차 관련 시설 중 항공기격납고	
② 지정문화재 중 소방청장이 문화재청장과 협의하여 정하는 것	
① 차고, 주차용 건축물 ② 철골 조립식 주차시설	연면적 800m^2 이상인 것
건축물의 내부에 설치된 차고·주차장	사용되는 면적이 200m^2 이상인 경우 해당 부분
기계장치에 의한 주차시설	20대 이상

전기실·발전실·변전실·축전지실·통신기기실 또는 전산실	바닥면적이 300m^2 이상인 것
소화수를 수집·처리하는 설비가 설치되어 있지 않은 중·저준위방사성폐기물의 저장시설	설치가능한 물분무등 소화설비 종류 ① 이산화탄소 소화설비 ② 할론 소화설비 ③ 할로겐화합물 및 불활성기체 소화설비
지하가 중 예상 교통량, 경사도 등 터널의 특성을 고려하여 행정안전부령으로 정하는 터널	설치가능한 물분무등 소화설비 종류 ① 물분무 소화설비

17 ② 　　　　　　　　　　　　LINK 기본서 2권 57p

② 령 별표6
- 화재안전기준을 적용하기 어려운 특정소방대상물
  1. 펄프공장의 작업장, 음료수 공장의 세정 또는 충전을 하는 작업장, 그 밖에 이와 비슷한 용도로 사용하는 것
  2. 정수장, 수영장, 목욕장, 농예·축산·어류양식용 시설, 그 밖에 이와 비슷한 용도로 사용되는 것

선지체크

소방시설의 설치 제외 장소

구분	특정소방대상물	설치하지 않을 수 있는 소방시설
화재 위험도가 낮은 특정소방대상물	석재, 불연성금속, 불연성 건축재료 등의 가공공장·기계 조립공장 또는 불연성 물품을 저장하는 창고	옥외소화전 연결살수설비
화재안전기준을 적용하기 어려운 특정소방대상물	펄프공장의 작업장, 음료수 공장의 세정 또는 충전을 하는 작업장	스프링클러설비 상수도소화용수설비 연결살수설비
	정수장, 수영장, 목욕장, 농예·축산·어류양식용 시설	자동화재탐지설비 상수도소화용수설비 연결살수설비
화재안전기준을 달리 적용해야 하는 특수한 용도 또는 구조를 가진 특정소방대상물	원자력발전소, 중·저준위방사성폐기물의 저장시설	연결송수관설비 연결살수설비
자체소방대가 설치된 특정소방대상물	자체소방대가 설치된 제조소 등에 부속된 사무실	옥내소화전설비 소화용수설비 연결살수설비 연결송수관설비

18 ④

④ 중앙소방기술심의위원회의 심의사항이다. (법 제18조 제1항 제3호)

선지체크

① 령 제20조 제2항 제1호
② 령 제20조 제2항 제2호
③ 령 제20조 제2항 제3호

추가학습

소방기술심의위원회

구분	중앙위원회	지방위원회
설치	소방청	시·도
심의사항	① 화재안전기준에 관한 사항 ② 소방시설의 구조 및 원리 등에서 공법이 특수한 설계 및 시공에 관한 사항 ③ 소방시설의 설계 및 공사 감리의 방법에 관한 사항 ④ 소방시설공사의 하자를 판단하는 기준에 관한 사항 ⑤ 신기술·신공법 등 검토·평가에 고도의 기술이 필요한 경우로서 중앙위원회에 심의를 요청한 사항 ⑥ 연면적 10만m² 이상의 특정소방대상물에 설치된 소방시설의 설계·시공·감리의 하자 유무에 관한 사항 ⑦ 새로운 소방시설과 소방용품 등의 도입 여부에 관한 사항 ⑧ 소방청장이 소방기술심의위원회의 심의에 부치는 사항	① 소방시설에 하자가 있는지의 판단에 관한 사항 ② 연면적 10만m² 미만의 특정소방대상물에 설치된 소방시설의 설계·시공·감리의 하자 유무에 관한 사항 ③ 소방본부장 또는 소방서장이 제조소등의 시설기준 또는 화재안전기준의 적용에 관하여 기술검토를 요청하는 사항 ④ 시·도지사가 소방기술심의위원회의 심의에 부치는 사항

19 ②

② 전시용 합판·목재 또는 무대용 합판·목재 중 설치 현장에서 방염처리를 하는 합판·목재류의 경우 시·도지사가 실시하는 방염성능검사를 받은 것이어야 한다. → 섬유판 × (령 제32조 제1호)

선지체크

① 법 제21조 제1항 전단
③ 법 제59조 제2호
④ 법 제59조 제3호

추가학습

구분	내용
방염성능기준	대통령령
방염성능검사	소방청장 (시·도지사: 설치 현장에서 방염처리를 하는 합판·목재류)

조치명령권자	소방본부장, 소방서장
시·도지사가 실시하는 방염성능 검사	① 전시용 합판·목재 또는 무대용 합판·목재 중 설치 현장에서 방염처리하는 합판·목재류 ② 건축물 내부의 천장에서 벽에 부착하거나 설치하는 것으로 현장에서 방염처리하는 합판·목재류

300만원 이하의 벌금

① 성능위주설계평가단 업무 및 위탁받은 업무를 수행하면서 알게 된 비밀을 이 법에서 정한 목적 외의 용도로 사용하거나 다른 사람 또는 기관에 제공하거나 누설한 자
② 방염성능검사에 합격하지 아니한 물품에 합격표시를 하거나 합격표시를 위조하거나 변조하여 사용한 자
③ 방염성능검사를 할 때에 거짓 시료를 제출한 자
④ 자체점검 결과 필요한 조치를 하지 아니한 관계인 또는 관계인에게 중대위반사항을 알리지 아니한 관리업자등

20 ①

① 법 제45조 제1항 및 제2항

- **소방청장**은 소방용품의 품질관리를 위하여 필요하다고 인정할 때에는 유통 중인 소방용품을 수집하여 검사할 수 있다.
- **소방청장**은 수집검사 결과 행정안전부령으로 정하는 중대한 결함이 있다고 인정되는 소방용품에 대하여는 그 제조자 및 수입자에게 행정안전부령으로 정하는 바에 따라 회수·교환·폐기 또는 **판매중지**를 명하고, 형식승인 또는 **성능인증**을 취소할 수 있다.

21 ③

③ **제4류 위험물**은 불티·불꽃·고온체와의 접근 또는 과열을 피하고, 함부로 증기를 발생시키지 아니하여야 한다. (규칙 별표18 Ⅱ 제4호)
→ 제5류 위험물은 불티·불꽃·고온체와의 접근이나 과열·충격 또는 마찰을 피하여야 한다. (규칙 별표18 Ⅱ 제5호)

선지체크

① 규칙 별표18 Ⅱ 제1호
② 규칙 별표18 Ⅱ 제2호
④ 규칙 별표18 Ⅱ 제6호

추가학습

위험물의 유별 저장·취급의 공통기준(중요기준)

구분	내용
제1류 위험물	① 가연물과의 접촉·혼합이나 분해를 촉진하는 물품과의 접근 또는 과열·충격·마찰 등을 피하여야 한다. ② 알카리금속의 과산화물 및 이를 함유한 것에 있어서는 물과의 접촉을 피하여야 한다.
제2류 위험물	① 산화제와의 접촉·혼합이나 불티·불꽃·고온체와의 접근 또는 과열을 피하여야 한다. ② 철분·금속분·마그네슘 및 이를 함유한 것에 있어서는 물이나 산과의 접촉을 피하여야 한다. ③ 인화성 고체에 있어서는 함부로 증기를 발생시키지 아니하여야 한다.

제3류 위험물	① 자연발화성물질에 있어서는 불티·불꽃 또는 고온체와의 접근·과열 또는 공기와의 접촉을 피하여야 한다. ② 금수성물질에 있어서는 물과의 접촉을 피하여야 한다.
제4류 위험물	불티·불꽃·고온체와의 접근 또는 과열을 피하고, 함부로 증기를 발생시키지 아니하여야 한다.
제5류 위험물	불티·불꽃·고온체와의 접근이나 과열·충격 또는 마찰을 피하여야 한다.
제6류 위험물	가연물과의 접촉·혼합이나 분해를 촉진하는 물품과의 접근 또는 과열을 피하여야 한다.

22 ③ LINK 기본서 2권 150p

③ 주유취급소 중 건축물의 **2층 이상의 부분을 점포·휴게음식점** 또는 **전시장**의 용도로 사용하는 것과 **옥내주유취급소**에는 피난설비를 설치하여야 한다. (규칙 제43조 제1항)

➕ 추가학습

피난설비

① 주유취급소 중 건축물의 2층 이상의 부분을 점포·휴게음식점 또는 전시장의 용도로 사용하는 것에 있어서는 당해 건축물의 2층 이상으로부터 주유취급소의 부지 밖으로 통하는 출입구와 당해 출입구로 통하는 통로·계단 및 출입구에 유도등을 설치하여야 한다.
② 옥내주유취급소에 있어서는 당해 사무소 등의 출입구 및 피난구와 당해 피난구로 통하는 통로·계단 및 출입구에 유도등을 설치하여야 한다.
③ 유도등에는 비상전원을 설치하여야 한다.

23 ④ LINK 기본서 2권 191p

④ 제조소등의 관계인은 안전관리대행기관(**제65조에 따른 특정·준특정옥외탱크저장소의 정기점검은 제외한다**) 또는 탱크시험자에게 정기점검을 의뢰하여 실시할 수 있다. (규칙 제67조 제2항)

✅ 선지체크

① 규칙 제65조 제1항 전단
② 규칙 제65조 제1항 제1호
③ 규칙 제65조 제1항 후단

➕ 추가학습

구조안전점검

구분	내용
점검 대상	옥외탱크저장소 중 저장 또는 취급하는 액체위험물의 최대수량이 50만리터 이상인 것(특정·준특정옥외탱크저장소의 탱크)
점검 횟수	해당 기간 내에 1회 ① 완공검사합격확인증을 발급받은 날부터 12년 ② 최근의 정밀정기검사를 받은 날부터 11년 ③ 안전조치 후 연장신청한 경우: 최근의 정밀정기검사를 받은 날부터 13년
연장신청	① 사용중단 등으로 구조안전점검을 실시하기가 곤란한 경우 → 관할 소방서장에게 구조안전점검의 실시기간 연장신청 ② 1년(특정·준특정옥외저장탱크의 사용을 중지한 경우에는 사용중지기간)의 범위에서 실시기간을 연장할 수 있다.
점검결과 기록유지	① 25년 ② 안전조치 후 연장신청한 경우: 30년

24 ③ LINK 기본서 2권 202p

③ 지정수량 이상의 위험물을 차량으로 운반하는 경우에는 당해 위험물에 적응성이 있는 **소형수동식소화기**를 당해 위험물의 소요단위에 상응하는 **능력단위 이상** 갖추어야 한다. (규칙 별표19 Ⅲ 제4호)

✅ 선지체크

① 규칙 별표19 Ⅲ 제2호
② 규칙 별표19 Ⅲ 제3호
④ 규칙 별표19 Ⅲ 제6호

➕ 추가학습

위험물의 운반

① 위험물 또는 위험물을 수납한 운반용기가 현저하게 마찰 또는 동요를 일으키지 아니하도록 운반하여야 한다(중요기준).
② 지정수량 이상의 위험물을 차량으로 운반하는 경우에는 해당 차량에 소방청장이 정하여 고시하는 바에 따라 운반하는 위험물의 위험성을 알리는 표지를 설치하여야 한다.
③ 지정수량 이상의 위험물을 차량으로 운반하는 경우에 있어서 다른 차량에 바꾸어 싣거나 휴식·고장 등으로 차량을 일시 정차시킬 때에는 안전한 장소를 택하고 운반하는 위험물의 안전확보에 주의하여야 한다.
④ 지정수량 이상의 위험물을 차량으로 운반하는 경우에는 당해 위험물에 적응성이 있는 소형수동식소화기를 당해 위험물의 소요단위에 상응하는 능력단위 이상 갖추어야 한다.
⑤ 위험물의 운반도중 위험물이 현저하게 새는 등 재난발생의 우려가 있는 경우에는 응급조치를 강구하는 동시에 가까운 소방관서 그 밖의 관계기관에 통보하여야 한다.
⑥ 품명 또는 지정수량을 달리하는 2 이상의 위험물을 운반하는 경우에 있어서 운반하는 각각의 위험물의 수량을 당해 위험물의 지정수량으로 나누어 얻은 수의 합이 1 이상인 때에는 지정수량 이상의 위험물을 운반하는 것으로 본다.

25 ①

① 법 제36조 제1호

선지체크

② 1천만원 이하의 벌금 (법 제37조 제2호)
③ 1천만원 이하의 벌금 (법 제37조 제4호)
④ 500만원 이하의 과태료 (법 제39조 제1항 제2호)

추가학습

1천500만원 이하의 벌금

① 위험물의 저장 또는 취급에 관한 중요기준에 따르지 아니한 자
② 변경허가를 받지 아니하고 제조소등을 변경한 자
③ 제조소등의 완공검사를 받지 아니하고 위험물을 저장·취급한 자
④ 안전조치 이행명령을 따르지 아니한 자
⑤ 제조소등의 사용정지명령을 위반한 자
⑥ 수리·개조 또는 이전의 명령에 따르지 아니한 자
⑦ 안전관리자를 선임하지 아니한 관계인으로서 규정에 따른 허가를 받은 자
⑧ 대리자를 지정하지 아니한 관계인으로서 규정에 따른 허가를 받은 자
⑨ 탱크시험자의 업무정지명령을 위반한 자
⑩ 탱크안전성능시험 또는 점검에 관한 업무를 허위로 하거나 그 결과를 증명하는 서류를 허위로 교부한 자
⑪ 예방규정을 제출하지 아니하거나 동조 제2항의 규정에 따른 변경명령을 위반한 관계인으로서 허가를 받은 자
⑫ 정지지시를 거부하거나 국가기술자격증, 교육수료증·신원확인을 위한 증명서의 제시 요구 또는 신원확인을 위한 질문에 응하지 아니한 사람
⑬ 보고 또는 자료제출을 하지 아니하거나 허위의 보고 또는 자료제출을 한 자 및 관계공무원의 출입 또는 조사·검사를 거부·방해 또는 기피한 자
⑭ 탱크시험자에 대한 감독상 명령에 따르지 아니한 자
⑮ 무허가장소의 위험물에 대한 조치명령에 따르지 아니한 자
⑯ 저장·취급기준 준수명령 또는 응급조치명령을 위반한 자

제 05 회 소방관계법규 모의고사

01	①	02	③	03	②	04	④	05	①
06	②	07	②	08	④	09	③	10	①
11	③	12	②	13	③	14	③	15	①
16	③	17	②	18	④	19	①	20	④
21	②	22	②	23	①	24	③	25	④

01 ①   LINK 기본서 1권 56p

① 관계인은 화재를 진압하거나 구조·구급 활동을 하기 위하여 상설 조직체(「위험물안전관리법」 제19조 및 그 밖의 다른 법령에 따라 설치된 **자체소방대**를 포함하며, 이하 이 조에서 "자체소방대"라 한다)를 설치·운영할 수 있다. (법 제20조의2 제1항)

선지체크

② 법 제20조의2 제2항
③ 법 제20조의2 제3항
④ 규칙 제11조 제3호

추가학습

자체소방대의 설치·운영 등

구분	내용
설치·운영권자	관계인(설치·운영할 수 있다)
지휘·통제	자체소방대는 소방대가 현장에 도착한 경우 소방대장의 지휘·통제에 따라야 한다.
교육·훈련 지원	소방청장, 소방본부장, 소방서장(지원할 수 있다)
교육·훈련 지원 사항	① 교육훈련기관에서의 자체소방대 교육훈련과정 ② 자체소방대에서 수립하는 교육·훈련 계획의 지도·자문 ③ 소방기관과 자체소방대와의 합동 소방훈련 ④ 소방기관에서 실시하는 자체소방대의 현장실습 ⑤ 그 밖에 소방청장이 자체소방대의 역량 향상을 위하여 필요하다고 인정하는 교육·훈련

02 ③   LINK 기본서 1권 59p

- **소방청장 또는 소방본부장**은 대통령령으로 정하는 소방자동차에 행정안전부령으로 정하는 기준에 적합한 운행기록장치를 장착하고 운용하여야 한다. (법 제21조의3 제1항)
- **소방청장**은 소방자동차의 안전한 운행 및 교통사고 예방을 위하여 운행기록장치 데이터의 수집·저장·통합·분석 등의 업무를 전자적으로 처리하기 위한 시스템을 구축·운영할 수 있다. (법 제21조의3 제2항)
- **소방청장, 소방본부장 및 소방서장**은 소방자동차 교통안전 분석 시스템으로 처리된 자료를 이용하여 소방자동차의 장비운용자 등에게 어떠한 불리한 제재나 처벌을 하여서는 아니 된다. (법 제21조의3 제3항)

추가학습

소방자동차 교통안전 분석 시스템

구분	내용
구축·운영권자	소방청장
구축·운영목적	소방자동차의 안전한 운행 및 교통사고 예방을 위하여 운행기록장치 데이터의 수집·저장·통합·분석 등의 업무를 전자적으로 처리하기 위해
기타	소방청장, 소방본부장 및 소방서장은 소방자동차 교통안전 분석 시스템으로 처리된 자료(전산자료)를 이용하여 소방자동차의 장비운용자 등에게 어떠한 불리한 제재나 처벌을 하여서는 아니 된다.

운행기록장치

구분	내용
장착·운용자	소방청장, 소방본부장
운행기록 장치 장착 소방자동차	① 소방펌프차 ② 소방물탱크차 ③ 소방화학차 ④ 소방고가차 ⑤ 무인방수차 ⑥ 구조차 ⑦ 그 밖에 소방청장이 소방자동차의 안전한 운행 및 교통사고 예방을 위하여 운행기록장치 장착이 필요하다고 인정하여 정하는 소방자동차
운행기록 점검·분석	소방청장 및 소방본부장 → 소방청장, 소방본부장 및 소방서장은 분석 결과를 소방자동차의 안전한 소방활동 수행에 필요한 교통안전정책의 수립, 교육·훈련 등에 활용할 수 있다.
데이터 저장·관리	6개월
데이터 등의 제출	① 요청: 소방청장 → 소방본부장 또는 소방서장에게 ② 요청: 소방본부장 → 소방서장에게 ③ 소방본부장 또는 소방서장은 자료의 제출을 요청받은 경우에는 소방청장 또는 소방본부장에게 해당 자료를 제출해야 한다. 이 경우 소방서장이 소방청장에게 자료를 제출하는 경우에는 소방본부장을 거쳐야 한다.

03 ②   LINK 기본서 1권 80p

② 령 별표3 제2호

위반행위	과태료 금액(단위: 만원)		
	1회	2회	3회
소방자동차의 출동에 지장을 준 경우	100	100	100
한국소방안전원 또는 이와 유사한 명칭을 사용한 경우	200	200	200
소방활동구역을 출입한 경우	100	100	100

38 해설편

➕ 추가학습

과태료 부과 개별기준

위반행위	과태료 금액(만원)		
	1회	2회	3회 이상
119청소년단 또는 이와 유사한 명칭을 사용한 경우	100	150	200
화재 또는 구조·구급이 필요한 상황을 거짓으로 알린 경우	200	400	500
정당한 사유 없이 화재, 재난·재해, 그 밖의 위급한 상황을 소방본부, 소방서 또는 관계 행정기관에 알리지 않은 경우		500	
소방자동차의 출동에 지장을 준 경우		100	
전용구역에 차를 주차하거나 전용구역에의 진입을 가로막는 등의 방해행위를 한 경우	50	100	100
소방활동구역을 출입한 경우		100	
한국소방안전원 또는 이와 유사한 명칭을 사용한 경우		200	

04 ④   LINK 기본서 1권 100p

소방관서장은 화재조사를 위하여 필요한 범위에서 화재현장 보존조치를 하거나 화재현장과 그 인근 지역을 통제구역으로 설정할 수 있다. 다만, 방화 또는 실화의 혐의로 수사의 대상이 된 경우에는 **관할 경찰서장** 또는 **해양경찰서장**이 통제구역을 설정한다. (법 제8조 제1항)

➕ 추가학습

화재현장 보존 등

구분	내용
통제구역 설정	화재조사를 위하여 필요한 범위에서 화재현장 보존조치를 하거나 화재현장과 그 인근 지역
설정권자	소방관서장 (방화 또는 실화의 혐의로 수사의 대상이 된 경우: 관할 경찰서장, 해양경찰서장)
표지 설치	① 화재현장 보존조치나 통제구역 설정의 이유 및 주체 ② 화재현장 보존조치나 통제구역 설정의 범위 ③ 화재현장 보존조치나 통제구역 설정의 기간
설정해지	지체 없이 해제 ① 화재조사가 완료된 경우 ② 화재현장 보존조치나 통제구역의 설정이 해당 화재조사와 관련이 없다고 인정되는 경우

05 ①   LINK 기본서 1권 101p

① **소방관서장**은 화재조사를 위하여 필요한 경우 증거물을 수집하여 검사·시험·분석 등을 할 수 있다. (법 제11조 제1항)

✅ 선지체크

② 범죄수사와 관련된 증거물인 경우에는 수사기관의 장과 협의하여 수집할 수 있다. (법 제11조 제1항)
③ **소방관서장**은 수사기관의 장이 방화 또는 실화의 혐의가 있어서 이미 피의자를 체포하였거나 증거물을 압수하였을 때에 화재조사를 위하여 필요한 경우에는 범죄수사에 지장을 주지아니하는 범위에서 그 피의자 또는 압수된 증거물에 대한 조사를 할 수 있다. (법 제11조 제2항)
④ **소방관서장**은 수집한 증거물이 화재와 관련이 없다고 인정되는 경우에는 증거물을 지체 없이 반환해야 한다. (령 제11조 제3항 제1호)

➕ 추가학습

화재조사 증거물 수집 등

구분	내용
수집	소방관서장 (범죄수사와 관련된 증거물인 경우에는 수사기관의 장과 협의하여 수집할 수 있다)
조사	수사기관의 장이 방화 또는 실화의 혐의가 있어서 이미 피의자를 체포하였거나 증거물을 압수하였을 때에 화재조사를 위하여 필요한 경우에는 범죄수사에 지장을 주지 아니하는 범위에서 그 피의자 또는 압수된 증거물에 대한 조사를 할 수 있다.
증거물의 수집·관리	① 화재조사 증거물을 수집하는 경우 증거물의 수집과정을 사진 촬영 또는 영상녹화의 방법으로 기록 ② 사진 또는 영상 파일은 국가화재정보시스템에 전송하여 보관

06 ②   LINK 기본서 1권 146p, 210p

② 「소방시설 설치 및 관리에 관한 법률」제18조 제1항에 따른 **중앙소방기술심의위원회의 심의**를 거쳐 소방시설의 구조와 원리 등에서 특수한 설계로 인정된 경우는 화재안전기준을 따르지 아니할 수 있다. (법 제11조 제1항)

✅ 선지체크

① 법 제36조 제2호
③ 법 제12조 제2항
④ 령 별표2 제1호 비고 마목

➕ 추가학습

소방기술자 배치

구분	내용
소방기술자 배치기간	소방시설공사의 착공일부터 소방시설 완공검사증명서 발급일까지
공사가 중단된 기간 동안 소방기술자 배치 ×	① 민원 또는 계절적 요인 등으로 해당 공정의 공사가 일정 기간 중단된 경우 ② 예산의 부족 등 발주자의 책임 있는 사유 또는 천재지변 등 불가항력으로 공사가 일정기간 중단된 경우 ③ 발주자가 공사의 중단을 요청하는 경우

소방기술자 배치	① 1명의 소방기술자를 2개의 공사 현장을 초과하여 배치해서는 안 된다. ② 연면적 3만m² 이상의 특정소방대상물(아파트 제외)이거나 지하층을 포함한 층수가 16층 이상으로서 500세대 이상인 아파트에 대한 소방시설 공사의 경우에는 1개의 공사 현장에만 배치
2개 공사현장 초과배치 가능	① 연면적이 5천m² 미만인 공사 현장에만 배치하는 경우(연면적의 합계는 2만m²를 초과해서는 안 된다) ② 연면적이 5천m² 이상인 공사 현장 2개 이하 + 5천m² 미만인 공사 현장에 같이 배치하는 경우(5천m² 미만의 공사 현장의 연면적의 합계는 1만m²를 초과해서는 안 된다)
소방기술자 배치 ×	소방공사감리업자가 감리하는 소방시설공사의 경우 ① 소방시설의 비상전원을 「전기공사업법」에 따른 전기공사업자가 공사하는 경우 ② 상수도소화용수설비, 소화수조·저수조 또는 그 밖의 소화용수설비를 기계설비·가스공사업자 또는 상·하수도설비공사업자가 공사하는 경우 ③ 소방 외의 용도와 겸용되는 제연설비를 기계설비·가스공사업자가 공사하는 경우 ④ 소방 외의 용도와 겸용되는 비상방송설비 또는 무선통신보조설비를 정보통신공사업자가 공사하는 경우

하자보수 보증기간	2년	피난기구, 유도등, 유도표지, 비상경보설비, 비상조명등, 비상방송설비, 무선통신보조설비
	3년	자동소화장치, 옥내소화전설비, 스프링클러설비, 간이스프링클러설비, 물분무등소화설비, 옥외소화전설비, 자동화재탐지설비, 상수도소화용수설비, 연결송수관설비, 연결살수설비, 제연설비, 연소방지설비, 비상콘센트설비

07 ②   기본서 1권 153p

② 하자보수 보증기간: 3년 (령 제6조)
→ 이산화탄소소화설비는 물분무등소화설비에 해당한다.

선지체크

① 피난기구, 유도표지: 2년
  스프링클러설비, 옥외소화전설비: 3년
③ 비상조명등, 비상방송설비, 무선통신보조설비: 2년
  연결송수관설비: 3년
④ 간이스프링클러설비, 물분무소화설비, 자동소화장치: 3년
  비상경보설비: 2년

추가학습

공사의 하자보수

구분	내용
하자보수 신청	관계인 → 소방시설공사업자
하자보수 과정	① 소방시설의 하자가 발생하였을 때에는 공사업자에게 그 사실을 알려야 하며, 통보를 받은 공사업자는 3일 이내에 하자를 보수하거나 보수 일정을 기록한 하자보수계획을 관계인에게 서면으로 알려야 한다. ② 통보: 관계인 → 소방본부장이나 소방서장에게 - 하자보수를 이행하지 아니한 경우 - 하자보수계획을 서면으로 알리지 아니한 경우 - 하자보수계획이 불합리하다고 인정되는 경우 ③ 심의: 소방본부장이나 소방서장 → 지방소방기술심의위원회에 심의 요청 ④ 그 심의 결과 인정할 때에는 시공자에게 기간을 정하여 하자보수를 명하여야 함

08 ④   기본서 1권 165p

④ 방염처리능력평가액 = 실적평가액 + 자본금평가액 + 기술력평가액 + 경력평가액 ± 신인도평가액 (규칙 별표3의2 제1호)

추가학습

방염처리능력 평가 및 공시

구분	내용
신청자	방염처리업자
공시	소방청장
평가내용	방염처리능력평가액 = 실적평가액 + 자본금평가액 + 기술력평가액 + 경력평가액 ± 신인도평가액

09 ③   기본서 1권 207p

③ 소방청장이 협회, 소방기술과 관련된법인 또는 단체에 위탁할 수 있는 내용이다. (령 제20조 제4항 제1호)

선지체크

①②④ 시·도지사가 협회에 위탁하는 업무이다. (령 제20조 제3항)

추가학습

위탁

권한	위탁기관	
소방청장	실무교육기관 한국소방안전원	소방기술자 실무교육에 관한 업무
	소방시설업자협회	① 방염처리능력 평가 및 공시에 관한 업무 ② 시공능력 평가 및 공시에 관한 업무 ③ 소방시설업 종합정보시스템의 구축·운영
	소방시설업자협회 소방기술과 관련된 법인 또는 단체	① 소방기술과 관련된 자격·학력 및 경력의 인정 업무 ② 소방기술자 양성·인정 교육훈련 업무

시·도지사	소방시설업자협회	① 소방시설업 등록신청의 접수 및 신청내용의 확인 ② 소방시설업 등록사항 변경신고의 접수 및 신고내용의 확인 ③ 소방시설업 휴업·폐업 또는 재개업 신고의 접수 및 신고내용의 확인 ④ 소방시설업자의 지위승계 신고의 접수 및 신고내용의 확인

10 ① LINK 기본서 1권 260p

① 해당사항 없음 (령 제24조 제2항)
→ 시·도지사는 소방청장의 요청이 있거나 화재예방강화지구 안의 소방대상물의 화재안전성능 향상을 위하여 필요한 경우 시·도의 조례로 정하는 바에 따라 소방설비등의 설치에 필요한 비용을 지원할 수 있다. (법 제19조 제3항)

선지체크

② 령 제24조 제2항 제1호
③ 령 제24조 제2항 제3호
④ 령 제24조 제2항 제4호

➕ 추가학습

화재안전취약자에 대한 지원

구분	내용
지원자	소방관서장
지원대상	① 「국민기초생활 보장법」에 따른 수급자 ② 「장애인복지법」에 따른 중증장애인 ③ 「한부모가족지원법」에 따른 지원대상자 ④ 「노인복지법」에 따른 홀로 사는 노인 ⑤ 「다문화가족지원법」에 따른 다문화가족의 구성원 ⑥ 그 밖에 화재안전에 취약하다고 소방관서장이 인정하는 사람
지원방법	① 소방시설등의 설치 및 개선 ② 소방시설등의 안전점검 ③ 소방용품의 제공 ④ 전기·가스 등 화재위험 설비의 점검 및 개선 ⑤ 그 밖에 화재안전을 위하여 필요하다고 인정되는 사항

11 ③ LINK 기본서 1권 271p

③ 2급 또는 3급 소방안전관리대상물의 관계인은 소방안전관리자 자격시험이나 소방안전관리자에 대한 강습교육이 소방안전관리자 선임기간 내에 있지 않아 소방안전관리자를 선임할 수 없는 경우에는 소방안전관리자 선임의 연기를 신청할 수 있다. (규칙 제14조 제2항)

선지체크

① 법 제26조 제1항
② 규칙 제14조 제1항 제1호
④ 법 제26조 제2항

➕ 추가학습

소방안전관리자 선임신고 등

구분	내용
선임	30일 이내
선임신고	선임한 날부터 14일 이내 소방본부장, 소방서장
선임 후 정보게시	① 소방안전관리대상물의 명칭 및 등급 ② 소방안전관리자의 성명 및 선임일자 ③ 소방안전관리자의 연락처 ④ 소방안전관리자의 근무 위치(화재 수신기 또는 종합방재실)
해임	신고 × (소방본부장이나 소방서장에게 그 사실을 알려 해임한 사실의 확인을 받을 수 있다)
선임 연기신청	① 2급 또는 3급 소방안전관리대상물의 관계인이 소방안전관리자를 선임할 수 없는 경우 → 소방본부장 또는 소방서장에게 ② 소방본부장 또는 소방서장 → 3일 이내에 소방안전관리자 선임기간을 정하여 2급 또는 3급 소방안전관리대상물의 관계인에게 통보

12 ② LINK 기본서 1권 282p

② 3급 소방안전관리자의 자격시험에 응시할 수 있는 사람의 자격기준이다. (령 별표6 제4호 라목)
→ 경찰공무원으로 3년 이상 근무한 경력이 있는 사람은 2급 소방안전관리자 자격시험에 응시할 수 있다. (령 별표6 제3호 아목)

선지체크

① 령 별표6 제3호 나목 1)
③ 령 별표6 제3호 타목
④ 령 별표6 제3호 바목

➕ 추가학습

2급 소방안전관리자 응시자격

구분	내용	
2급	1. 실무경력자	
	1년	① 소방본부 또는 소방서에서 화재진압 또는 그 보조 업무에 종사한 경력 ② 군부대 및 의무소방대의 소방대원
	2년	① 경호공무원 ② 별정직공무원 ③ 3급 소방안전관리자
	3년	① 의용소방대원 ② 자체소방대의 소방대원 ③ 경찰공무원 ④ 특급, 1급, 2급, 3급 소방안전관리보조자
	2. 대학, 고등학교에서 소방안전관리학과 전공	
	3. 대학, 고등학교에서 소방안전 관련 교과목 6학점 이상 이수	
	4. 대학, 고등학교에서 소방안전 관련 학과 전공	
	5. 특급, 1급, 2급 소방안전관리에 대한 강습교육 수료	
	6. 「공공기관의 소방안전관리에 관한 규정」에 따른 강습교육 수료	

2급	7. 건축사·산업안전기사·산업안전산업기사·건축기사·건축산업기사·일반기계기사·전기기능장··전기기사·전기산업기사·전기공사기사 또는 전기공사산업기사·건설안전기사·건설안전산업기사 자격을 가진 사람 8. 특급, 1급 소방안전관리자 시험응시 자격이 인정되는 사람

13 ③   LINK 기본서 1권 300p

③ **교육연구시설** (령 제39조 제2호)

선지체크
① 령 제39조 제4호
② 령 제39조 제3호
④ 령 제39조 제1호

추가학습
불시의 소방훈련 및 교육

구분	내용
실시자	소방본부장, 소방서장
대상	① 의료시설 ② 교육연구시설 ③ 노유자시설
계획통보	불시 소방훈련·교육 실시 10일 전까지 소방안전관리대상물의 관계인에게 통지
결과서 통지	소방본부장 또는 소방서장 → 불시 소방훈련·교육 종료일부터 10일 이내 관계인에게 통지

14 ③   LINK 기본서 1권 304p

③ 제41조 제2항 제3호에 따른 가스공급시설 중 가연성 가스 탱크의 **저장용량의 합계가 100톤 이상**이거나 **저장용량이 30톤 이상**인 가연성 가스 탱크가 있는 가스공급시설 (령 제43조 제8호)

선지체크
① 령 제43조 제1호
② 령 제43조 제7호
④ 령 제43조 제3호

추가학습
화재예방안전진단

구분	내용
실시	① 한국소방안전원 ② 소방청장이 지정하는 화재예방안전진단기관
결과제출	화재예방안전진단이 완료된 날부터 60일 이내에 소방본부장 또는 소방서장, 관계인에게 → 소방본부장 또는 소방서장은 제출받은 화재예방안전진단 결과에 따라 보수·보강 등의 조치가 필요하다고 인정하는 경우에는 해당 소방안전 특별관리시설물의 관계인에게 보수·보강 등의 조치를 취할 것을 명할 수 있다.

횟수	① 최초의 화재예방안전진단: 사용승인 또는 완공검사를 받은 날부터 5년이 경과한 날이 속하는 해 ② 그 이후	
	우수	6년이 경과한 날이 속하는 해
	양호·보통	5년이 경과한 날이 속하는 해
	미흡·불량	4년이 경과한 날이 속하는 해
대상	① 여객터미널의 연면적이 1천m^2 이상인 공항시설 ② 역 시설의 연면적이 5천m^2 이상인 철도시설 ③ 역사 및 역 시설의 연면적이 5천m^2 이상인 도시철도시설 ④ 여객이용시설 및 지원시설의 연면적이 5천m^2 이상인 항만시설 ⑤ 전력용 및 통신용 지하구 중 공동구 ⑥ 천연가스 인수기지 및 공급망 중 가스시설 ⑦ 연면적이 5천m^2 이상인 발전소 ⑧ 가연성 가스 탱크의 저장용량의 합계가 100톤 이상이거나 저장용량이 30톤 이상인 가연성 가스 탱크가 있는 가스공급시설	
진단범위	① 화재위험요인의 조사에 관한 사항 ② 소방계획 및 피난계획 수립에 관한 사항 ③ 소방시설등의 유지·관리에 관한 사항 ④ 비상대응조직 및 교육훈련에 관한 사항 ⑤ 화재 위험성 평가에 관한 사항 ⑥ 화재 등의 재난 발생 후 재발방지 대책의 수립 및 그 이행에 관한 사항 ⑦ 지진 등 외부 환경 위험요인 등에 대한 예방·대비·대응에 관한 사항 ⑧ 화재예방안전진단 결과 보수·보강 등 개선요구 사항 등에 대한 이행 여부	
기타	안전원 또는 진단기관의 화재예방안전진단을 받은 연도에는 소방훈련과 교육 및 자체점검을 받은 것으로 본다.	

15 ①   LINK 기본서 2권 33p

① 단독주택, 공동주택(**아파트 및 기숙사 제외한다**)의 소유자는 주택용소방시설을 설치하여야 한다. (법 제10조 제1항)

선지체크
② 령 제10조
③ 법 제10조 제2항
④ 법 제10조 제3항

추가학습
주택에 설치하는 소방시설

구분	내용
주택	단독주택, 공동주택(아파트 및 기숙사 제외)
소방시설 종류	소화기, 단독경보형 감지기

① 국가 및 지방자치단체는 주택용소방시설의 설치 및 국민의 자율적인 안전관리를 촉진하기 위하여 필요한 시책을 마련하여야 한다.
② 주택용소방시설의 설치기준 및 자율적인 안전관리 등에 관한 사항은 시·도의 조례로 정한다.

16 ③　LINK 기본서 2권 61p

③ 내용연수를 설정해야 하는 소방용품은 분말형태의 소화약제를 사용하는 소화기로 하며, 소방용품의 내용연수는 **10년**으로 한다. (령 제19조 제1항 및 제2항)

➕ 추가학습
소방용품의 내용연수

구분	내용
종류	분말형태의 소화약제
내용연수	10년 → 행정안전부령으로 정하는 절차 및 방법 등에 따라 소방용품의 성능을 확인받은 경우에는 그 사용기한을 연장할 수 있다.

17 ②　LINK 기본서 2권 77p

② 소방시설등의 자체점검 결과 이행계획서를 보고받은 소방본부장 또는 소방서장은 소방시설등을 구성하고 있는 기계·기구를 수리하거나 정비해야 하는 경우 보고일부터 **10일 이내**로 이행계획의 완료 기간을 정하여 관계인에게 통보해야 한다. (규칙 제23조 제5항)
→ 소방시설등의 전부 또는 일부를 철거하고 새로 교체하는 경우: 보고일부터 20일 이내

✅ 선지체크
① 규칙 제23조 제1항
③ 규칙 제23조 제6항
④ 법 제23조 제5항

➕ 추가학습
소방시설등의 자체점검 결과의 조치 등

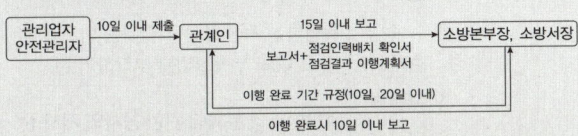

* 자체점검 실시결과의 보고기간에는 공휴일 및 토요일은 산입하지 않는다.

1. 지체없이 수리 등 필요한 조치를 해야하는 경우
    ① 소화펌프, 동력·감시 제어반 또는 소방시설용 전원의 고장으로 소방시설이 작동되지 않는 경우
    ② 화재 수신기의 고장으로 화재경보음이 자동으로 울리지 않거나 화재 수신기와 연동된 소방시설의 작동이 불가능한 경우
    ③ 소화배관 등이 폐쇄·차단되어 소화수 또는 소화약제가 자동 방출되지 않는 경우
    ④ 방화문 또는 자동방화셔터가 훼손되거나 철거되어 본래의 기능을 못하는 경우
2. 소방시설등에 대한 수리·교체·정비에 관한 이행계획

구분	내용
이행완료 기간	① 수리하거나 정비하는 경우: 보고일부터 10일 이내 ② 전부 또는 일부를 철거하고 새로 교체하는 경우: 보고일부터 20일 이내
보고	① 이행을 완료한 날부터 10일 이내 소방본부장 또는 소방서장에게 ② 첨부서류 　- 이행계획 건별 전·후 사진 증명자료 　- 소방시설공사 계약서

3. 이행계획 완료의 연기

구분	내용
신청	완료기간 만료일 3일 전까지 소방본부장, 소방서장에게 신청 → 소방본부장 또는 소방서장은 3일 이내에 완료기간의 연기여부를 결정하여 신청자에게 통보
연장사유	① 재난이 발생한 경우 ② 경매 등의 사유로 소유권이 변동 중이거나 변동된 경우 ③ 관계인의 질병, 사고, 장기출장 등의 경우 ④ 관계인이 운영하는 사업에 부도 또는 도산 등 중대한 위기가 발생하여 이행계획을 완료하기 곤란한 경우

18 ④　LINK 기본서 2권 86p

④ 법 제28조 제2호, 규칙 별표8 제2호 가목

위반사항	행정처분기준		
	1차 위반	2차 위반	3차 이상 위반
대행인력의 배치기준·자격·방법 등 준수사항을 지키지 않은 경우	경고 (시정명령)	자격정지 6개월	자격취소

✅ 선지체크
① 법 제28조 제1호
② 법 제28조 제4호
③ 법 제28조 제7호

➕ 추가학습
자격의 취소·정지

구분	내용
권한자	소방청장 (자격을 취소하거나 1년 이내의 기간을 정하여 그 자격을 정지)
자격의 취소·정지	① 거짓이나 그 밖의 부정한 방법으로 시험에 합격한 경우 (1차 취소) ② 대행인력의 배치기준·자격·방법 등 준수사항을 지키지 아니한 경우 ③ 점검을 하지 아니하거나 거짓으로 한 경우 ④ 소방시설관리사증을 다른 사람에게 빌려준 경우 (1차 취소) ⑤ 동시에 둘 이상의 업체에 취업한 경우(1차 취소) ⑥ 성실하게 자체점검 업무를 수행하지 아니한 경우 ⑦ 결격사유에 해당하게 된 경우(1차 취소)

19 ①　LINK 기본서 2권 8p, 19p, 101p

① 소방용품은 소방청장의 형식승인을 받아야 한다. (자동소화장치 중 상업용 주방자동소화장치는 제외한다)
(령 별표1, 령 별표3, 령 제46조)

✅ 선지체크

ㄴ. 관창, 소방호스, 스프링클러헤드, 가스관선택밸브 → 기동용기 ×
ㄷ. 누전경보기, 중계기, 감지기, 경종, 발신기 → 사이렌 ×

➕ 추가학습

소방용품의 형식승인 등

구분	내용
형식승인	소방청장 → 형식승인을 받은 자는 그 소방용품에 대하여 소방청장이 실시하는 제품검사를 받아야 한다.
대상	① 대통령령으로 정하는 소방용품(상업용 주방자동소화장치는 제외)을 제조하거나 수입하려는 자 ② 제외: 연구개발 목적으로 제조하거나 수입하는 소방용품
자격	① 시험시설을 갖추고 소방청장의 심사를 받아야 한다. ② 제외: 소방용품을 수입하는 자가 판매를 목적으로 하지 아니하고 자신의 건축물에 직접 설치하거나 사용하려는 경우
판매·진열·공사 ×	① 형식승인을 받지 아니한 것 ② 형상등을 임의로 변경한 것 ③ 제품검사를 받지 아니하거나 합격표시를 하지 아니한 것

소방용품

구분	내용
소화설비 구성	① 소화기구(소화약제 외의 것을 이용한 간이소화용구 제외) ② 주거용 주방자동소화장치, 상업용 주방자동소화장치, 캐비닛형 자동소화장치, 가스자동소화장치, 분말자동소화장치, 고체에어로졸자동소화장치 ③ 소화설비를 구성하는 소화전, 관창, 소방호스, 스프링클러헤드, 기동용 수압개폐장치, 유수제어밸브 및 가스관선택밸브
경보설비 구성	① 누전경보기 및 가스누설경보기 ② 경보설비를 구성하는 발신기, 수신기, 중계기, 감지기 및 음향장치(경종만 해당)
피난구조설비 구성	① 피난사다리, 구조대, 완강기(지지대 포함), 간이완강기(지지대 포함) ② 공기호흡기(충전기 포함) ③ 피난구유도등, 통로유도등, 객석유도등 및 예비전원이 내장된 비상조명등
소화용으로 사용	① 소화약제(자동소화장치: 상업용, 캐비닛형 / 소화설비: 포, 이산화탄소, 할론, 할로겐화합물 및 불활성기체, 분말, 강화액, 고체에어로졸) ② 방염제(방염액·방염도료 및 방염성물질)

20 ④　LINK 기본서 2권 107p

④ 법 제48조 제1항

구분	내용
구축·운영권자	소방청장, 소방본부장, 소방서장
구축·운영 목적	특정소방대상물의 체계적인 안전관리를 위하여 ① 건축허가등의 동의 시 제출받은 설계도면의 관리 및 활용 ② 보고받은 자체점검 결과의 관리 및 활용 ③ 그 밖에 소방청장, 소방본부장 또는 소방서장이 필요하다고 인정하는 자료의 관리 및 활용

21 ②　LINK 기본서 2권 164p

② 충수·수압검사: 위험물을 저장 또는 취급하는 탱크에 배관 그 밖의 부속설비를 부착하기 전 (규칙 제18조 제4항 제2호)

✅ 선지체크

① 규칙 제18조 제4항 제1호
③ 규칙 제18조 제4항 제3호
④ 규칙 제18조 제4항 제4호

➕ 추가학습

탱크안전성능검사

구분	내용	
검사권한자	시·도지사	
검사시기	완공검사를 받기 전	
검사대상	구분	신청시기
	용접부 검사	탱크본체에 관한 공사의 개시 전
	기초·지반 검사	위험물탱크의 기초 및 지반에 관한 공사의 개시 전
	충수·수압 검사	위험물을 저장 또는 취급하는 탱크에 배관 그 밖의 부속설비를 부착하기 전
	암반탱크 검사	암반탱크의 본체에 관한 공사의 개시 전
검사 면제	① 탱크안전성능시험자 또는 한국소방산업기술원으로부터 탱크안전성능시험을 받은 경우 전부 또는 일부 면제 ② 면제: 충수·수압검사	

22 ②

LINK 기본서 2권 175p

② 소방공무원으로 근무한 경력이 **3년 이상**인 자는 **제4류 위험물(등유, 경유)**을 취급할 수 있다. (령 별표5 제3호)

선지체크

① 위험물기능장, 위험물산업기사, 위험물기능사의 자격을 취득한 사람은 모든 위험물을 취급할 수 있다. (령 별표5 제1호)
③ 법 제15조 제5항
④ 법 제15조 제7항

추가학습
위험물안전관리자

구분	내용	
선임권자	제조소등의 관계인	
취급자의 자격	위험물취급자격자의 구분	취급할 수 있는 위험물
	위험물기능장, 위험물산업기사, 위험물기능사	모든 위험물
	안전관리자교육이수자	제4류 위험물
	소방공무원으로 근무한 경력이 3년 이상인 자	제4류 위험물
	다른 법률에 의하여 안전관리자로 선임할 수 있는 경우 ① 제조소등에서 저장·취급하는 위험물이 「화학물질관리법」에 따른 유독물질에 해당하는 경우 ② 「소방시설 설치 및 관리에 관한 법률」에 따른 특정소방대상물의 난방·비상발전 또는 자가발전에 필요한 위험물을 저장·취급하기 위하여 설치된 저장소 또는 일반취급소가 해당 특정소방대상물 안에 있거나 인접하여 있는 경우	
안전관리자 선임제외	허가받지 아니하는 제조소등, 이동탱크저장소	
선임 기간	안전관리자가 해임하거나 퇴직한 날부터 30일 이내(재선임)	
선임 신고	선임한 날부터 14일 이내에 소방본부장 또는 소방서장에게	
해임·퇴직한 경우	소방본부장이나 소방서장에게 그 사실을 알려 해임되거나 퇴직한 사실을 확인받을 수 있다.	

23 ①

LINK 기본서 2권 194p, 223p

① 자체소방대를 설치하여야 하는 제조소등: 제4류 위험물을 취급하는 제조소 또는 일반취급소. **다만, 보일러로 위험물을 소비하는 일반취급소 등 행정안전부령으로 정하는 일반취급소는 제외한다.**
(령 제18조 제1항 제1호)

선지체크

② 령 별표8 제5호
③ 규칙 별표23
④ 법 제35조 제6호

추가학습
자체소방대

구분	내용
설치대상	① 제4류 위험물을 취급하는 제조소 또는 일반취급소로서 지정수량 3천배 이상을 저장 또는 취급하는 경우 ② 제4류 위험물을 저장하는 옥외탱크저장소로서 최대수량이 지정수량의 50만배 이상인 경우
설치제외	① 보일러, 버너 그 밖에 이와 유사한 장치로 위험물을 소비하는 일반취급소 ② 이동저장탱크 그 밖에 이와 유사한 것에 위험물을 주입하는 일반취급소 ③ 용기에 위험물을 옮겨 담는 일반취급소 ④ 유압장치, 윤활유순환장치 그 밖에 이와 유사한 장치로 위험물을 취급하는 일반취급소 ⑤ 「광산안전법」의 적용을 받는 일반취급소

1. 자체소방대 배치기준

사업소의 구분	화학소방자동차	자체소방대원의 수
지정수량의 3천배 이상 12만배 미만	1대	5인
지정수량의 12만배 이상 24만배 미만	2대	10인
지정수량의 24만배 이상 48만배 미만	3대	15인
지정수량의 48만배 이상	4대	20인
옥외탱크저장소에 저장하는 제4류 위험물의 최대수량이 지정수량의 50만배 이상	2대	10인

2. 화학소방자동차 기준

구분	소화능력 및 설비의 기준
포수용액	방사능력: 매분 2,000ℓ 이상
	비치: 소화약액탱크, 소화약액혼합장치
	약제량: 10만ℓ 이상
분말	방사능력: 매초 35kg 이상
	비치: 분말탱크, 가압용가스설비
	약제량: 1,400kg 이상
할로겐화합물	방사능력: 매초 40kg 이상
	비치: 할로겐화합물탱크, 가압용가스설비
	약제량: 1,000kg 이상
이산화탄소	방사능력: 매초 40kg 이상
	비치: 이산화탄소저장용기
	약제량: 3,000kg 이상
제독차	비치: 가성소다 및 규조토를 각각 50kg 이상

24 ③   LINK 기본서 2권 210p

③ **소방본부장** 또는 **소방서장**은 제조소등의 관계인이 응급조치를 강구하지 아니하였다고 인정하는 때에는 응급조치를 강구하도록 명할 수 있다. → **시·도지사** × (법 제27조 제3항)

구분	내용
응급조치	제조소등의 관계인
응급조치 명령권자	소방본부장, 소방서장
응급조치 내용	위험물의 유출 그 밖의 사고가 발생한 때에는 즉시 그리고 지속적으로 위험물의 유출 및 확산의 방지, 유출된 위험물의 제거 그 밖에 재해의 발생방지를 위한 응급조치
명령내용	① 제조소등의 관계인이 응급조치를 강구하지 아니하였다고 인정하는 때에는 응급조치를 강구하도록 명령 ② 관할하는 구역에 있는 이동탱크저장소의 관계인에 대하여 응급조치를 강구하도록 명령

✅ 선지체크

① 법 제24조
② 법 제26조 제2항
④ 법 제25조

25 ④   LINK 기본서 2권 262~263p

- 옥외저장탱크의 펌프설비의 주위에는 너비 **3m 이상**의 공지를 보유할 것. 다만, 방화상 유효한 격벽을 설치하는 경우와 제6류 위험물 또는 지정수량의 10배 이하 위험물의 옥외저장탱크의 펌프설비에 있어서는 그러하지 아니하다. (규칙 별표6 Ⅵ 제10호 가목)
- 펌프설비로부터 옥외저장탱크까지의 사이에는 당해 옥외저장탱크의 보유공지 너비의 **3분의 1 이상**의 거리를 유지할 것 (규칙 별표6 Ⅵ 제10호 나목)
- 펌프실의 바닥의 주위에는 높이 **0.2m 이상**의 턱을 만들고 바닥은 콘크리트 등 위험물이 스며들지 아니하는 재료로 적당히 경사지게 하여 그 최저부에는 집유설비를 설치할 것 (규칙 별표6 Ⅵ 제10호 아목)
- 펌프실 외의 장소에 설치하는 펌프설비에는 그 직하의 지반면의 주위에 높이 **0.15m 이상**의 턱을 만들고 당해 지반면은 콘크리트 등 위험물이 스며들지 아니하는 재료로 적당히 경사지게 하여 그 최저부에는 집유설비를 할 것 (규칙 별표6 Ⅵ 제10호 카목)

➕ 추가학습

옥외탱크저장소의 탱크의 펌프설비

① 펌프설비의 주위에는 너비 3m 이상의 공지를 보유할 것
② 펌프설비로부터 옥외저장탱크까지의 사이에는 당해 옥외저장탱크의 보유공지 너비의 1/3 이상의 거리를 유지할 것
③ 펌프설비는 견고한 기초 위에 고정할 것
④ 펌프 및 이에 부속하는 전동기를 위한 건축물 그 밖의 공작물(펌프실)의 벽·기둥·바닥 및 보는 불연재료로 할 것
⑤ 펌프실의 지붕을 폭발력이 위로 방출될 정도의 가벼운 불연재료로 할 것
⑥ 펌프실의 창 및 출입구에는 갑종방화문 또는 을종방화문을 설치할 것
⑦ 펌프실의 창 및 출입구에 유리를 이용하는 경우에는 망입유리로 할 것
⑧ 펌프실의 바닥의 주위에는 높이 0.2m 이상의 턱을 만들고 바닥은 콘크리트 등 위험물이 스며들지 아니하는 재료로 적당히 경사지게 하여 그 최저부에는 집유설비를 설치할 것
⑨ 펌프실에는 위험물을 취급하는데 필요한 채광, 조명 및 환기의 설비를 설치할 것
⑩ 가연성 증기가 체류할 우려가 있는 펌프실에는 그 증기를 옥외의 높은 곳으로 배출하는 설비를 설치할 것
⑪ 펌프실 외의 장소에 설치하는 펌프설비에는 그 직하의 지반면의 주위에 높이 0.15m 이상의 턱을 만들고 당해 지반면은 콘크리트 등 위험물이 스며들지 아니하는 재료로 적당히 경사지게 하여 그 최저부에는 집유설비를 할 것. 이 경우 제4류 위험물을 취급하는 펌프설비에 있어서는 당해 위험물이 직접 배수구에 유입하지 아니하도록 집유설비에 유분리장치를 설치하여야 한다.
⑫ 인화점이 21℃ 미만인 위험물을 취급하는 펌프설비에는 보기 쉬운 곳에 "옥외저장탱크 펌프설비"라는 표시를 한 게시판과 방화에 관하여 필요한 사항을 게시한 게시판을 설치할 것

제 06 회 소방관계법규 모의고사

01	②	02	③	03	②	04	①	05	④
06	②	07	①	08	③	09	②	10	④
11	②	12	①	13	②	14	④	15	④
16	①	17	②	18	①	19	②	20	④
21	②	22	③	23	①	24	②	25	①

01 ② LINK 기본서 1권 54p

② 소화활동이 필요없다고 인정되는 때는 **해제신호**를 발령한다.
→ 해제신호를 **싸이렌으로 할 경우 1분간 1회** 하고, **타종으로 할 경우 상당한 간격을 두고 1타씩 반복한다.**
(규칙 제10조 제1항 제3호, 규칙 별표4)

선지체크

① 법 제18조
③ 규칙 별표4 비고 제2호
④ 규칙 별표4 비고 제1호

추가학습

소방신호의 종류

구분	타종	싸이렌
경계	화재예방상 필요하다고 인정되거나 화재위험경보시	1타와 연2타를 반복	5초 간격을 두고 30초씩 3회
발화	화재가 발생한 때	난타	5초 간격을 두고 5초씩 3회
해제	소화활동이 필요없다고 인정되는 때	상당한 간격을 두고 1타씩 반복	1분간 1회
훈련	훈련상 필요하다고 인정되는 때	연3타반복	10초 간격을 두고 1분씩 3회

① 소방신호의 방법은 그 전부 또는 일부를 함께 사용할 수 있다.
② 게시판을 철거하거나 통풍대 또는 기를 내리는 것으로 소방활동이 해제되었음을 알린다.
③ 소방대의 비상소집을 하는 경우에는 훈련신호를 사용할 수 있다.

02 ③ LINK 기본서 1권 61p, 70p, 75p

③ 법 제24조 제3항 제2호

선지체크

① **소방본부장**, **소방서장** 또는 **소방대장**은 화재, 재난·재해, 그 밖의 위급한 상황이 발생한 현장에서 소방활동을 위하여 필요할 때에는 그 관할구역에 사는 사람 또는 그 현장에 있는 사람으로 하여금 사람을 구출하는 일 또는 불을 끄거나 불이 번지지 아니하도록 하는 일을 하게 할 수 있다. (법 제24조 제1항)

② 소방활동에 종사한 사람은 **시·도지사로부터 소방활동의 비용을 지급받을 수 있다.** (법 제24조 제3항)
→ 소방청장 또는 시·도지사는 **소방활동 종사로 인하여 사망하거나 부상을 입은 자**에게 손실보상심의위원회의 심사·의결에 따라 정당한 **보상을 하여야 한다.** (법 제49조의2 제1항 제2호)
④ 사람을 구출하는 일 또는 불을 끄거나 불이 번지지 아니하도록 하는 일을 방해한 사람은 **5년 이하의 징역 또는 5천만원 이하의 벌금**에 처한다. (법 제50조 제3호)

추가학습

소방활동 종사 명령

구분	내용
명령권자	소방본부장, 소방서장, 소방대장
명령대상자	① 관할구역에 사는 사람 ② 현장에 있는 사람
명령 내용	① 사람을 구출하는 일 ② 불을 끄거나 불이 번지지 아니하도록 하는 일 → 소방본부장, 소방서장 또는 소방대장은 소방활동에 필요한 보호장구를 지급하는 등 안전을 위한 조치를 하여야 한다.
소방활동 비용지급	시·도지사
비용지급 불가	① 소방대상물에 화재, 재난·재해, 그 밖의 위급한 상황이 발생한 경우 그 관계인 ② 고의 또는 과실로 화재 또는 구조·구급 활동이 필요한 상황을 발생시킨 사람 ③ 화재 또는 구조·구급 현장에서 물건을 가져간 사람

03 ② LINK 기본서 67p

ㄱ. 법 제41조 제6호
ㄴ. 법 제41조 제2호
ㄹ. 법 제41조 제3호

선지체크

ㄷ. 협회의 업무 내용이다. (소방시설공사업법 제30조의3 제2호)

추가학습

안전원의 업무

① 소방기술과 안전관리에 관한 교육 및 조사·연구
② 소방기술과 안전관리에 관한 각종 간행물 발간
③ 화재 예방과 안전관리의식 고취를 위한 대국민 홍보
④ 소방업무에 관하여 행정기관이 위탁하는 업무
⑤ 소방안전에 관한 국제협력
⑥ 그 밖에 회원에 대한 기술지원 등 정관으로 정하는 사항

협회의 업무

① 소방시설업의 기술발전과 소방기술의 진흥을 위한 조사·연구·분석 및 평가
② 소방산업의 발전 및 소방기술의 향상을 위한 지원
③ 소방시설업의 기술발전과 관련된 국제교류·활동 및 행사의 유치
④ 이 법에 따른 위탁 업무의 수행

04 ① 　LINK 기본서 1권 97p, 99p

① **화재조사관**은 화재합동조사단의 단원으로 임명하거나 위촉될 수 있다. (령 제7조 제2항 제1호)
  → 화재조사관 양성을 위한 전문교육을 이수한 사람은 소방청장이 실시하는 화재조사에 관한 시험에 응시할 수 있다.
  (규칙 제4조 제2항 제1호)

선지체크
② 령 제7조 제2항 제2호
③ 령 제7조 제2항 제3호
④ 령 제7조 제2항 제4호

추가학습

화재합동조사단의 구성·운영

구분	내용
구성·운영 권자	소방관서장(소방청장, 소방본부장, 소방서장)
구성·운영 되는 경우	사상자가 많거나 사회적 이목을 끄는 화재 등 대통령령으로 정하는 대형화재 등이 발생한 경우 종합적이고 정밀한 화재조사를 위하여 ① 사망자가 5명 이상 발생한 화재 ② 화재로 인한 사회적·경제적 영향이 광범위하다고 소방관서장이 인정하는 화재
구성	**단장**: 단원 중에서 소방관서장이 지명하거나 위촉하는 사람 **단원**: ① 화재조사관 ② 화재조사 업무에 관한 경력이 3년 이상인 소방공무원 ③ 학교 또는 이에 준하는 교육기관에서 화재조사, 소방 또는 안전관리 등 관련 분야 조교수 이상의 직에 3년 이상 재직한 사람 ④ 안전관리 분야에서 산업기사 이상의 자격을 취득한 사람 ⑤ 그 밖에 건축·안전 분야 또는 화재조사에 관한 학식과 경험이 풍부한 사람
화재조사 결과 보고	화재합동조사단 → 소방관서장 ① 화재합동조사단 운영 개요 ② 화재조사 개요 ③ 화재조사에 관한 법 제5조 제2항 각 호의 사항 ④ 다수의 인명피해가 발생한 경우 그 원인 ⑤ 현행 제도의 문제점 및 개선 방안 ⑥ 그 밖에 소방관서장이 필요하다고 인정하는 사항
비용지급	소방관서장 (공무원이 소관 업무와 직접적으로 관련되어 참여하는 경우에는 지급하지 않는다)

05 ④ 　LINK 기본서 1권 125p

④ 방염처리업은 업종에 따라 섬유류 방염업, 합성수지류 방염업, 합판·목재류 방염업으로 구분하며, 방염처리업자가 2개 이상의 방염업을 함께 하는 경우 공통되는 방염처리시설 및 시험기기는 **중복하여 갖추지 않을 수 있다.** (령 별표1 제4호 비고 제2호)

선지체크
① 법 제4조 제1항
② 령 별표1 제1호 비고 제2호
③ 령 별표1 제1호 비고 제4호 나목

추가학습

소방시설업의 등록

구분	내용
등록신청자	특정소방대상물의 소방시설공사등을 하려는 자
등록권한자	시·도지사
등록기준	① 자본금(개인의 경우 자산평가액) ② 기술인력 → 소방시설공사업을 등록하려는 경우 소방청장이 지정하는 금융회사 또는 소방산업공제조합에 자본금 기준금액의 100분의 20 이상에 해당하는 금액의 담보를 제공받거나 현금의 예치 또는 출자를 받은 사실을 증명하여 발행하는 확인서를 시·도지사에게 제출하여야 한다.

업종별 등록기준 및 영업범위(시행령 별표1)

① 소방시설설계업

구분	전문	일반
기술 인력	① 주된 기술인력 - 소방기술사 1명 이상 ② 보조기술인력: 1명 이상	① 주된 기술인력 - 소방기술사 또는 기계(전기)분야 소방설비기사 1명 이상 ② 보조기술인력: 1명 이상
영업 범위	전부	① 아파트(기계분야: 제연설비 제외) ② 연면적 3만m²(공장: 1만m²) 미만(기계분야: 제연설비 제외) ③ 위험물제조소등

비고
1. 보조기술인력
  ① 소방기술사, 소방설비기사, 소방설비산업기사
  ② 소방공무원으로 재직한 경력이 3년 이상인 사람으로서 자격수첩 발급자
  ③ 행정안전부령으로 정하는 소방기술과 관련된 자격·경력 및 학력을 갖춘 사람으로서 자격수첩 발급자

② 소방시설공사업

구분	전문	일반
기술 인력	① 주된 기술인력 - 소방기술사 또는 기계·전기분야의 소방설비기사 각 1명(기계·전기분야의 자격을 함께 취득한 사람 1명) 이상 ② 보조기술인력: 2명 이상	① 주된 기술인력 - 소방기술사 또는 기계(전기)분야 소방설비기사 1명 이상 ② 보조기술인력: 1명 이상

영업 범위	전부	① 연면적 1만m² 미만(공사· 개설·이전 및 정비) ② 위험물제조소등(공사·개 설·이전 및 정비)
자본금	① 법인: 1억원 이상 ② 개인: 자산평가액 1억원 이상	

③ 소방공사감리업

구분	전문	일반
기술 인력	① 소방기술사 1명 이상 ② 특급: 기계·전기 각 1명 이상 ③ 고급: 기계·전기 각 1명 이상 ④ 중급: 기계·전기 각 1명 이상 ⑤ 초급: 기계·전기 각 1명 이상 (기계 및 전기분야의 자격을 함 께 가지고 있는 사람이 있는 경 우 1명)	① 특급: 기계(전기)분야 1명 이상 ② 고급 또는 중급: 기계 (전기)분야 1명 이상 ③ 초급: 기계(전기)분야 1명 이상
영업 범위	전부	① 아파트(기계분야: 제연 설비 제외) ② 연면적 3만m²(공장: 1만m²) 미만(기계분야: 제연설비 제외) ③ 위험물제조소등

④ 방염처리업: 섬유류 방염업, 합성수지류 방염업, 합판·목재류 방염업
→ 방염처리업자가 2개 이상의 방염업을 함께 하는 경우 갖춰야 하는 실험실은 1개 이상으로 한다.
→ 방염처리업자가 2개 이상의 방염업을 함께 하는 경우 공통되는 방염처리시설 및 시험기기는 중복하여 갖추지 않을 수 있다.

06 ②   LINK 기본서 1권 137~139p

② 법 제9조 제1항

선지체크

ㄱ. 등록을 한 후 정당한 사유 없이 1년이 지날 때까지 영업을 시작하지 아니한 경우: 1차(경고(시정명령)), 2차(등록취소) (법 제9조 제1항 제4호)

ㄴ. 등록 결격사유에 해당하게 된 경우(**법인의 대표자가 결격사유에 해당하게 된 경우 그 사유가 발생한 날부터 3개월 이내에 그 사유를 해소한 경우는 제외한다**) (법 제9조 제1항 제3호)

ㄷ. 다른 자에게 자기의 성명이나 상호를 사용하여 소방시설공사등을 수급 또는 시공하게 하거나 소방시설업의 등록증 또는 등록수첩을 빌려준 경우: 1차(영업정지 6개월), 2차(등록취소) (법 제9조 제1항 제6호)

추가학습
소방시설업 등록취소와 영업정지 등

구분	내용
권한자	시·도지사 (등록을 취소하거나 6개월 이내의 기간을 정하여 시정이나 그 영업의 정지)
등록의 취소·정지	1차 취소사유 ① 거짓이나 그 밖의 부정한 방법으로 등록한 경우 ② 등록 결격사유에 해당하게 된 경우 ③ 영업정지 기간 중에 소방시설공사등을 한 경우
기타	소방시설업자의 지위를 승계한 상속인이 결격사유에 해당할 때에는 상속을 개시한 날부터 6개월 동안은 등록취소를 적용하지 아니한다.

07 ①   LINK 기본서 1권 159p

① 제연설비가 설치되는 특정소방대상물의 공사 현장의 책임감리원은 행정안전부령으로 정하는 **고급감리원 이상**의 소방공사 감리원(기계분야 및 전기분야)으로 한다. (령 별표4 제1호 다목)

선지체크
② 령 별표4 제1호 비고 다목
③ 령 별표4 제1호 비고 라목
④ 령 별표4 제2호 가목

추가학습
감리원의 배치 등

구분	내용
감리원 배치	감리업자
통보	소방본부장, 소방서장
통보기간	감리원 배치일로부터 7일 이내 (감리원을 변경하는 경우에도 동일)
배치기간	소방시설공사의 착공일부터 소방시설 완공검사증명서 발급일까지

	상주	일반
세부배치 기간	소방시설용 배관(전선관 포함)을 설치하거나 매립하는 때부터 소방시설 완공검사증명서를 발급받을 때까지	① 소방시설별 설치하는 기간동안 ② 주 1회 이상 현장에 배치 ③ 1명의 감리원: 5개 이하(감리현장 연면적의 총 합계가 10만m² 이하) ④ 아파트: 연면적 관계없이 1명의 감리원이 5개 이하

공사가 중단된 기간 동안 감리원 배치 ×	① 민원 또는 계절적 요인 등으로 해당 공정의 공사가 일정 기간 중단된 경우 ② 예산의 부족 등 발주자의 책임 있는 사유 또는 천재지변 등 불가항력으로 공사가 일정기간 중단된 경우 ③ 발주자가 공사의 중단을 요청하는 경우

08 ③   LINK 기본서 1권 175p

③ 정당한 사유 없이 **30일 이상** 소방시설공사를 계속하지 아니하는 경우 (법 제23조 제3호)

선지체크
① 법 제23조 제1호
② 법 제23조 제2호
④ 법 제23조 제4호

추가학습

도급계약의 해지

① 소방시설업이 등록취소되거나 영업정지된 경우
② 소방시설업을 휴업하거나 폐업한 경우
③ 정당한 사유 없이 30일 이상 소방시설공사를 계속하지 아니하는 경우
④ 발주자가 수급인에게 하수급인·하도급계약 내용의 변경 요구에 정당한 사유 없이 따르지 아니하는 경우

09 ② LINK 기본서 1권 210p

② 3년 이하의 징역 또는 3천만원 이하의 벌금 (법 제35조 제2호)

선지체크

① 1년 이하의 징역 또는 1천만원 이하의 벌금 (법 제36조 제1호)
③ 1년 이하의 징역 또는 1천만원 이하의 벌금 (법 제36조 제4의3호)
④ 1년 이하의 징역 또는 1천만원 이하의 벌금 (법 제36조 제5호)

추가학습

3년 이하의 징역 또는 3천만원 이하의 벌금

① 소방시설업 등록을 하지 아니하고 영업을 한 자
② 부정한 청탁을 받고 재물 또는 재산상의 이익을 취득하거나 부정한 청탁을 하면서 재물 또는 재산상의 이익을 제공한 자

1년 이하의 징역 또는 3천만원 이하의 벌금

① 영업정지처분을 받고 그 영업정지 기간에 영업을 한 자
② 규정을 위반하여 설계나 시공을 한 자
③ 규정을 위반하여 감리를 하거나 거짓으로 감리한 자
④ 공사감리자를 지정하지 아니한 자
⑤ 위반사항에 대해 보고를 거짓으로 한 자
⑥ 공사감리 결과의 통보 또는 공사감리 결과보고서의 제출을 거짓으로 한 자
⑦ 소방시설업자가 아닌 자에게 소방시설공사등을 도급한 자
⑧ 도급받은 소방시설의 설계, 시공, 감리를 하도급한 자
⑨ 하도급받은 소방시설공사를 다시 하도급한 자
⑩ 소방기술자의 의무를 위반하여 같은 항에 따른 법 또는 명령을 따르지 아니하고 업무를 수행한 자

10 ④ LINK 기본서 1권 230~231p

④ "화재예방안전진단"이란 화재가 발생할 경우 사회·경제적으로 피해 규모가 클 것으로 예상되는 소방대상물에 대하여 화재위험요인을 조사하고 그 위험성을 평가하여 개선대책을 수립하는 것을 말한다. (법 제2조 제5호)
→ "화재예방강화지구"란 시·도지사가 화재발생 우려가 크거나 화재가 발생할 경우 피해가 클 것으로 예상되는 지역에 대하여 화재의 예방 및 안전관리를 강화하기 위해 지정·관리하는 지역을 말한다. (법 제2조 제4호)

선지체크

① 법 제2조 제1호
② 법 제2조 제2호
③ 법 제2조 제3호

추가학습

용어의 정의

용어	정의
예방	화재의 위험으로부터 사람의 생명·신체 및 재산을 보호하기 위하여 화재발생을 사전에 제거하거나 방지하기 위한 모든 활동
안전관리	화재로 인한 피해를 최소화하기 위한 예방, 대비, 대응 등의 활동
화재안전조사	소방관서장이 소방대상물, 관계지역 또는 관계인에 대하여 소방시설등이 소방 관계 법령에 적합하게 설치·관리되고 있는지, 소방대상물에 화재의 발생 위험이 있는지 등을 확인하기 위하여 실시하는 현장조사·문서열람·보고요구 등을 하는 활동
화재예방강화지구	시·도지사가 화재발생 우려가 크거나 화재가 발생할 경우 피해가 클 것으로 예상되는 지역에 대하여 화재의 예방 및 안전관리를 강화하기 위해 지정·관리하는 지역
화재예방안전진단	화재가 발생할 경우 사회·경제적으로 피해 규모가 클 것으로 예상되는 소방대상물에 대하여 화재위험요인을 조사하고 그 위험성을 평가하여 개선대책을 수립하는 것

11 ② LINK 기본서 1권 244~245p

② 소방관서장은 화재안전조사 결과에 따른 소방대상물의 위치·구조·설비 또는 관리의 상황이 화재예방을 위하여 보완될 필요가 있거나 화재가 발생하면 인명 또는 재산의 피해가 클 것으로 예상되는 때에는 행정안전부령으로 정하는 바에 따라 관계인에게 그 **소방대상물의 개수·이전·제거, 사용의 금지 또는 제한, 사용폐쇄, 공사의 정지 또는 중지**, 그 밖에 필요한 조치를 명할 수 있다. (법 제14조 제1항)

12 ① LINK 기본서 1권 264p

① 연면적이 **1만5천제곱미터** 이상인 특정소방대상물(아파트 및 연립주택은 제외한다)의 경우에는 1명. 다만, 초과되는 연면적 **1만5천제곱미터**(특정소방대상물의 방재실에 **자위소방대**가 24시간 상시 근무하고 「소방장비관리법 시행령」 별표1 제1호 가목에 따른 소방자동차 중 **소방펌프차**, 소방물탱크차, **소방화학차** 또는 무인방수차를 운용하는 경우에는 **3만제곱미터**로 한다)마다 1명 이상을 추가로 선임해야 한다. (령 별표5 제3호 나목)

추가학습

소방안전관리보조자를 선임하여야 하는 특정소방대상물

① 300세대 이상인 아파트: 300세대마다 1명 추가 선임
② 연면적이 1만5천m² 이상인 특정소방대상물(아파트 및 연립주택은 제외): 연면적 1만5천m²마다 1명 추가 선임
→ 자위소방대가 24시간 상시 근무하고, 소방자동차 중 소방펌프차, 소방물탱크차, 소방화학차 또는 무인방수차를 운용하는 경우: 3만m²
③ 공동주택 중 기숙사
④ 의료시설
⑤ 노유자 시설
⑥ 수련시설
⑦ 숙박시설(숙박시설로 사용되는 바닥면적의 합계가 1천500m² 미만이고, 관계인이 24시간 상시 근무하고 있는 숙박시설은 제외)

13 ② | 기본서 1권 296p

② 령 제34조 제1항 후단

✅ 선지체크

① 소방본부장 또는 소방서장은 관리의 권원이 많아 효율적인 소방안전관리가 이루어지지 아니한다고 판단되는 경우 대통령령으로 정하는 바에 따라 관리의 권원을 조정하여 소방안전관리자를 선임하도록 할 수 있다. (법 제35조 제1항)
③ 화재 수신기 또는 소화펌프(가압송수장치를 포함한다)가 별도로 설치되어 있는 경우 설치된 화재 수신기 또는 소화펌프가 화재를 감지·소화 또는 경보할 수 있는 부분을 각각 하나의 관리 권원으로 보아 각각 소방안전관리자 선임할 수 있다. (령 제34조 제2항 제2호)
④ 연면적 3만 제곱미터 이상인 복합건축물로서 그 관리의 권원이 분리되어 있는 경우 권원별 관계인은 대통령령으로 정하는 바에 따라 소방안전관리자를 선임하여야 한다. (법 제35조 제1항 제1호)

➕ 추가학습

관리의 권원이 분리된 특정소방대상물의 소방안전관리

1. 관리의 권원이 분리되어 규정에 따라 소방안전관리자를 선임해야 하는 경우

구분	내용
대상	① 지하층을 제외한 층수가 11층 이상 복합건축물 ② 연면적 3만m² 이상 복합건축물 ③ 지하가 ④ 판매시설 중 도매시장, 소매시장 및 전통시장
관리의 권원 조정이 필요한 경우	① 법령 또는 계약 등에 따라 공동 관리: 소방안전관리자 1명 선임 ② 화재 수신기 또는 소화펌프 별도 설치: 각각 소방안전관리자 선임 ③ 하나의 화재 수신기 및 소화펌프 설치: 소방안전관리자 1명 선임

① 소방본부장 또는 소방서장은 관리의 권원이 많아 효율적인 소방안전관리가 이루어지지 않는다고 판단되는 경우 관리의 권원이 분리되어 있는 특정소방대상물의 관리의 권원을 조정하여 소방안전관리자를 선임하도록 할 수 있다.
② 관리의 권원별 관계인은 상호 협의하여 특정소방대상물의 전체에 걸쳐 소방안전관리상 필요한 업무를 총괄하는 소방안전관리자를 선임된 소방안전관리자 중에서 선임하거나 별도로 선임하여야 한다.

14 ② | 기본서 1권 320p

② 법 제50조 제2항

- 1년 이하의 징역 또는 1천만원 이하의 벌금
  1. 관계인의 정당한 업무를 방해하거나, 조사업무를 수행하면서 취득한 자료나 알게 된 비밀을 다른 사람 또는 기관에게 제공 또는 누설하거나 목적 외의 용도로 사용한 자
  2. 소방안전관리자 자격증을 다른 사람에게 빌려 주거나 빌리거나 이를 알선한 자
  3. 진단기관으로부터 화재예방안전진단을 받지 아니한 자

15 ④ | 기본서 2권 8~18p

④ "화재안전기준" 중 성능기준이란 화재안전 확보를 위하여 재료, 공간 및 설비 등에 요구되는 안전성능으로서 소방청장이 고시로 정하는 기준을 말한다. (법 제2조 제6호 가목)
→ 기술기준: 성능기준을 충족하는 상세한 규격, 특정한 수치 및 시험방법 등에 관한 기준으로서 행정안전부령으로 정하는 절차에 따라 소방청장의 승인을 받은 기준 (법 제2조 제6호 나목)

✅ 선지체크

① 법 제2조 제1항 제1호
② 법 제2조 제1항 제3호
③ 법 제2조 제1항 제4호

➕ 추가학습

용어의 정의

용어	정의
소방시설	소화설비, 경보설비, 피난구조설비, 소화용수설비, 그 밖에 소화활동설비로서 대통령령으로 정하는 것
소방시설등	소방시설과 비상구, 그 밖에 소방 관련 시설로서 대통령령으로 정하는 것(대통령령으로 정하는 것: 방화문 및 자동방화셔터)
특정소방 대상물	건축물 등의 규모·용도 및 수용인원 등을 고려하여 소방시설을 설치하여야 하는 소방대상물로서 대통령령으로 정하는 것
화재안전 성능	화재를 예방하고 화재발생 시 피해를 최소화하기 위하여 소방대상물의 재료, 공간 및 설비 등에 요구되는 안전성능
성능위주 설계	건축물 등의 재료, 공간, 이용자, 화재 특성 등을 종합적으로 고려하여 공학적 방법으로 화재 위험성을 평가하고 그 결과에 따라 화재안전성능이 확보될 수 있도록 특정소방대상물을 설계하는 것
화재안전 기준	소방시설 설치 및 관리를 위한 성능기준, 기술기준 ① 성능기준: 화재안전 확보를 위하여 재료, 공간 및 설비 등에 요구되는 안전성능으로서 소방청장이 고시로 정하는 기준 ② 기술기준: 성능기준을 충족하는 상세한 규격, 특정한 수치 및 시험방법 등에 관한 기준으로서 행정안전부령으로 정하는 절차에 따라 소방청장의 승인을 받은 기준 국립소방연구원장은 기술기준을 제정·개정하려는 경우 중앙소방기술심의위원회의 심의·의결을 거쳐 승인신청서를 소방청장에게 제출 → 소방청장은 검토하여 승인 여부를 결정하고 국립소방연구원장에게 통보
소방용품	소방시설등을 구성하거나 소방용으로 사용되는 제품 또는 기기로서 대통령령으로 정하는 것
무창층	지상층 중 개구부의 면적의 합계가 해당 층의 바닥면적의 30분의 1 이하가 되는 층
개구부	① 크기는 지름 50센티미터 이상의 원이 통과할 수 있을 것 ② 해당 층의 바닥면으로부터 개구부 밑부분까지의 높이가 1.2미터 이내일 것 ③ 도로 또는 차량이 진입할 수 있는 빈터를 향할 것 ④ 화재 시 건축물로부터 쉽게 피난할 수 있도록 창살이나 그 밖의 장애물이 설치되지 않을 것 ⑤ 내부 또는 외부에서 쉽게 부수거나 열 수 있을 것
피난층	곧바로 지상으로 갈 수 있는 출입구가 있는 층

16 ①   LINK 기본서 2권 26p

① 내진설계대상: 옥내소화전설비, 스프링클러설비, 물분무등소화설비 (령 제8조 제2항)
→ 이산화탄소소화설비와 포소화설비는 물분무등소화설비에 해당한다.

추가학습

소방시설의 내진설계기준

구분	내용
목적	지진이 발생할 경우 소방시설이 정상적으로 작동될 수 있도록
대상	옥내소화전설비, 스프링클러설비, 물분무등소화설비

17 ①   LINK 기본서 2권 34~35p

① 연면적 **1천5백m² 이상**인 것 (령 별표4 제1호 다목 2) 가))

선지체크

② 「화재의 예방 및 안전관리에 관한 법률 시행령」 별표 2에서 정하는 수량의 750배 이상의 특수가연물을 저장·취급하는 것
(령 별표4 제1호 다목 5))
③ 연면적 1천5백m² 이상인 것 (령 별표4 제1호 다목 2) 가))
④ 지하가 중 길이가 1천m 이상인 터널 (령 별표4 제1호 다목 4) 가))

추가학습

옥내소화전설비

(제외: 위험물 저장 및 처리 시설 중 가스시설, 지하구 및 업무시설 중 무인변전소(방재실 등에서 스프링클러설비 또는 물분무등소화설비를 원격으로 조정할 수 있는 무인변전소로 한정한다))

설치대상	조건
① 연면적 3천m² 이상(지하가 중 터널은 제외) ② 지하층·무창층(축사는 제외)으로서 바닥면적이 600m² 이상인 층이 있는 것 ③ 층수가 4층 이상인 층 중 바닥면적이 600m² 이상인 층이 있는 것	
① 근린생활시설 ② 판매시설 ③ 업무시설 ④ 숙박시설 ⑤ 위락시설 ⑥ 교정 및 군사시설 중 국방·군사시설 ⑦ 장례시설 ⑧ 발전시설 ⑨ 노유자시설 ⑩ 운수시설 ⑪ 의료시설 ⑫ 항공기 및 자동차 관련 시설 ⑬ 복합건축물 ⑭ 공장 ⑮ 창고시설 ⑯ 방송통신시설	① 연면적 1천5백m² 이상 ② 지하층·무창층으로서 바닥면적이 300m² 이상인 층이 있는 것 ③ 층수가 4층 이상인 층 중 바닥면적이 300m² 이상인 층이 있는 것

건축물의 옥상에 설치된 차고·주차장	면적이 200m² 이상인 경우 해당 부분
지하가 중 터널	① 1천m 이상 ② 예상교통량, 경사도 등 터널의 특성을 고려하여 행정안전부령으로 정하는 터널
공장 또는 창고시설로서 특수가연물을 저장·취급하는 것	지정수량 750배 이상

18 ①   LINK 기본서 2권 57p~58p

① 법 제14조 제1항

선지체크

② 소방청장은 건축 환경 및 화재위험특성 변화사항을 효과적으로 반영할 수 있도록 소방시설 규정을 **3년에 1회** 이상 정비하여야 한다. (법 제14조 제2항)
③ 수용인원 산정시 복도, 계단 및 화장실의 바닥면적을 **포함하지 않는다**. (령 별표7 비고 제1호)
④ 수용인원 산정시 계산 결과 소수점 이하의 수는 **반올림한다**. (령 별표7 비고 제2호)

추가학습

특정소방대상물별로 설치하여야 하는 소방시설의 정비 등

1. 소방시설을 정할 때의 고려사항: 규모·용도·수용인원 및 이용자 특성
2. 소방시설 규정 정비: 소방청장, 소방시설 규정을 3년에 1회 이상
3. 수용인원 산정방법

특정소방대상물		산정방법
숙박시설	침대 O	종사자 수 + 침대 수 (2인용 침대는 2개)
	침대 X	종사자 수 + ($\frac{바닥면적의 합계}{3m^2}$)
강의실·교무실·상담실·실습실·휴게실		$\frac{바닥면적의 합계}{1.9m^2}$
강당, 문화 및 집회시설, 운동시설, 종교시설		① $\frac{바닥면적의 합계}{4.6m^2}$ ② 관람석이 있는 경우: 의자 수 ③ 긴 의자의 경우: $\frac{의자의 정면너비}{0.45m^2}$
기타		$\frac{바닥면적의 합계}{3m^2}$

19 ③
LINK 기본서 2권 124p

③ 부과권자는 개별기준에 따른 과태료의 2분의 1 범위에서 그 금액을 줄여 부과할 수 있다. **다만, 과태료를 체납하고 있는 위반행위자에 대해서는 그렇지 않다.** (령 별표10 제1호 다목)

선지체크
① 령 별표10 제1호 다목 3)
② 령 별표10 제1호 다목 4)
④ 령 별표10 제1호 다목 1)

추가학습
과태료의 일반기준

① 위반행위의 횟수에 따른 과태료의 가중된 부과기준은 최근 1년간 같은 위반행위로 과태료 부과처분을 받은 경우에 적용한다. 이 경우 기간의 계산은 위반행위에 대하여 과태료 부과처분을 받은 날과 그 처분 후 다시 같은 위반행위를 하여 적발된 날을 기준으로 한다.
② ①에 따라 가중된 부과처분을 하는 경우 가중처분의 적용 차수는 그 위반행위 전 부과처분 차수의 다음 차수로 한다.
③ 부과권자는 다음의 어느 하나에 해당하는 경우에는 개별기준에 따른 과태료의 2분의 1 범위에서 그 금액을 줄여 부과할 수 있다. 다만, 과태료를 체납하고 있는 위반행위자에 대해서는 그렇지 않다.
  1) 위반행위가 사소한 부주의나 오류로 인한 것으로 인정되는 경우
  2) 위반행위자가 법 위반상태를 시정하거나 해소하기 위하여 노력한 사실이 인정되는 경우
  3) 위반행위자가 처음 위반행위를 한 경우로서 3년 이상 해당 업종을 모범적으로 영위한 사실이 인정되는 경우
  4) 위반행위자가 화재 등 재난으로 재산에 현저한 손실을 입거나 사업 여건의 악화로 그 사업이 중대한 위기에 처하는 등 사정이 있는 경우
  5) 위반행위자가 같은 위반행위로 다른 법률에 따라 과태료·벌금·영업정지 등의 처분을 받은 경우
  6) 그 밖에 위반행위의 정도, 위반행위의 동기와 그 결과 등을 고려하여 과태료 금액을 줄일 필요가 있다고 인정되는 경우

20 ④
LINK 기본서 2권 166p

ㄱ. 지하탱크가 있는 제조소등의 경우: 당해 지하탱크를 **매설하기 전** (규칙 제20조 제1호)
ㄷ. 이송취급소의 경우: 이송배관 공사의 전체 또는 일부를 완료한 후. **다만, 지하·하천 등에 매설하는 이송배관의 공사의 경우에는 이송배관을 매설하기 전** (규칙 제20조 제3호)
ㄹ. 전체 공사가 완료된 후에는 완공검사를 실시하기 곤란한 경우: 배관을 지하에 설치하는 경우에는 **시·도지사, 소방서장** 또는 **기술원**이 지정하는 부분을 매몰하기 직전 → **소방본부장 ×**
(규칙 제20조 제4호 나목)

추가학습
완공검사

구분	내용
검사권한자	시·도지사
검사 신청시기	① 제조소등의 공사를 완료한 후 ② 지하탱크가 있는 제조소등의 경우: 당해 지하탱크를 매설하기 전 ③ 이동탱크저장소의 경우: 이동저장탱크를 완공하고 상시 설치 장소를 확보한 후 ④ 이송취급소의 경우: 이송배관 공사의 전체 또는 일부를 완료한 후(지하·하천 등에 매설: 이송배관을 매설하기 전) ⑤ 전체 공사가 완료된 후에는 완공검사를 실시하기 곤란한 경우 - 위험물설비 또는 배관의 설치가 완료되어 기밀시험 또는 내압시험을 실시하는 시기 - 배관을 지하에 설치하는 경우에는 시·도지사, 소방서장 또는 기술원이 지정하는 부분을 매몰하기 직전 - 기술원이 지정하는 부분의 비파괴시험을 실시하는 시기
완공검사 합격증 재교부	완공검사합격확인증을 잃어버리거나 멸실·훼손 또는 파손한 경우 (잃어버린 완공검사합격확인증을 발견하는 경우에는 이를 10일 이내에 완공검사합격확인증을 재교부한 시·도지사에게 제출)

21 ②
LINK 기본서 2권 168p

② 제조소등의 사용을 중지하는 기간에도 위험물안전관리자가 계속하여 직무를 수행하는 경우에는 **안전조치를 아니할 수 있다.**
(법 제11조의2 제1항 후단)

선지체크
① 법 제11조의2 제1항 전단
③ 법 제11조의2 제2항
④ 법 제11조의2 제4항

추가학습
제조소등의 사용 중지 등

구분	내용
신고	시·도지사
신고 기간	사용을 중지하려는 날 또는 재개하려는 날의 14일 전까지
안전조치	제조소등의 사용을 중지하려는 경우 안전조치를 하여야 한다. ① 탱크·배관 등 위험물을 저장 또는 취급하는 설비에서 위험물 및 가연성 증기 등의 제거 ② 관계인이 아닌 사람에 대한 해당 제조소등에의 출입금지 조치 ③ 해당 제조소등의 사용중지 사실의 게시 ④ 그 밖에 위험물의 사고 예방에 필요한 조치 → 제조소등의 사용을 중지하는 기간에도 위험물안전관리자가 계속하여 직무를 수행하는 경우에는 안전조치를 아니할 수 있다.
안전조치 이행명령	시·도지사

22 ③ LINK 기본서 2권 178p

③ 규칙 제56조 제1항
- ㄱ. **10개 이하**의 옥내저장소
- ㄴ. **30개 이하**의 옥외탱크저장소
- ㄷ. 옥내탱크저장소
- ㅁ. 간이탱크저장소

✅ 선지체크
- ㄹ. **10개 이하**의 암반탱크저장소

➕ 추가학습
1인의 안전관리자를 중복하여 선임할 수 있는 경우
① 보일러·버너 등 7개 이하의 일반취급소와 저장소를 동일인이 설치한 경우(일반취급소 및 저장소가 모두 동일구내에 있는 경우)
② 위험물을 차량에 고정된 탱크 또는 운반용기에 옮겨 담기 위한 5개 이하의 일반취급소와 저장소를 동일인이 설치한 경우(일반취급소 간의 보행거리가 300m 이내인 경우)
③ 동일구내에 있거나 상호 100m 이내의 거리에 있는 저장소로서 동일인이 직접 설치한 경우
- 10개 이하의 옥내저장소, 옥외저장소, 암반탱크저장소
- 30개 이하의 옥외탱크저장소
- 옥내탱크저장소
- 지하탱크저장소
- 간이탱크저장소

④ 다음 각목의 기준에 모두 적합한 5개 이하의 제조소등을 동일인이 설치한 경우
- 각 제조소등이 동일구내에 위치하거나 상호 100m 이내 거리에 있을 것
- 각 제조소등에서 저장 또는 취급하는 위험물의 최대수량이 지정수량의 3천배 미만일 것(저장소는 제외)

⑤ 선박주유취급소의 고정주유설비에 공급하기 위한 위험물을 저장하는 저장소와 당해 선박주유취급소를 동일인이 설치한 경우

23 ① LINK 기본서 2권 209p~210p

① **시·도지사, 소방본부장** 또는 **소방서장**은 탱크시험자에 대하여 당해 업무를 적정하게 실시하게 하기 위하여 필요하다고 인정하는 때에는 감독상 필요한 명령을 할 수 있다. → **소방청장 ×** (법 제23조)

✅ 선지체크
② 법 제36조 제13호
③ 법 제25조
④ 법 제27조 제1항

24 ② LINK 기본서 2권 224p

② 1천500만원 이하의 벌금 (법 제36조 제3호)

✅ 선지체크
① 법 제35조 제3호
③ 법 제35조 제7호
④ 법 제35조 제9호

➕ 추가학습
1년 이하의 징역 또는 1천만원 이하의 벌금
① 탱크시험자로 등록하지 아니하고 탱크시험자의 업무를 한 자
② 정기점검을 하지 아니하거나 점검기록을 허위로 작성한 관계인으로서 규정에 따른 허가를 받은 자
③ 정기검사를 받지 아니한 관계인으로서 허가를 받은 자
④ 자체소방대를 두지 아니한 관계인으로서 허가를 받은 자
⑤ 운반용기에 대한 검사를 받지 아니하고 운반용기를 사용하거나 유통시킨 자
⑥ 규정에 따른 명령을 위반하여 보고 또는 자료제출을 하지 아니하거나 허위의 보고 또는 자료제출을 한 자 또는 관계공무원의 출입·검사 또는 수거를 거부·방해 또는 기피한 자
⑦ 제조소등에 대한 긴급 사용정지·제한명령을 위반한 자

25 ① LINK 기본서 2권 285p, 369p

① 하나의 간이탱크저장소에 설치하는 간이저장탱크는 그 수를 **3 이하**로 하고, 동일한 품질의 위험물의 간이저장탱크를 **2 이상** 설치하지 아니하여야 한다. (규칙 별표9 제2호)

✅ 선지체크
② 규칙 별표9 제4호
③ 규칙 별표9 제5호
④ 규칙 별표9 제6호

➕ 추가학습
용어의 정의

설비기준	① 간이저장탱크의 용량은 600L 이하이어야 한다. ② 하나의 간이탱크저장소에 설치하는 간이저장탱크는 그 수를 3 이하로 하고, 동일한 품질의 위험물의 간이저장탱크를 2 이상 설치하지 아니하여야 한다. ③ 간이저장탱크는 두께 3.2mm 이상의 강판으로 흠이 없도록 제작하여야 하며, 70kPa의 압력으로 10분간의 수압시험을 실시하여 새거나 변형되지 아니하여야 한다.
탱크 설치방법	① 간이탱크는 옥외에 설치하여야 한다. 다만, 전용실안에 설치하는 경우에는 그러하지 아니하다. ② 움직이거나 넘어지지 아니하도록 지면 또는 가설대에 고정시킨다. ③ 옥외에 설치하는 경우에는 그 탱크의 주위에 너비 1m 이상의 공지를 두어야 한다. ④ 전용실안에 설치하는 경우에는 탱크와 전용실의 벽과의 사이에 0.5m 이상의 간격을 유지하여야 한다.

통기관 기준		
	밸브 없는 통기관	① 지름: 25mm 이상 ② 옥외에 설치하되, 그 끝부분의 높이는 지상 1.5m 이상으로 할 것 ③ 끝부분은 수평면에 대하여 아래로 45° 이상 구부려 빗물 등이 침투하지 아니하도록 할 것 ④ 가는 눈의 구리망 등으로 인화방지장치를 할 것
	대기밸브 부착 통기관	① 옥외에 설치하되, 그 끝부분의 높이는 지상 1.5m 이상으로 할 것 ② 가는 눈의 구리망 등으로 인화방지장치를 설치 ③ 5kpa 이하의 압력 차이로 작동할 수 있을 것

제 07 회 소방관계법규 모의고사

01	④	02	④	03	②	04	④	05	①
06	①	07	②	08	①	09	④	10	①
11	③	12	①	13	④	14	③	15	①
16	②	17	②	18	①	19	③	20	④
21	④	22	①	23	②	24	③	25	③

01 ④ LINK 기본서 1권 29~31p

④ 소방박물관은 국내·외의 소방의 역사, 소방공무원의 복장 및 소방장비 등의 변천 및 발전에 관한 자료를 수집·보관 및 전시한다. (규칙 제4조 제2항)

선지체크
① 법 제5조 제1항
② 법 제5조 제2항
③ 규칙 제4조 제3항

추가학습

소방박물관

구분	내용
설립·운영자	소방청장
설립·운영사항	행정안전부령
운영	박물관장: 소방공무원 중에서 소방청장이 임명 (소방박물관장 1인과 부관장 1인)
	운영위원회: 7인 이내

소방체험관

구분	내용
설립·운영자	시·도지사
설립·운영사항	행정안전부령으로 정하는 기준에 따라 시·도의 조례
체험관의 기능	① 재난 및 안전사고 유형에 따른 예방, 대처, 대응 등에 관한 체험교육의 제공 ② 체험교육 프로그램의 개발 및 국민 안전의식 향상을 위한 홍보·전시 ③ 체험교육 인력의 양성 및 유관기관·단체 등과의 협력 ④ 그 밖에 체험교육을 위하여 시·도지사가 필요하다고 인정하는 사업의 수행
체험관의 시설 기준	갖춰야 한다: 생활안전, 교통안전, 자연재난안전, 보건안전 / 갖출 수 있다: 생활안전, 교통안전, 자연재난안전, 보건안전, 사회기반안전, 범죄안전
이용현황 관리	소방체험관의 장은 체험교육의 운영결과, 만족도 조사결과 등을 기록하고 이를 3년간 보관

02 ④ LINK 기본서 1권 34p

④ 령 제2조 제1항 제1호 및 제2호

선지체크
① 시·도지사는 소방력의 기준에 따라 관할구역의 소방력을 확충하기 위하여 필요한 계획을 수립하여 시행하여야 한다. (법 제8조 제2항)
② 소방자동차 등 소방장비의 분류·표준화와 그 관리 등에 필요한 사항은 따로 법률에서 정한다. (법 제8조 제3항)
③ 국가는 소방장비의 구입 등 시·도의 소방업무에 필요한 경비의 일부를 보조한다. (법 제9조 제1항)

추가학습

소방장비 등에 대한 국고보조
국가는 소방장비의 구입 등 시·도의 소방업무에 필요한 경비의 일부를 보조한다.

구분	내용
보조 대상사업의 범위와 기준보조율	대통령령
국고보조 대상사업의 범위	1. 소방활동장비와 설비의 구입 및 설치 ① 소방자동차 ② 소방헬리콥터 및 소방정 ③ 소방전용통신설비 및 전산설비 ④ 그 밖에 방화복 등 소방활동에 필요한 소방장비 2. 소방관서용 청사의 건축
소방활동장비 및 설비의 종류와 규격	행정안전부령
국고보조 대상사업의 기준보조율	「보조금 관리에 관한 법률 시행령」
기준가격	국내조달품: 정부고시가격 / 수입물품: 조달청에서 조사한 해외시장의 시가 / 기타: 2 이상의 공신력 있는 물가조사기관에서 조사한 가격의 평균가격

03 ② LINK 기본서 1권 44~45p

② 소방청장, 소방본부장 또는 소방서장은 화재를 예방하고 화재 발생 시 인명과 재산피해를 최소화하기 위하여 어린이집의 영유아, 유치원의 유아, 학교의 학생, 장애인복지시설에 거주하거나 해당 시설을 이용하는 장애인을 대상으로 행정안전부령으로 정하는 바에 따라 소방안전에 관한 교육과 훈련을 실시할 수 있다. (법 제17조 제2항)

선지체크
① 법 제17조 제1항
③ 규칙 별표3의2 제1호 마목
④ 규칙 제9조 제3항

➕ 추가학습
소방교육·훈련

구분	내용	
교육·훈련권자	소방청장, 소방본부장, 소방서장	
	필수 (교육·훈련을 실시하여야 한다)	선택 (소방안전에 관한 교육과 훈련을 실시할 수 있다)
대상자	소방대원	① 어린이집의 영유아 ② 유치원의 유아 ③ 학교의 학생 ④ 장애인복지시설에 거주하거나 해당 시설을 이용하는 장애인 → 소방청장, 소방본부장 또는 소방서장은 해당 어린이집·유치원·학교의 장 또는 장애인복지시설의 장과 교육일정 등에 관하여 협의하여야 한다.

소방안전교육훈련 운영계획

구분	내용
운영계획 수립권자	소방청장, 소방본부장, 소방서장
기간	매년 12월 31일까지
통보	소방청장은 소방안전교육훈련 운영계획의 작성에 필요한 지침을 정하여 소방본부장과 소방서장에게 매년 10월 31일까지 통보

04 ④   LINK 기본서 1권 92p

이 법은 **화재예방** 및 **소방정책**에 활용하기 위하여 **화재원인**, **화재성장 및 확산**, 피해현황 등에 관한 과학적·전문적인 조사에 필요한 사항을 규정함을 목적으로 한다. (법 제1조)

05 ①   LINK 기본서 1권 111p

① 200만원 이하의 과태료 (법 제23조 제1항 제1호)

✅ **선지체크**
② 법 제21조 제1호
③ 법 제21조 제3호
④ 법 제21조 제2호

➕ 추가학습
300만원 이하의 벌금
① 허가 없이 화재현장에 있는 물건 등을 이동시키거나 변경·훼손한 사람
② 정당한 사유 없이 화재조사관의 출입 또는 조사를 거부·방해 또는 기피한 사람
③ 관계인의 정당한 업무를 방해하거나 화재조사를 수행하면서 알게 된 비밀을 다른 용도로 사용하거나 다른 사람에게 누설한 사람
④ 정당한 사유 없이 증거물 수집을 거부·방해 또는 기피한 사람

200만원 이하의 과태료
① 허가 없이 통제구역에 출입한 사람
② 명령을 위반하여 보고 또는 자료 제출을 하지 아니하거나 거짓으로 보고 또는 자료를 제출한 사람
③ 정당한 사유 없이 출석을 거부하거나 질문에 대하여 거짓으로 진술한 사람

06 ①   LINK 기본서 1권 132~133p

① 소방시설업자는 소방시설업을 휴업·폐업 또는 재개업하는 때에는 행정안전부령으로 정하는 바에 따라 **시·도지사**에게 신고하여야 한다. (법 제6조의2 제1항)

✅ **선지체크**
② 법 제6조의2 제2항
③ 법 제6조의2 제3항
④ 법 제6조의2 제4항

➕ 추가학습
소방시설업의 휴·폐업 재개업신고 세부기준(시행규칙 제6조의2)

구분	내용
신고	소방시설업자는 휴업·폐업 또는 재개업일부터 30일 이내 신고서를 협회를 경유하여 시·도지사에게 제출하여야 한다.
기타	① 폐업신고를 한 자가 소방시설업 등록이 말소된 후 6개월 이내에 같은 업종의 소방시설업을 다시 등록한 경우 해당 소방시설업자는 폐업신고 전 소방시설업자의 지위를 승계한다. ② 소방시설업자의 지위를 승계한 자에 대해서는 폐업신고 전의 소방시설업자에 대한 행정처분의 효과가 승계된다.

07 ②   LINK 기본서 1권 149~150p

② 비상방송설비(소방용 외의 용도와 겸용되는 비상방송설비를 「정보통신공사업법」에 따른 정보통신공사업자가 공사하는 경우는 제외한다)를 신설하는 공사 (령 제4조 제1호 나목)

✅ **선지체크**
① 령 제4조 제1호 가목
③ 령 제4조 제2호 나목
④ 령 제4조 제2호 나목

⊕ 추가학습

착공신고

구분	내용
신고	소방본부장, 소방서장
신고기간	착공 전까지
착공신고 대상 (제조소등, 다중이용업소 제외)	**신설** ① 옥내소화전설비(호스릴 방식 포함), 옥외소화전설비 ② 스프링클러설비·간이스프링클러설비(캐비닛형 포함), 화재조기진압용 스프링클러설비 ③ 물분무등소화설비(고체에어로졸 제외) ④ 연결송수관설비, 연결살수설비, 제연설비, 연소방지설비, 비상콘센트설비, 무선통신보조설비 ⑤ 소화용수설비 ⑥ 자동화재탐지설비, 비상경보설비, 비상방송설비 **증설** ① 옥내·옥외소화전설비 ② 스프링클러설비·간이스프링클러설비 또는 물분무등소화설비의 방호구역 ③ 자동화재탐지설비의 경계구역 ④ 제연설비의 제연구역 ⑤ 연결살수설비의 살수구역 ⑥ 연결송수관설비의 송수구역 ⑦ 비상콘센트설비의 전용회로 ⑧ 연소방지설비의 살수구역 **개설·이전·정비** 수신반, 소화펌프, 동력(감시)제어반 (고장 또는 파손 등으로 인하여 작동시킬 수 없는 소방시설을 긴급히 교체하거나 보수하여야 하는 경우에는 신고하지 않을 수 있다)

처리	① 2일 이내에 처리하고 그 결과를 신고인에게 통보
	② 소방시설업 종합정보시스템에 입력
	  - 소방시설공사현장에 배치되는 소방기술자의 성명, 자격증 번호·등급
	  - 시공현장의 명칭·소재지·면적 및 현장 배치기간

08 ① LINK 기본서 1권 186~187p

① 법 제26조의3 제1항
소방청장은 다음 각 호의 정보를 종합적이고 체계적으로 관리·제공하기 위하여 소방시설업종합정보시스템을 구축·운영할 수 있다.
1. 소방시설업자의 자본금·기술인력 보유 현황, 소방시설공사등 수행상황, 행정처분 사항 등 소방시설업자에 관한 정보
2. 소방시설공사등의 착공 및 완공에 관한 사항, 소방기술자 및 감리원의 배치 현황 등 소방시설공사등과 관련된 정보

⊕ 추가학습

소방시설업 종합정보시스템의 구축 등

구분	내용
구축·운영권자	소방청장
관리·제공하는 정보	① 소방시설업자의 자본금·기술인력 보유 현황, 소방시설공사등 수행상황, 행정처분 사항 등 소방시설업자에 관한 정보 ② 소방시설공사등의 착공 및 완공에 관한 사항, 소방기술자 및 감리원의 배치 현황 등 소방시설공사등과 관련된 정보
소방청장 업무	① 소방시설업 종합정보시스템의 구축 및 운영에 관한 연구개발 ② 정보에 대한 수집·분석 및 공유 ③ 소방시설업 종합정보시스템의 표준화 및 공동활용 촉진

09 ④ LINK 기본서 1권 200p

④ 법 제29조 제2항

✓ 선지체크

① **소방청장**은 전문적이고 체계적인 소방기술자 양성·인정 교육훈련을 위하여 소방기술자 양성·인정 교육훈련기관을 지정할 수 있다. (법 제28조의2 제2항)
② 소방기술자 양성·인정 교육훈련기관은 소방기술자 양성·인정 교육훈련을 실시할 수 있는 전담인력을 **6명 이상** 갖춰야 한다. (규칙 제25조의2 제1항 제2호)
③ 소방기술자는 실무교육을 **2년마다 1회** 이상 받아야 한다. 다만, 실무교육을 받아야 할 기간 내에 소방기술자 양성·인정 교육훈련을 받은 경우에는 해당 실무교육을 받은 것으로 본다. (규칙 제26조 제1항)

⊕ 추가학습

소방기술자 양성 및 교육

구분	내용
교육 실시	소방청장
목적	소방기술자를 육성하고 소방기술자의 전문기술능력 향상을 위하여
교육대상	소방기술자와 소방기술과 관련된 자격·학력 및 경력을 인정받으려는 사람

1. 소방기술자 양성·인정 교육훈련기관

구분	내용
기관 지정	소방청장
지정 목적	전문적이고 체계적인 소방기술자 양성·인정 교육훈련을 위하여
지정 요건	① 전국 4개 이상의 시·도에 이론교육과 실습교육이 가능한 교육·훈련장을 갖출 것 ② 소방기술자 양성·인정 교육훈련을 실시할 수 있는 전담인력을 6명 이상 갖출 것 ③ 교육과목별 교재 및 강사 매뉴얼을 갖출 것 ④ 교육훈련의 신청·수료, 성과측정, 경력관리 등에 필요한 교육훈련 관리시스템을 구축·운영할 것

교육계획	소방기술자 양성·인정 교육훈련기관은 다음 연도 교육훈련계획을 수립하여 해당 연도 11월 30일까지 소방청장의 승인을 받아야 한다.

소방기술자의 실무교육

교육대상	소방시설업 또는 소방시설관리업의 기술인력으로 등록된 소방기술자
통지	소방기술자 실무교육에 관한 업무를 위탁받은 실무교육기관 또는 한국소방안전원의 장은 소방기술자에 대한 실무교육을 실시하려면 교육일정 등 교육에 필요한 계획을 수립하여 소방청장에게 보고한 후 교육 10일 전까지 교육대상자에게 알려야 한다.
미교육시	소방기술자가 정하여진 교육을 받지 아니하면 그 교육을 이수할 때까지 그 소방기술자는 소방시설업 또는 소방시설관리업의 기술인력으로 등록된 사람으로 보지 아니한다.
교육계획	① 실무교육기관등의 장은 매년 11월 30일까지 다음 해 교육계획을 실무교육의 종류별·대상자별·지역별로 수립하여 이를 일간신문에 공고하고 소방본부장 또는 소방서장에게 보고 ② 교육계획을 변경하는 경우에는 변경한 날부터 10일 이내에 이를 일간신문에 공고하고 소방본부장 또는 소방서장에게 보고
교육대상자 관리 및 교육실적 보고	① 실무교육기관등의 장은 그 해의 교육이 끝난 후 직능별·지역별 교육수료자 명부를 작성하여 소방본부장 또는 소방서장에게 다음 해 1월 말까지 알려야 한다. ② 실무교육기관등의 장은 매년 1월 말까지 전년도 교육 횟수·인원 및 대상자 등 교육실적을 소방청장에게 보고하여야 한다.

10 ①   LINK 기본서 1권 240p

① 소방관서장은 화재안전조사를 조사의 목적에 따라 화재안전조사의 **항목 전체**에 대하여 종합적으로 실시하거나 **특정 항목**에 한정하여 실시할 수 있다. (법 제8조 제1항)

선지체크

② 법 제8조 제2항 제2호
③ 법 제8조 제3항
④ 령 제9조 제3항

추가학습

화재안전조사의 방법·절차

구분	내용
조사종류	① 종합조사: 화재안전조사 항목 전부를 확인하는 조사 ② 부분조사: 화재안전조사 항목 중 일부를 확인하는 조사
조사시간	관계인의 승낙 없이 소방대상물의 공개시간 또는 근무시간 이외에는 할 수 없다. → 제외: 화재가 발생할 우려가 뚜렷하여 긴급하게 조사할 필요가 있는 경우
조사 통지	① 사전에 관계인에게 조사대상, 조사기간, 조사사유를 우편, 전화, 전자메일 또는 문자전송 등을 통하여 통지 ② 조사대상, 조사기간, 조사사유를 소방관서의 인터넷 홈페이지나 전산시스템을 통해 7일 이상 공개
조사 통지 ×	① 화재가 발생할 우려가 뚜렷하여 긴급하게 조사할 필요가 있는 경우 ② 화재안전조사의 실시를 사전에 통지하거나 공개하면 조사목적을 달성할 수 없다고 인정되는 경우 → 통지 없이 화재안전조사를 실시하는 경우에는 화재안전조사를 실시하기 전에 관계인에게 조사사유 및 조사범위 등을 현장에서 설명해야 한다.
합동 조사반	① 관계 중앙행정기관 또는 지방자치단체 ② 한국소방안전원 ③ 한국소방산업기술원 ④ 한국화재보험협회 ⑤ 한국가스안전공사 ⑥ 한국전기안전공사 ⑦ 소방청장이 정하여 고시하는 소방 관련 법인 또는 단체

11 ③   LINK 기본서 1권 245p

③ **소방청장** 또는 **시·도지사**는 보상금액에 관한 협의가 성립되지 않은 경우에는 그 보상금액을 지급하거나 공탁하고 이를 상대방에게 알려야 한다. (령 제14조 제3항)

선지체크

① 법 제15조
② 령 제14조 제1항
④ 령 제14조 제4항

추가학습

손실보상

구분	내용
보상권자	소방청장 또는 시·도지사
절차	① 시가로 보상 ② 소방청장 또는 시·도지사와 손실을 입은 자가 협의 ③ 보상금액에 관한 협의가 성립되지 않은 경우에는 그 보상금액을 지급하거나 공탁하고 이를 상대방에게 통지 ④ 지급 또는 공탁의 통지에 불복하는 자는 지급 또는 공탁의 통지를 받은 날부터 30일 이내에 중앙토지수용위원회 또는 관할 지방토지수용위원회에 재결 신청가능

12 ①   LINK 기본서 1권 252p

① 령 별표2

선지체크

② 사류: **1,000kg 이상**
③ 고무류·플라스틱류(발포시킨 것): **20m³ 이상**
④ 종이부스러기: **1,000kg 이상**

➕ **추가학습**

특수가연물

품명		수량
면화류		200kg 이상
나무껍질 및 대팻밥		400kg 이상
넝마 및 종이부스러기		1,000kg 이상
사류		
볏짚류		
가연성 고체류		3,000kg 이상
석탄·목탄류		10,000kg 이상
가연성 액체류		2m³ 이상
목재가공품 및 나무부스러기		10m³ 이상
고무류·플라스틱류	발포시킨 것	20m³ 이상
	그 밖의 것	3,000kg 이상

① 특수가연물의 저장·취급 기준(석탄·목탄류를 발전용으로 저장하는 경우는 제외)
  – 품명별로 구분하여 쌓을 것
  – 높이 및 면적기준

구분	살수설비를 설치하거나 방사능력 범위에 해당 특수가연물이 포함되도록 대형수동식소화기를 설치하는 경우	그 밖의 경우
높이	15m 이하	10m 이하
쌓는 부분의 바닥면적	200m² 이하 (석탄·목탄류: 300m²)	50m² 이하 (석탄·목탄류: 200m²)

– 실내·외에 설치하는 경우 기준

구분	실내	실외
바닥면적 사이	1.2m 또는 쌓는 높이의 1/2 중 큰 값 이상	3m 또는 쌓는 높이 중 큰 값 이상
추가기준	① 주요구조부는 내화구조이면서 불연재료 ② 다른 종류의 특수가연물과 같은 공간에 보관하지 않을 것(내화구조의 벽으로 분리하는 경우는 가능)	쌓는 부분이 대지경계선, 도로 및 인접 건축물과 최소 6m 이상 간격(쌓는 높이보다 0.9m 이상 높은 내화구조 벽체를 설치한 경우 간격 기준 제외)

② 특수가연물 표지
  – 품명, 최대저장수량, 단위부피당 질량 또는 단위체적당 질량, 관리책임자 성명·직책, 연락처 및 화기취급의 금지표시가 포함된 특수가연물 표지를 설치
  – 특수가연물 표지의 규격 (한 변의 길이: 0.3m 이상, 다른 한 변의 길이: 0.6m 이상인 직사각형)

구분	바탕	문자
표지	흰색	검은색
표지 중 화기엄금 표시	붉은색	백색

– 특수가연물 표지는 특수가연물을 저장하거나 취급하는 장소 중 보기 쉬운 곳에 설치

---

13 ④ LINK 🔗 기본서 1권 280~281p

④ 1급 소방안전관리자 자격시험에 응시할 수 있는 자격기준이다.
(령 별표6 제2호 라목)

✅ **선지체크**

① 령 별표6 제1호 다목
② 령 별표6 제1호 바목
③ 령 별표6 제1호 자목

➕ **추가학습**

소방안전관리자 응시자격

구분		내용
특급		1. 1급 소방안전관리자 실무경력
	2년	① 소방설비기사 ② 대학, 고등학교에서 소방안전관리학과 전공 ③ 소방행정학 또는 소방안전공학 분야에서 석사학위 이상을 취득
	3년	① 소방설비산업기사 ② 대학, 고등학교에서 소방안전 관련 교과목 12학점 이상 이수 ③ 대학, 고등학교에서 소방안전 관련 학과 전공
	5년	소방안전관리자로 근무한 실무경력
		2. 실무경력
	1년	총괄재난관리자로 지정
	7년	특급 또는 1급 소방안전관리대상물의 소방안전관리보조자(1급 소방안전관리자 자격을 갖춘 경우)
	10년	① 특급 소방안전관리대상물의 소방안전관리보조자 ② 소방공무원
		3. 특급 소방안전관리에 대한 강습교육 수료
1급		1. 2급 또는 3급 소방안전관리자 실무경력
	2년	① 대학, 고등학교에서 소방안전관리학과 전공 ② 산업안전기사, 산업안전산업기사
	3년	① 대학, 고등학교에서 소방안전 관련 교과목 12학점 이상 이수 ② 대학, 고등학교에서 소방안전 관련 학과를 전공
		2. 실무경력자
	5년	① 특급 또는 1급 소방안전관리대상물의 소방안전관리보조자(2급 소방안전관리자 자격을 갖춘 경우) ② 2급 소방안전관리자
	7년	2급 소방안전관리대상물의 소방안전관리보조자(2급 소방안전관리자 자격을 갖춘 경우, 특급 또는 1급 소방안전관리대상물의 소방안전관리보조자로 근무한 5년 미만의 실무경력이 있는 경우에는 이를 포함하여 합산)
		3. 소방행정학 또는 소방안전공학 분야에서 석사학위 이상 4. 특급, 1급 소방안전관리에 대한 강습교육 수료 5. 특급 소방안전관리자 시험응시 자격이 인정되는 사람

14 ③　　LINK 기본서 1권 303p

③ 「전통시장 및 상점가 육성을 위한 특별법」 제2조 제1호의 전통시장으로서 점포가 **500개 이상**인 전통시장
(법 제40조 제1항 제13호, 령 제41조 제1항)

✔ 선지체크

① 법 제40조 제1항 제7호
② 법 제40조 제1항 제9호
④ 령 제41조 제2항 제2호

➕ 추가학습

소방안전 특별관리 대상

소방청장은 화재 등 재난이 발생할 경우 사회·경제적으로 피해가 큰 시설(소방안전 특별관리시설물)에 대하여 소방안전 특별관리를 하여야 한다.
① 공항시설
② 철도시설
③ 도시철도시설
④ 항만시설
⑤ 지정문화재 및 천연기념물·명승, 시·도자연유산인 시설(시설이 아닌 지정문화재 및 천연기념물·명승, 시·도자연유산을 보호하거나 소장하고 있는 시설을 포함)
⑥ 산업기술단지
⑦ 산업단지
⑧ 초고층 건축물 및 지하연계 복합건축물
⑨ 영화상영관 중 수용인원 1천명 이상인 영화상영관
⑩ 전력용 및 통신용 지하구
⑪ 석유비축시설
⑫ 천연가스 인수기지 및 공급망
⑬ 점포가 500개 이상인 전통시장
⑭ 발전사업자가 가동 중인 발전소
⑮ 물류창고로서 연면적 10만m² 이상인 것
⑯ 가스공급시설

15 ①　　LINK 기본서 2권 31p, 120p

① 성능위주설계에 대한 전문적·기술적인 검토 및 평가를 위하여 **소방청** 또는 **소방본부**에 성능위주설계 평가단을 둔다. (법 제9조 제1항)

✔ 선지체크

② 법 제59조 제1호
③ 규칙 제10조 제1항
④ 규칙 제10조 제4항

➕ 추가학습

성능위주설계평가단

구분	내용
설치목적	성능위주설계에 대한 전문적·기술적인 검토 및 평가를 위하여
운영	소방청, 소방본부
구성	평가단장을 포함하여 50명 이내의 평가단원으로 성별 고려
평가단 회의 운영	① 평가단장과 평가단장이 회의마다 지명하는 6명 이상 8명 이하의 평가단원으로 구성·운영 ② 성능위주설계의 변경신고에 대한 심의·의결을 하는 경우에는 성능위주설계를 검토·평가한 평가단원 중 5명 이상으로 평가단을 구성·운영 → 평가단의 회의에 참석한 평가단원에게는 예산의 범위에서 수당, 여비, 그 밖에 필요한 경비를 지급할 수 있다. 다만, 소방공무원인 평가단원이 소관 업무와 관련하여 평가단의 회의에 참석하는 경우에는 그렇지 않다.
평가단장	화재예방 업무를 담당하는 부서의 장 또는 임명 또는 위촉된 평가단원 중에서 학식·경험·전문성 등을 종합적으로 고려하여 소방청장 또는 소방본부장이 임명하거나 위촉
평가단원	**소방공무원** ① 소방기술사 ② 소방시설관리사 ③ 중앙소방학교에서 실시하는 성능위주설계 관련 교육과정을 이수 후 건축허가등의 동의 업무를 담당한 사람 　- 소방설비기사 이상: 1년 이상 　- 건축 또는 소방 관련 석사 이상의 학위: 1년 이상 ④ 관할 소방서의 해당 업무 담당 과장은 당연직 평가단원으로 한다. **건축 분야 및 소방방재분야 전문가** ① 위원회 위원 또는 지방소방기술심의위원회 위원 ② 학교 또는 공인된 연구기관에서 부교수 이상의 직 또는 이에 상당하는 직에 있거나 있었던 사람으로 화재안전 또는 관련 법령이나 정책에 전문성이 있는 사람 ③ 소방기술사 ④ 소방시설관리사 ⑤ 건축사, 건축구조기술사 ⑥ 특급감리원 자격을 취득한 사람으로 소방공사 현장 감리업무를 10년 이상 수행
임기	2년, 2회에 한정하여 연임가능

16 ②　　LINK 기본서 2권 52~53p

①③④ 소화기구, 비상경보설비, 자동화재탐지설비, 자동화재속보설비, 피난구조설비는 강화된 기준을 적용한다. (법 제13조 제1항)

✔ 선지체크

② 전력 및 통신사업용 지하구: 자동화재탐지설비, 연소방지설비
→ **간이스프링클러설비** × (령 제13조 제2호)

추가학습

대통령령 또는 화재안전기준이 변경되어 그 기준이 강화되는 경우

원칙	예외
변경 전 기준 적용	강화된 기준 적용 ① 소화기구, 비상경보설비, 자동화재탐지설비, 자동화재속보설비, 피난구조설비 ② 공동구, 전력 및 통신사업용 지하구: 소화기, 자동소화장치, 자동화재탐지설비, 통합감시시설, 유도등, 연소방지설비 ③ 노유자시설: 간이스프링클러설비, 자동화재탐지설비, 단독경보형 감지기 ④ 의료시설: 스프링클러설비, 간이스프링클러설비, 자동화재탐지설비, 자동화재속보설비

17 ④ (기본서 2권 76p)

④ 방화문 또는 자동방화셔터가 훼손되거나 철거되어 본래의 기능을 못하는 경우 (령 제34조 제4호)

선지체크

① 령 제34조 제1호
② 령 제34조 제2호
③ 령 제34조 제3호

추가학습

소방시설등의 자체점검 결과의 조치 등

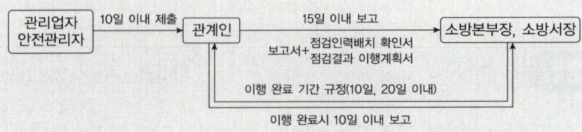

* 자체점검 실시결과의 보고기간에는 공휴일 및 토요일은 산입하지 않는다.

1. 지체없이 수리 등 필요한 조치를 해야 하는 경우
   ① 소화펌프, 동력·감시 제어반 또는 소방시설용 전원의 고장으로 소방시설이 작동되지 않는 경우
   ② 화재 수신기의 고장으로 화재경보음이 자동으로 울리지 않거나 화재 수신기와 연동된 소방시설의 작동이 불가능한 경우
   ③ 소화배관 등이 폐쇄·차단되어 소화수 또는 소화약제가 자동 방출되지 않는 경우
   ④ 방화문 또는 자동방화셔터가 훼손되거나 철거되어 본래의 기능을 못하는 경우
2. 소방시설등에 대한 수리·교체·정비에 관한 이행계획

구분	내용
이행완료기간	① 수리하거나 정비하는 경우: 보고일부터 10일 이내 ② 전부 또는 일부를 철거하고 새로 교체하는 경우: 보고일부터 20일 이내
보고	① 이행을 완료한 날부터 10일 이내 소방본부장 또는 소방서장에게 ② 첨부서류 　- 이행계획 건별 전·후 사진 증명자료 　- 소방시설공사 계약서

18 ④ (기본서 2권 96p)

④ 결격사유에 해당하게 된 경우. 다만, 제30조 제5호에 해당하는 법인으로서 결격사유에 해당하게 된 날부터 2개월 이내에 그 임원을 결격사유가 없는 임원으로 바꾸어 선임한 경우는 제외한다. (법 제35조 제1항 제4호)

선지체크

① 법 제35조 제1항 제1호
② 법 제35조 제1항 제4호
③ 법 제35조 제1항 제5호

추가학습

등록의 결격사유

① 피성년후견인
② 금고 이상의 실형을 선고받고 그 집행이 끝나거나(집행이 끝난 것으로 보는 경우를 포함한다) 집행이 면제된 날부터 2년이 지나지 아니한 사람
③ 금고 이상의 형의 집행유예를 선고받고 그 유예기간 중에 있는 사람
④ 관리업의 등록이 취소(①에 해당하여 등록이 취소된 경우는 제외한다)된 날부터 2년이 지나지 아니한 자
⑤ 임원 중에 ①부터 ④까지의 어느 하나에 해당하는 사람이 있는 법인

등록의 취소와 영업정지 등

구분	내용
권한자	시·도지사 (등록을 취소하거나 6개월 이내의 기간을 정하여 이의 시정이나 그 영업의 정지)
등록의 취소·정지	① 거짓이나 그 밖의 부정한 방법으로 등록을 한 경우(1차 취소) ② 점검을 하지 아니하거나 거짓으로 한 경우 ③ 등록기준에 미달하게 된 경우 ④ 결격사유 어느 하나에 해당하게 된 경우(1차 취소) → 결격사유에 해당하는 법인으로서 결격사유에 해당하게 된 날부터 2개월 이내에 그 임원을 결격사유가 없는 임원으로 바꾸어 선임한 경우는 제외한다. ⑤ 등록증 또는 등록수첩을 빌려준 경우(1차 취소) ⑥ 점검능력 평가를 받지 아니하고 자체점검을 한 경우
기타	소방시설업자의 지위를 승계한 상속인이 결격사유 해당할 때에는 상속을 개시한 날부터 6개월 동안은 등록취소를 적용하지 아니한다.

19 ③ (기본서 2권 120p)

③ 300만원 이하의 벌금 (법 제59조 제2호)

선지체크

① 3년 이하의 징역 또는 3천만원 이하의 벌금 (법 제57조 제3호)
② 3년 이하의 징역 또는 3천만원 이하의 벌금 (법 제57조 제7호)
④ 1년 이하의 징역 또는 1천만원 이하의 벌금 (법 제58조 제6호)

➕ 추가학습

300만원 이하의 벌금
① 성능위주설계평가단 업무 및 위탁받은 업무를 수행하면서 알게 된 비밀을 이 법에서 정한 목적 외의 용도로 사용하거나 다른 사람 또는 기관에 제공하거나 누설한 자
② 방염성능검사에 합격하지 아니한 물품에 합격표시를 하거나 합격표시를 위조하거나 변조하여 사용한 자
③ 방염성능검사를 할 때에 거짓 시료를 제출한 자
④ 자체점검 결과 필요한 조치를 하지 아니한 관계인 또는 관계인에게 중대위반사항을 알리지 아니한 관리업자등

---

20 ④　　LINK 기본서 2권 136p

④ 위험물을 저장 또는 취급하는 탱크의 용량은 해당 **탱크의 내용적에서 공간용적을 뺀 용적**으로 한다. (규칙 제5조 제1항)

✅ 선지체크
① 령 별표1 비고 제3호
② 령 별표1 비고 제12호
③ 령 별표1 비고 제21호

➕ 추가학습

용어 정의

구분	내용
산화성고체	고체로서 산화력의 잠재적인 위험성 또는 충격에 대한 민감성을 판단하기 위하여 소방청장이 정하여 고시하는 시험에서 고시로 정하는 성질과 상태를 나타내는 것
가연성고체	고체로서 화염에 의한 발화의 위험성 또는 인화의 위험성을 판단하기 위하여 고시로 정하는 시험에서 고시로 정하는 성질과 상태를 나타내는 것
자연발화성 물질 및 금수성물질	고체 또는 액체로서 공기 중에서 발화의 위험성이 있거나 물과 접촉하여 발화하거나 가연성가스를 발생하는 위험성이 있는 것
인화성액체	액체로서 인화의 위험성이 있는 것
자기반응성 물질	고체 또는 액체로서 폭발의 위험성 또는 가열분해의 격렬함을 판단하기 위하여 고시로 정하는 시험에서 고시로 정하는 성질과 상태를 나타내는 것
산화성액체	액체로서 산화력의 잠재적인 위험성을 판단하기 위하여 고시로 정하는 시험에서 고시로 정하는 성질과 상태를 나타내는 것
유황	순도 60wt% 이상인 것. 순도측정에 있어서 불순물은 활석 등 불연성 물질과 수분에 한한다.
철분	53㎛의 표준체를 통과하는 것이 50wt% 미만 제외
금속분	① 알칼리금속·알칼리토류금속·철 및 마그네슘 외의 금속의 분말 ② 구리분·니켈분 및 150㎛의 체를 통과하는 것이 50wt% 미만 제외
마그네슘	① 2mm의 체를 통과하지 아니하는 덩어리 상태 제외 ② 직경 2mm 이상의 막대 모양 제외
인화성고체	고형알코올 그 밖에 1기압에서 인화점이 섭씨 40℃ 미만인 고체

특수인화물	① 이황화탄소, 디에틸에테르 ② 1기압에서 발화점이 섭씨 100℃ 이하인 것 또는 인화점이 섭씨 영하 20℃ 이하이고 비점이 섭씨 40℃ 이하인 것
제1석유류	① 아세톤, 휘발유(가솔린) ② 1기압에서 인화점이 섭씨 21℃ 미만인 것
알코올류	1분자를 구성하는 탄소원자의 수가 1개부터 3개까지인 포화 1가 알코올(변성알코올을 포함), 다음 1에 해당하는 경우 제외 ① 1분자를 구성하는 탄소원자의 수가 1개 내지 3개의 포화 1가 알코올의 함유량이 60wt% 미만인 수용액 ② 가연성액체량이 60wt% 미만이고 인화점 및 연소점이 에틸알코올 60wt% 수용액의 인화점 및 연소점을 초과하는 것
제2석유류	① 등유, 경유 ② 1기압에서 인화점이 섭씨 21℃ 이상 70℃ 미만인 것
제3석유류	① 중유, 클레오소트유 ② 1기압에서 인화점이 섭씨 70℃ 이상 섭씨 200℃ 미만인 것
제4석유류	① 기어유, 실린더유 ② 1기압에서 인화점이 섭씨 200℃ 이상 섭씨 250℃ 미만인 것
동식물유류	동물의 지육 등 또는 식물의 종자나 과육으로부터 추출한 것으로서 1기압에서 인화점이 섭씨 250℃ 미만인 것
과산화수소	그 농도가 36W% 이상인 것
질산	그 비중이 1.49 이상인 것

---

21 ②　　LINK 기본서 2권 159p

② 제조소등의 위치·구조 또는 설비의 변경없이 당해 제조소등에서 저장하거나 취급하는 위험물의 품명·수량 또는 지정수량의 배수를 변경하고자 하는 자는 **변경하고자 하는 날의 1일 전까지 행정안전부령이 정하는 바에 따라 시·도지사에게 신고하여야 한다.**
(법 제6조 제2항)

✅ 선지체크
① 법 제6조 제1항
③ 법 제6조 제3항 제1호
④ 법 제7조 제1항

➕ 추가학습

군용위험물시설의 설치 및 변경에 대한 특례
① 군사목적 또는 군부대시설을 위한 제조소등을 설치하거나 그 위치·구조 또는 설비를 변경하고자 하는 군부대의 장은 대통령령이 정하는 바에 따라 미리 제조소등의 소재지를 관할하는 시·도지사와 협의하여야 한다.
② 군부대의 장이 제조소등의 소재지를 관할하는 시·도지사와 협의한 경우에는 규정에 따른 허가를 받은 것으로 본다.
③ 군부대의 장은 협의한 제조소등에 대하여는 탱크안전성능검사와 완공검사를 자체적으로 실시할 수 있다. 이 경우 완공검사를 자체적으로 실시한 군부대의 장은 지체 없이 행정안전부령이 정하는 사항을 시·도지사에게 통보하여야 한다.

22 ①

① 법 제16조 제1항

선지체크

② 탱크시험자가 되고자 하는 자는 대통령령이 정하는 기술능력·시설 및 장비를 갖추어 **시·도지사**에게 등록하여야 한다. (법 제16조 제2항)
③ 등록한 사항 가운데 행정안전부령이 정하는 중요사항을 변경한 경우에는 그 날부터 **30일 이내에 시·도지사에게** 변경신고를 하여야 한다. (법 제16조 제3항)
④ **시·도지사**는 탱크시험자가 등록증을 다른 자에게 빌려준 경우에는 그 등록을 취소하여야 한다. (법 제16조 제5항 제3호)

추가학습

탱크시험자

구분	내용
등록권한자	시·도지사
등록기준	기술능력, 시설, 장비
위험물탱크안전성능시험자등록증을 교부	15일 이내
결격사유	① 피성년후견인 ② 금고 이상의 실형의 선고를 받고 그 집행이 종료(집행이 종료된 것으로 보는 경우를 포함한다)되거나 집행이 면제된 날부터 2년이 지나지 아니한 자 ③ 금고 이상의 형의 집행유예 선고를 받고 그 유예기간 중에 있는 자 ④ 탱크시험자의 등록이 취소된 날부터 2년이 지나지 아니한 자 ⑤ 법인으로서 그 대표자가 ① 내지 ④에 해당하는 경우

1. 변경신고

구분	내용
신고	시·도지사
등록기준	변경한 날부터 30일 이내
변경신고 사항	① 영업소 소재지 : 사무소의 사용을 증명하는 서류, 위험물탱크안전성능시험자등록증 ② 기술능력: 변경하는 기술인력의 자격증과 위험물탱크안전성능시험자등록증 ③ 대표자: 위험물탱크안전성능시험자등록증 ④ 상호 또는 명칭: 위험물탱크안전성능시험자등록증

2. 등록취소와 영업정지

구분	내용
권한자	시·도지사 (등록을 취소하거나 6월 이내의 기간을 정하여 업무의 정지)
등록의 취소·정지	① 허위 그 밖의 부정한 방법으로 등록을 한 경우(1차 취소) ② 등록의 결격사유에 해당하게 된 경우(1차 취소) ③ 등록증을 다른 자에게 빌려준 경우(1차 취소) ④ 등록기준에 미달하게 된 경우 ⑤ 탱크안전성능시험 또는 점검을 허위로 하거나 이 법에 의한 기준에 맞지 아니하게 탱크안전성능시험 또는 점검을 실시하는 경우 등 탱크시험자로서 적합하지 아니하다고 인정하는 경우

23 ③

③ 소방청장은 **안전관리자**, 위험물운반자, 위험물운송자에 대한 실무교육을 **안전원**에 위탁한다.
→ 소방청장은 **탱크시험자의 기술인력**에 대한 실무교육을 **기술원**에 위탁한다. (령 제22조 제1항)

선지체크

① 규칙 제78조 제4항
② 규칙 별표24 제1호
④ 규칙 별표24 제2호 나목

추가학습

실무교육

교육대상자	교육시간	교육시기	교육기관
안전관리자	8시간 이내	① 제조소등의 안전관리자로 선임된 날부터 6개월 이내 ② ①에 따른 교육을 받은 후 2년마다 1회	안전원
위험물운반자	4시간	① 위험물운반자로 종사한 날부터 6개월 이내 ② ①에 따른 교육을 받은 후 3년마다 1회	안전원
위험물운송자	8시간 이내	① 이동탱크저장소의 위험물운송자로 종사한 날부터 6개월 이내 ② ①에 따른 교육을 받은 후 3년마다 1회	안전원
탱크시험자의 기술인력	8시간 이내	① 탱크시험자의 기술인력으로 등록한 날부터 6개월 이내 ② ①에 따른 교육을 받은 후 2년마다 1회	기술원

24 ③

③ 출입구 및 창에는 자동폐쇄식의 **갑종방화문**을 설치한다.
→ **을종방화문** × (규칙 별표4 Ⅱ 제2호 나목)

선지체크

① 규칙 별표4 Ⅱ 제2호 가목
② 규칙 별표4 Ⅱ 제2호 나목
④ 규칙 별표4 Ⅱ 제2호 다목

➕ 추가학습

위험물제조소의 보유공지
① 보유공지란 위험물을 취급하는 건축물 그 밖의 시설의 주위에 취급하는 위험물의 최대수량에 따라 보유하여야 하는 너비의 공지를 말한다.
② 위험물을 이송하기 위한 배관 그 밖에 이와 유사한 시설은 제외

취급하는 위험물의 최대수량	공지의 너비
지정수량의 10배 이하	3m 이상
지정수량의 10배 초과	5m 이상

보유공지를 제외할 수 있는 경우
① 제조소의 작업공정이 다른 작업장의 작업공정과 연속되어 있어, 제조소의 건축물 그 밖의 공작물의 주위에 공지를 두게 되면 그 제조소의 작업에 현저한 지장이 생길 우려가 있는 경우 당해 제조소와 다른 작업장 사이에 아래 기준에 따른 방화상 유효한 격벽을 설치한 때
　1) 방화벽: 내화구조(제6류 위험물인 경우 불연재료로 할 수 있다)
　2) 방화벽에 설치하는 개구부는 가능한 한 최소로 하고, 출입구 및 창에는 자동폐쇄식의 갑종방화문을 설치
　3) 방화벽의 양단 및 상단이 외벽 또는 지붕으로부터 50cm 이상 돌출

③ 칸막이: 4,000ℓ 이하마다 3.2mm 이상의 강철판 또는 이와 동등 이상의 강도·내열성 및 내식성이 있는 금속성의 것(제외: 고체인 위험물을 저장하거나 고체인 위험물을 가열하여 액체 상태로 저장하는 경우)
④ 방파판
　- 두께 1.6mm 이상의 강철판 또는 이와 동등 이상의 강도·내열성 및 내식성이 있는 금속성의 것으로 할 것
　- 하나의 구획부분에 2개 이상의 방파판을 이동탱크저장소의 진행방향과 평행으로 설치하되, 각 방파판은 그 높이 및 칸막이로부터의 거리를 다르게 할 것
　- 하나의 구획부분에 설치하는 각 방파판의 면적의 합계는 당해 구획부분의 최대 수직단면적의 50% 이상으로 할 것
⑤ 측면틀: 측면틀의 최외측과 탱크의 최외측을 연결하는 직선의 수평면에 대한 내각 75도 이상
⑥ 방호틀
　- 두께 2.3mm 이상의 강철판 또는 이와 동등 이상의 기계적 성질이 있는 재료로서 산모양의 형상으로 하거나 이와 동등 이상의 강도가 있는 형상으로 할 것
　- 정상부분은 부속장치보다 50mm 이상 높게 하거나 이와 동등 이상의 성능이 있는 것으로 할 것
⑦ 탱크의 외면에는 부식방지도장을 하여야 한다.

25  ③   🔗 LINK 기본서 2권 287p

③ 칸막이로 구획된 각 부분마다 맨홀과 안전장치 및 방파판을 설치하여야 한다. 다만, 칸막이로 구획된 부분의 용량이 2,000ℓ 미만인 부분에는 방파판을 설치하지 아니할 수 있다. (규칙 별표10 Ⅱ 제3호)

✅ 선지체크

① 옥외에 있는 상치장소는 화기를 취급하는 장소 또는 인근의 건축물로부터 **5m 이상**(인근의 건축물이 1층인 경우에는 **3m 이상**)의 거리를 확보하여야 한다. (규칙 별표10 Ⅰ 제1호)
② 압력탱크(최대상용압력이 46.7kPa 이상인 탱크를 말한다) 외의 탱크는 **70kPa의 압력**으로, 압력탱크는 최대상용압력의 1.5배의 압력으로 각각 10분간의 수압시험을 실시하여 새거나 변형되지 아니하여야 한다. (규칙 별표10 Ⅱ 제1호 나목)
④ 방호틀은 정상부분은 부속장치보다 **50mm 이상** 높게 하거나 이와 동등 이상의 성능이 있는 것으로 한다. (규칙 별표10 Ⅱ 제4호 나목 2))

➕ 추가학습

이동탱크저장소의 상치장소

옥외	화기를 취급하는 장소 또는 인근의 건축물로부터 5m 이상(인근 건축물이 1층인 경우 3m 이상)의 거리를 확보
옥내	벽·바닥·보·서까래 및 지붕이 내화구조 또는 불연재료로 된 건축물의 1층에 설치

이동탱크저장소의 구조
① 탱크(맨홀 및 주입관의 뚜껑을 포함한다)는 두께 3.2mm 이상의 강철판 또는 이와 동등 이상의 강도·내식성 및 내열성이 있다고 인정하여 소방청장이 정하여 고시하는 재료 및 구조로 위험물이 새지 아니하게 제작할 것
② 압력탱크 외의 탱크는 70kPa의 압력으로, 압력탱크는 최대상용압력의 1.5배의 압력으로 각각 10분간의 수압시험을 실시하여 새거나 변형되지 아니할 것

제 08 회 소방관계법규 모의고사

01	①	02	④	03	②	04	③	05	①
06	①	07	②	08	②	09	③	10	③
11	②	12	①	13	②	14	④	15	②
16	③	17	②	18	①	19	①	20	②
21	②	22	②	23	②	24	④	25	④

01 ①   LINK 기본서 1권 24p

◆ 선지체크

ㄱ. "소방대상물"이란 건축물, 차량, 선박(「선박법」 제1조의2 제1항에 따른 선박으로서 **항구에 매어둔 선박만 해당**한다), 선박 건조 구조물, 산림, 그 밖의 인공 구조물 또는 물건을 말한다. (법 제2조 제1호)

ㄴ. "소방본부장"이란 특별시·광역시·특별자치시·도 또는 특별자치도에서 화재의 예방·경계·진압·조사 및 구조·구급 등의 업무를 담당하는 **부서의 장**을 말한다. (법 제2조 제4호)

ㄷ. "소방대장"이란 **소방본부장 또는 소방서장** 등 화재, 재난·재해, 그 밖의 위급한 상황이 발생한 현장에서 소방대를 지휘하는 사람을 말한다. → **소방청장 ×** (법 제2조 제6호)

ㄹ. "관계지역"이란 **소방대상물**이 있는 장소 및 그 이웃 지역으로서 화재의 예방·경계·진압, 구조·구급 등의 활동에 필요한 지역을 말한다. (법 제2조 제2호)

⊕ 추가학습

용어의 정의

용어	정의
소방대상물	건축물, 차량, 선박(항구에 매어둔 선박만 해당), 선박 건조 구조물, 산림, 그 밖의 인공 구조물 또는 물건
관계지역	소방대상물이 있는 장소 및 그 이웃 지역으로서 화재의 예방·경계·진압, 구조·구급 등의 활동에 필요한 지역
관계인	소유자, 관리자, 점유자
소방본부장	시·도에서 화재의 예방·경계·진압·조사 및 구조·구급 등의 업무를 담당하는 부서의 장
소방대	화재를 진압하고 화재, 재난·재해, 그 밖의 위급한 상황에서 구조·구급 활동 등을 하기 위하여 다음 각 목의 사람으로 구성된 조직체 ① 소방공무원, ② 의무소방원, ③ 의용소방대원
소방대장	소방본부장 또는 소방서장 등 화재, 재난·재해, 그 밖의 위급한 상황이 발생한 현장에서 소방대를 지휘하는 사람

02 ④   LINK 기본서 1권 55p

④ 법 제19조 제2항 제2호, 제6호

◆ 선지체크

① 시장지역 (법 제19조 제2항 제1호)
   → **소방출동로가 없는 지역은 화재예방강화지구 지정대상이다.** (화재예방법 제18조 제1항 8호)
② 목조건물이 밀집한 지역, **위험물의 저장 및 처리시설이 밀집한 지역** (법 제19조 제2항 제3호, 제4호)
③ **시·도의 조례로 정하는 지역 또는 장소**, 석유화학제품을 생산하는 공장이 있는 지역 (법 제19조 제2항 제6호, 제5호)

⊕ 추가학습

화재 등의 통지

구분	내용
통지	화재 현장 또는 구조·구급이 필요한 사고 현장을 발견한 사람 → 소방본부, 소방서, 관계 행정기관
신고	1. 화재로 오인할 만한 우려가 있는 불을 피우거나 연막소독을 하려는 자 → 시·도 조례로 정하는 바에 따라 관할 소방본부장 또는 소방서장에게 2. 신고대상지역 ① 시장지역 ② 공장·창고가 밀집한 지역 ③ 목조건물이 밀집한 지역 ④ 위험물의 저장 및 처리시설이 밀집한 지역 ⑤ 석유화학제품을 생산하는 공장이 있는 지역 ⑥ 그 밖에 시·도의 조례로 정하는 지역 또는 장소

03 ②   LINK 기본서 1권 64~65p

② **국가**는 국민의 생명과 재산을 보호하기 위하여 다음의 기관이나 단체로 하여금 **소방기술의 연구·개발사업을 수행하게 할 수 있다.** (법 제39조의6 제1항)

1. 국공립 연구기관
2. 「과학기술분야 정부출연연구기관 등의 설립·운영 및 육성에 관한 법률」에 따라 설립된 연구기관
3. 「특정연구기관 육성법」 제2조에 따른 특정연구기관
4. 「고등교육법」에 따른 대학·산업대학·전문대학 및 기술대학
5. 「민법」이나 다른 법률에 따라 설립된 소방기술 분야의 법인인 연구기관 또는 법인 부설 연구소
6. 「기초연구진흥 및 기술개발지원에 관한 법률」 제14조의2 제1항에 따라 인정받은 기업부설연구소
7. 「소방산업의 진흥에 관한 법률」 제14조에 따른 한국소방산업기술원
8. 그 밖에 대통령령으로 정하는 소방에 관한 기술개발 및 연구를 수행하는 기관·협회

◆ 선지체크

① 법 제39조의7 제2항 제1호
③ 법 제39조의7 제2항 제3호
④ 법 제39조의7 제2항 제2호

추가학습
소방기술 및 소방산업의 국제화사업
1. 국가: 소방기술 및 소방산업의 국제경쟁력과 국제적 통용성을 높이는 데에 필요한 기반 조성을 촉진하기 위한 시책을 마련
2. 소방청장: 소방기술 및 소방산업의 국제경쟁력과 국제적 통용성을 높이기 위하여 다음의 사업을 추진
   ① 소방기술 및 소방산업의 국제 협력을 위한 조사·연구
   ② 소방기술 및 소방산업에 관한 국제 전시회, 국제 학술회의 개최 등 국제 교류
   ③ 소방기술 및 소방산업의 국외시장 개척
   ④ 그 밖에 소방기술 및 소방산업의 국제경쟁력과 국제적 통용성을 높이기 위하여 필요하다고 인정하는 사업

04 ③ LINK 기본서 1권 70p

③ **생활안전활동**으로 인하여 손실을 입은 자
(법 제49조의2 제1항 제1호)

선지체크
① 법 제49조의2 제1항 제2호
② 법 제49조의2 제1항 제4호
④ 법 제49조의2 제1항 제5호

추가학습
손실보상

구분	내용
손실보상권자	소방청장, 시·도지사
대상 (손실보상 위원회 심사·의결)	① 생활안전활동에 따른 조치로 인하여 손실을 입은 자 ② 소방활동 종사로 인하여 사망하거나 부상을 입은 자 ③ 강제처분(토지 외의 처분, 주·정차 차량 제거·이동)으로 인하여 손실을 입은자(법령을 위반한 경우는 제외) ④ 위험시설 등에 대한 긴급조치로 인하여 손실을 입은 자 ⑤ 그 밖에 소방기관 또는 소방대의 적법한 소방업무 또는 소방활동으로 인하여 손실을 입은 자

손실보상의 지급 절차

구분		내용
청구		① 손실이 있음을 안 날부터: 3년 ② 손실이 발생한 날부터: 5년
방법	보상금 지급 여부 및 보상금액 결정	청구서를 받은 날부터 60일 이내
	청구인에게 통지	결정일로부터 10일 이내
	보상금을 지급	통지한 날부터 30일 이내

05 ① LINK 기본서 1권 118~119p

① 법 제2조 제1항 제1호 가목

선지체크
② 소방공사감리업: 소방시설공사에 관한 **발주자의 권한을 대행**하여 소방시설공사가 설계도서와 관계 법령에 따라 적법하게 시공되는지를 확인하고, 품질·시공 관리에 대한 기술지도를 하는 영업
(법 제2조 제1항 제1호 다목)

③ 소방기술자: 소방기술 경력 등을 인정받은 사람과 국가기술자격 법령에 따른 소방기술사, 소방설비기사, 소방설비산업기사, **위험물기능장, 위험물산업기사, 위험물기능사**로서 소방시설업과 「소방시설 설치 및 관리에 관한 법률」에 따른 소방시설관리업의 기술인력으로 등록된 사람을 말한다. → **산업안전기사 ×** (법 제2조 제1항 제4호)

④ 발주자: 소방시설의 설계, 시공, 감리 및 방염을 소방시설업자에게 도급하는 자를 말한다. 다만, 수급인으로서 도급받은 공사를 하도급하는 자는 **제외한다**. (법 제2조 제1항 제5호)

추가학습
용어의 정의

용어	정의
소방시설업	소방시설설계업, 소방시설공사업, 소방공사감리업, 방염처리업
소방시설 설계업	소방시설공사에 기본이 되는 공사계획, 설계도면, 설계설명서, 기술계산서 및 이와 관련된 서류(설계도서)를 작성하는 영업
소방시설공 사업	설계도서에 따라 소방시설을 신설, 증설, 개설, 이전 및 정비하는 영업
소방공사 감리업	소방시설공사에 관한 발주자의 권한을 대행하여 소방시설공사가 설계도서와 관계 법령에 따라 적법하게 시공되는지를 확인하고, 품질·시공 관리에 대한 기술지도를 하는 영업
방염처리업	방염대상물품에 대하여 방염처리하는 영업
소방시설 업자	소방시설업을 경영하기 위하여 소방시설업을 등록한 자
감리원	소방공사감리업자에 소속된 소방기술자로서 해당 소방시설공사를 감리하는 사람
소방기술자	소방기술 경력 등을 인정받은 사람과 다음 각 목의 어느 하나에 해당하는 사람으로서 소방시설업과 소방시설관리업의 기술인력으로 등록된 사람 - 소방시설관리사, 소방기술사, 소방설비기사, 소방설비산업기사, 위험물기능장, 위험물산업기사, 위험물기능사
발주자	소방시설의 설계, 시공, 감리 및 방염을 소방시설업자에게 도급하는 자(제외: 수급인으로서 도급받은 공사를 하도급하는 자)

06 ① LINK 기본서 1권 156~157p

① 령 제10조 제2항
  ㄱ. 옥외소화전설비를 신설·개설 또는 증설할 때
  ㄴ. 연결살수설비를 신설·개설하거나 송수구역을 증설할 때
  ㄹ. 연소방지설비를 신설·개설하거나 살수구역을 증설할 때

선지체크
ㄷ. 무선통신보조설비를 **신설 또는 개설**할 때
(령 제10조 제2항 제8호 마목)
ㅁ. 물분무등소화설비(**호스릴 방식의 소화설비는 제외**한다)를 신설·개설하거나 방호·방수 구역을 증설할 때 (령 제10조 제2항 제3호)
ㅂ. 자동화재탐지설비를 **신설 또는 개설**할 때 (령 제10조 제2항 제5호)

추가학습

공사감리자의 지정

구분	내용
신고	소방본부장, 소방서장
신고기간	착공 전까지
공사감리자 지정대상	**신설·개설·증설** ① 옥내·옥외 소화전설비 ② 스프링클러설비등(방호·방수구역): 캐비닛형 간이 스프링클러설비 제외 ③ 물분무등소화설비(방호·방수구역): 호스릴 방식 제외 ④ 제연설비(제연구역) ⑤ 연결살수설비(송수구역) ⑥ 비상콘센트설비(전용회로) ⑦ 연소방지설비(살수구역) **신설·개설** ① 자동화재탐지설비 ② 비상방송설비 ③ 통합감시시설 ④ 비상조명등 ⑤ 소화용수설비 ⑥ 연결송수관설비 ⑦ 무선통신보조설비
처리	2일 이내에 처리하고 그 결과를 신고인에게 통보

소방기술자 기술자격에 따른 기술등급의 자격

등급	소방기술사	소방시설관리사	소방설비기사	소방설비산업기사	타 기술사	타 기사	타 산업기사	위험물기능사
특급	0	5	8	11	5	13	×	
고급	0	0	5	8	3	11	13	×
중급	0	0	0	3	0	5	8	
초급	0	0	0	0	0	2	4	6

소방기술자 학력·경력 등에 따른 기술등급의 자격

① 학력·경력자

등급	박사	석사	학사	전문학사	고등학교	고등학교 (소방학과)
특급	3	7	11	15	×	
고급	1	4	7	10	15	13
중급	0	2	5	8	12	10
초급	0	0	0	2	5	3

② 경력자

등급	학사	전문학사	고등학교	경력
고급	12	15	18	22
중급	9	12	15	18
초급	3	5	7	9

---

07 ②   LINK 기본서 1권 190~199p

② 소방설비기사 기계분야의 자격을 취득한 후 **5년 이상** 소방 관련 업무를 수행한 사람은 기계분야의 고급기술자가 될 수 있다. (규칙 별표4의2 제3호 가목 1))

선지체크

① 법 제28조 제1항
③ 법 제28조 제4항
④ 법 제28조 제5항

추가학습

소방기술 경력 등의 인정 등

구분	내용
경력인정, 수첩발급	소방청장 (자격을 취소하거나 6개월 이상 2년 이하의 기간을 정하여 그 자격을 정지)
자격의 취소·정지	자격이 취소된 날부터 2년간 자격수첩 또는 경력수첩을 발급받을 수 없다. ① 거짓이나 그 밖의 부정한 방법으로 자격수첩 또는 경력수첩을 발급받은 경우(1차 취소) ② 자격수첩 또는 경력수첩을 다른 사람에게 빌려준 경우(1차 취소) ③ 동시에 둘 이상의 업체에 취업한 경우 ④ 이 법 또는 이 법에 따른 명령을 위반한 경우

08 ②   LINK 기본서 1권 235p

② 소방대상물의 **소방시설**등 설치·관리 현황 (법 제5조 제1항 제3호)

선지체크

① 법 제5조 제1항 제1호
③ 법 제5조 제1항 제2호
④ 법 제5조 제1항 제4호

추가학습

실태조사

구분	내용
실태조사권자	소방청장
목적	기본계획 및 시행계획의 수립·시행에 필요한 기초자료를 확보하기 위하여
항목	① 소방대상물의 용도별·규모별 현황 ② 소방대상물의 화재의 예방 및 안전관리 현황 ③ 소방대상물의 소방시설등 설치·관리 현황 ④ 그 밖에 기본계획 및 시행계획의 수립·시행을 위하여 필요한 사항
방법	통계조사, 문헌조사, 현장조사
방식	정보통신망, 전자적
통보	실태조사 시작 7일 전까지 조사 일시, 조사 사유 및 조사 내용 등을 포함한 조사계획을 조사대상자에게 서면 또는 전자우편 등의 방법으로
공표	소방청장 – 실태조사의 결과를 인터넷 홈페이지 등에 공표

09 ③   LINK 기본서 1권 250~252p

③ 시간당 열량이 **30만[kcal] 이상**인 노를 설치하는 경우 노 주위에는 1[m] 이상 공간을 확보할 것 (령 별표1 제6호 라목)

◎ 선지체크

① 령 별표1 제2호 가목
② 령 별표1 제5호 가목
④ 령 별표1 제7호 라목

⊕ 추가학습

불을 사용할 때 지켜야 하는 사항

구분	내용
난로	① 연통: 천장으로부터 0.6m 이상 ② 연통의 배출구: 건물 밖으로 0.6m 이상 ③ 가연성 벽·바닥 또는 천장과 접촉하는 연통의 부분: 규조토 등 난연성 또는 불연성의 단열재
건조설비	① 건조설비와 벽·천장 사이의 거리: 0.5m 이상 ② 건조물품이 열원과 직접 접촉 × ③ 실내에 설치하는 경우: 벽·천장 및 바닥은 불연재료
가스·전기 시설	① 가스시설:「고압가스 안전관리법」,「도시가스사업법」및「액화석유가스의 안전관리 및 사업법」에서 정하는 바에 따름 ② 전기시설:「전기사업법」및「전기안전관리법」에서 정하는 바에 따름
불꽃을 사용하는 용접·용단 기구	①「산업안전보건법」을 적용받는 사업장에는 적용하지 않는다. ② 소화기 비치: 반경 5m 이내 ③ 가연물 ×: 반경 10m 이내(가연물의 제거가 곤란하여 방화포 등으로 방호조치를 한 경우는 제외)

노·화덕
설비
	① 실내에 설치하는 경우: 흙바닥 또는 금속 외의 불연재료로 된 바닥에 설치
	② 노 또는 화덕을 설치하는 장소의 벽·천장: 불연재료
	③ 노 또는 화덕의 주위: 높이 0.1미터 이상의 턱 설치
	④ 시간당 열량이 30만 킬로칼로리 이상인 노를 설치하는 경우
	  - 주요구조부: 불연재료 이상
	  - 창문, 출입구: 60분 + 방화문 또는 60분 방화문
	  - 노 주위: 1m 이상 공간 확보

음식조리를 위하여 설치하는 설비	① 배출덕트: 0.5mm 이상의 아연도금강판 또는 이와 같거나 그 이상의 내식성 불연재료 ② 동물 또는 식물의 기름을 제거할 수 있는 필터 등을 설치 ③ 열을 발생하는 조리기구: 반자 또는 선반으로부터 0.6m 이상 ④ 열을 발생하는 조리기구로부터 0.15m 이내의 거리에 있는 가연성 주요구조부: 단열성이 있는 불연재료

10 ③   LINK 기본서 1권 265p

③ 소방훈련 및 교육은 소방안전관리대상물의 소방안전관리자의 업무이다. (법 제24조 제5항)

⊕ 추가학습

특정소방대상물(소방안전관리대상물은 제외)의 관계인과 소방안전관리대상물의 소방안전관리자의 업무

관계인	소방안전관리자
① 피난시설, 방화구획 및 방화시설의 관리 ② 소방시설이나 그 밖의 소방 관련 시설의 관리 ③ 화기 취급의 감독 ④ 화재발생 시 초기대응 ⑤ 그 밖에 소방안전관리에 필요한 업무	① 피난계획에 관한 사항과 소방계획서의 작성 및 시행 ② 자위소방대 및 초기대응체계의 구성, 운영 및 교육 ③ 피난시설, 방화구획 및 방화시설의 관리 ④ 소방시설이나 그 밖의 소방 관련 시설의 관리 ⑤ 소방훈련 및 교육 ⑥ 화기 취급의 감독 ⑦ 소방안전관리에 관한 업무수행에 관한 기록·유지(③, ④, ⑥의 업무) → 월 1회 이상 작성·관리, 2년간 보관 ⑧ 화재발생 시 초기대응 ⑨ 그 밖에 소방안전관리에 필요한 업무

11 ②   LINK 기본서 1권 242~244p

② 화재안전조사위원회는 **위원장 1명을 포함하여 7명 이내의 위원**으로 성별을 고려하여 구성한다. (령 제11조 제1항)

◎ 선지체크

① 법 제9조 제1항
③ 법 제10조 제1항
④ 법 제11조 제1항

⊕ 추가학습

화재안전조사위원회 구성·운영

구분		내용
운영 목적		화재안전조사의 대상을 객관적이고 공정하게 선정하기 위하여 필요한 경우
구성·운영 권자		소방관서장(소방청장, 소방본부장, 소방서장)
구성	인원	위원장 1명을 포함하여 7명 이내의 위원으로 성별 고려
	위원장	소방관서장
	위원	① 과장급 직위 이상의 소방공무원 ② 소방기술사 ③ 소방시설관리사 ④ 소방 관련 분야의 석사 이상 학위를 취득한 사람

구성	위원	⑤ 소방 관련 법인 또는 단체에서 소방 관련 업무에 5년 이상 종사한 사람 ⑥ 소방공무원 교육훈련기관, 학교 또는 연구소에서 소방과 관련한 교육 또는 연구에 5년 이상 종사한 사람
	임기	2년, 한 차례만 연임가능
	위원회에 출석한 위원에게는 예산의 범위에서 수당, 여비, 그 밖에 필요한 경비를 지급할 수 있다. 다만, 공무원인 위원이 소관 업무와 직접 관련하여 위원회에 출석하는 경우에는 그렇지 않다.	

추가학습
권한의 위임·위탁

구분	내용
권한위임	소방청장 → 소방서장 소방안전관리자 자격의 정지 및 취소에 관한 업무
위탁	소방관서장 → 안전원 ① 소방안전관리자 또는 소방안전관리보조자 선임신고의 접수 ② 소방안전관리자 또는 소방안전관리보조자 해임 사실의 확인 ③ 건설현장 소방안전관리자 선임신고의 접수 ④ 소방안전관리자 자격시험 ⑤ 소방안전관리자 자격증의 발급 및 재발급 ⑥ 소방안전관리 등에 관한 종합정보망의 구축·운영 ⑦ 강습교육 및 실무교육

12 ①　LINK 기본서 1권 299p, 301p

① 특정소방대상물의 관계인에 대한 소방안전교육은 결과 제출 기준이 없다.
→ **소방안전관리대상물 중 소방안전관리업무의 전담이 필요한 대통령령으로 정하는 소방안전관리대상물의 관계인**은 소방훈련 및 교육을 한 날부터 30일 이내에 소방훈련 및 교육 결과를 행정안전부령으로 정하는 바에 따라 소방본부장 또는 소방서장에게 제출하여야 한다. (법 제37조 제2항)

선지체크
② 규칙 제40조 제1항 제1호
③ 규칙 제40조 제2항
④ 법 제38조 제1항

추가학습
특정소방대상물의 관계인에 대한 소방안전교육

구분	내용
실시자	소방본부장, 소방서장
대상	다음의 어느 하나에 해당하는 특정소방대상물의 관계인으로서 관할 소방서장이 소방안전교육이 필요하다고 인정하는 사람 ① 소화기 또는 비상경보설비가 설치된 공장·창고 등의 특정소방대상물 ② 관할 소방본부장 또는 소방서장이 화재에 대한 취약성이 높다고 인정하는 특정 소방대상물
계획통보	소방본부장 또는 소방서장 → 교육일 10일 전까지 특정소방대상물의 관계인에게

13 ②　LINK 기본서 1권 316p

② 소방관서장은 소방안전관리자 자격시험에 관한 업무를 안전원에 위탁할 수 있다. (법 제48조 제2항 제4호)
→ 소방청장은 **소방안전관리자 자격의 정지 및 취소에 관한 업무를 소방서장에게 위임**한다. (령 제48조)

선지체크
① 법 제48조 제2항 제1호
③ 법 제48조 제2항 제6호
④ 법 제48조 제2항 제3호

14 ④　LINK 기본서 2권 25~26p

ㄱ. 연면적 **200m² 이상**인 수련시설 (령 제7조 제1항 제1호 나목)
ㄴ. 지하층 또는 무창층이 있는 건축물로서 바닥면적이 **150m² 이상**인 층이 있는 것 (령 제7조 제1항 제2호)
ㄷ. 항공기 격납고는 **면적 기준이 없다.** (령 제7조 제1항 제5호)
ㄹ. 연면적 **200m² 미만**인 재가노인복지시설로서 단독주택에 설치되어 있는 경우 (령 제7조 제1항 제7호 가목 1))

추가학습
건축허가 등의 동의 대상물 범위
① 연면적 400m² 이상
　가. 학교시설: 100m²
　나. 노유자 시설, 수련시설: 200m²
　다. 정신의료기관, 장애인 의료재활시설: 300m²
② 지하층 또는 무창층이 있는 건축물: 바닥면적이 150m²(공연장 100m²) 이상
③ 차고·주차장으로 사용되는 바닥면적이 200m² 이상인 층이 있는 건축물이나 주차시설
④ 승강기 등 기계장치에 의한 주차시설로서 자동차 20대 이상을 주차할 수 있는 시설
⑤ 6층 이상인 건축물
⑥ 항공기 격납고, 관망탑, 항공관제탑, 방송용 송수신탑
⑦ 의원·조산원·산후조리원, 위험물 저장 및 처리 시설, 발전시설 중 풍력발전소·전기저장시설, 지하구
⑧ 연면적 200m² 미만 노유자 시설
　가. 노인 관련 시설
　　1) 노인주거복지시설, 노인의료복지시설, 재가노인복지시설
　　2) 학대피해노인 전용쉼터(단독·공동주택에 설치 시 제외)
　나. 아동복지시설(아동상담소, 아동전용시설, 지역아동센터 제외)(단독·공동주택에 설치 시 제외)
　다. 장애인 거주시설(단독·공동주택에 설치 시 제외)
　라. 정신질환자 관련 시설(단독·공동주택에 설치 시 제외)
　마. 노숙인 관련 시설 중 노숙인자활시설, 노숙인재활시설, 노숙인요양시설(단독·공동주택에 설치 시 제외)
　바. 결핵환자나 한센인이 24시간 생활하는 노유자 시설(단독·공동주택에 설치 시 제외)
⑨ 요양병원(의료재활시설 제외)

⑩ 공장 또는 창고시설로서 750배 이상의 특수가연물을 저장·취급하는 것
⑪ 가스시설로서 지상에 노출된 탱크의 저장용량의 합계가 100톤 이상인 것

15 ②   LINK 기본서 2권 59p~60p

② 령 별표8 제2호
- 소화기: 소방본부장 또는 소방서장의 동의를 받아야 하는 특정소방대상물의 신축·증축·개축·재축·이전·용도변경 또는 대수선 등을 위한 공사 중 화재위험작업의 현장
- 간이소화장치: 연면적 3천m² 이상의 화재위험작업현장
- 비상경보장치: 연면적 400m² 이상의 화재위험작업현장
- 방화포: 용접·용단 작업이 진행되는 화재위험작업현장

➕ 추가학습

임시소방시설을 설치하여야 하는 공사의 종류와 규모

종류	규모
소화기	소방본부장 또는 소방서장의 동의를 받아야 하는 특정소방대상물
간이소화장치	① 연면적 3천m² 이상 ② 바닥면적이 600m² 이상인 지하층, 무창층 또는 4층 이상의 층
비상경보장치	① 연면적 400m² 이상 ② 바닥면적이 150m² 이상 지하층 또는 무창층
가스누설경보기 간이피난유도선 비상조명등	바닥면적이 150m² 이상인 지하층 또는 무창층
방화포	용접·용단 작업이 진행되는 경우

16 ③   LINK 기본서 2권 65p

③ 숙박이 **가능한** 수련시설 (령 제30조 제6호)

➕ 추가학습

방염성능 적용대상 특정소방대상물
① 근린생활시설 중 의원, 조산원, 산후조리원, 체력단련장, 공연장 및 종교집회장
② 건축물의 옥내에 있는 시설: 문화 및 집회시설, 종교시설, 운동시설 (수영장 제외)
③ 의료시설
④ 교육연구시설 중 합숙소
⑤ 노유자 시설
⑥ 숙박이 가능한 수련시설
⑦ 숙박시설
⑧ 방송통신시설 중 방송국 및 촬영소
⑨ 다중이용업의 영업소
⑩ 층수가 11층 이상인 것(아파트등 제외)

17 ③   LINK 기본서 2권 81p~82p

③ 산업안전기사 자격을 취득한 후 **3년 이상** 소방실무경력이 있는 사람 (령 제37조 제9호)

✅ 선지체크
① 령 제37조 제1호
② 령 제37조 제2호
④ 령 제37조 제5호 나목

➕ 추가학습

소방시설관리사 시험

구분	내용
시험실시자 (자격부여 권자)	소방청장
시행	매년 1회 시행
공고	시행일 90일 전까지 인터넷 홈페이지에 공고
합격기준	**1차 시험**: 모든 과목의 점수가 40점 이상이고, 전 과목 평균 점수가 60점 이상인 자 **2차 시험**: 시험위원의 채점점수 중 최고점수와 최저점수를 제외한 점수가 모든 과목에서 40점 이상, 전 과목에서 평균 60점 이상인 사람
증발급	합격자 공고일부터 1개월 이내에 발급
증 재발급	① 재발급 사유: 소방시설관리사증을 잃어버렸거나 못 쓰게 된 경우 ② 3일 이내에 재발급
응시자격	① 소방기술사, 위험물기능장, 건축사, 건축기계설비기술사, 건축전기설비기술사, 공조냉동기계기술사 ② 소방설비기사 자격을 취득한 후 2년 이상 실무경력자 ③ 소방설비산업기사 자격을 취득한 후 3년 이상 실무경력자 ④ 이공계분야를 전공한 사람 - 박사학위를 취득한 사람 - 석사학위를 취득한 후 2년 이상 소방실무경력자 - 학사학위를 취득한 후 3년 이상 소방실무경력자 ⑤ 소방안전공학(소방방재공학, 안전공학) 분야를 전공 - 해당 분야의 석사학위 이상을 취득한 사람 - 2년 이상 소방실무경력자 ⑥ 위험물산업기사, 위험물기능사 자격을 취득한 후 3년 이상 소방실무경력자 ⑦ 소방공무원으로 5년 이상 근무한 경력자 ⑧ 소방안전 관련 학과의 학사학위를 취득한 후 3년 이상 소방실무경력이 있는 사람 ⑨ 산업안전기사 자격을 취득한 후 3년 이상 소방실무경력자 ⑩ 특급 소방안전관리자로 2년 이상 실무경력자 ⑪ 1급 소방안전관리대상물의 소방안전관리자로 3년 이상 실무경력자 ⑫ 2급 소방안전관리대상물의 소방안전관리자로 5년 이상 실무경력자 ⑬ 3급 소방안전관리대상물의 소방안전관리자로 7년 이상 실무경력자 ⑭ 10년 이상 소방실무경력자

시험위원	① 소방 관련 분야의 박사학위를 취득한 사람 ② 대학에서 소방안전 관련 학과 조교수 이상으로 2년 이상 재직한 사람 ③ 소방위 이상의 소방공무원 ④ 소방시설관리사 ⑤ 소방기술사
부정행위	소방청장은 시험에서 부정한 행위를 한 응시자에 대하여는 그 시험을 정지 또는 무효로 하고, 그 처분이 있은 날부터 2년간 시험 응시자격을 정지한다.

18 ① LINK 기본서 2권 88p

① 소방시설업을 폐업한 경우에만 지체없이 반납한다.
 (규칙 제32조 제4항)

선지체크

② 규칙 32조 제4항 제1호
③ 규칙 32조 제4항 제2호
④ 규칙 32조 제4항 제3호

추가학습

관리업자 → 시·도지사에게 그 소방시설관리업 등록증 및 등록수첩 반납
① 등록이 취소된 경우
② 소방시설관리업을 폐업한 경우
③ 재발급을 받은 경우

19 ① LINK 기본서 2권 108p

① 청문권자는 **소방청장** 또는 **시·도지사**이다.
 → 소방본부장, 소방서장 × (법 제49조)

선지체크

② 법 제49조 제1호
③ 법 제49조 제4호
④ 법 제49조 제6호

추가학습

청문

구분	내용
청문실시자	소방청장, 시·도지사
청문 대상	① 관리사 자격의 취소 및 정지 ② 관리업의 등록취소 및 영업정지 ③ 소방용품의 형식승인 취소 및 제품검사 중지 ④ 성능인증의 취소 ⑤ 우수품질인증의 취소 ⑥ 전문기관의 지정취소 및 업무정지

20 ① LINK 기본서 2권 130p

① 이 법은 위험물의 **저장·취급** 및 **운반**과 이에 따른 **안전관리**에 관한 사항을 규정함으로써 위험물로 인한 **위해**를 방지하여 공공의 안전을 확보함을 목적으로 한다. (법 제1조)

21 ② LINK 기본서 2권 151p

- **지정수량 미만**인 위험물의 저장 또는 취급에 관한 기술상의 기준은 **시·도의 조례**로 정한다. (법 제4조)
- 둘 이상의 위험물을 같은 장소에서 저장 또는 취급하는 경우에 있어서 당해 장소에서 저장 또는 취급하는 각 위험물의 수량을 그 위험물의 지정수량으로 각각 나누어 얻은 수의 합계가 1 이상인 경우 당해 위험물은 지정수량 이상의 위험물로 본다. (법 제5조 제5항)
 ② 황린(제3류) 지정수량: 20kg, 탄화칼슘(제3류) 지정수량: 300kg
 $$\to \frac{5}{20}+\frac{100}{300}=0.58$$

선지체크

① 아염소산염류(제1류) 지정수량: 50kg, 중크롬산염류(제1류) 지정수량: 500kg
 $$\to \frac{30}{50}+\frac{500}{1000}=1.1$$
③ 마그네슘(제3류) 지정수량: 500kg
④ 유황(제2류) 지정수량: 100kg, 유기과산화물(제5류) 지정수량: 10kg
 $$\to \frac{80}{100}+\frac{4}{10}=1.2$$

22 ② LINK 기본서 2권 167p, 229p

② 제조소등의 설치자의 지위를 승계한 자는 행정안전부령이 정하는 바에 따라 승계한 날부터 **30일 이내**에 시·도지사에게 그 사실을 신고하여야 한다. (법 제10조 제3항)

선지체크

① 법 제10조 제2항
③ 법 제11조
④ 법 제39조 제5의2호

추가학습

제조소등 설치자의 지위승계

구분	내용
신고	시·도지사
신고기간	승계한 날부터 30일 이내
지위승계 사유	① 사망하거나 그 제조소등을 양도·인도한 때 ② 법인인 제조소등의 설치자의 합병이 있는 때 ③ 경매, 환가, 국세징수법·관세법·지방징수법에 따른 압류재산의 매각과 그 밖에 이에 준하는 절차에 따라 제조소등의 시설의 전부를 인수한 때

제조소등의 폐지

구분	내용
신고	시·도지사
신고 기간	폐지한 날부터 14일 이내

23 ②   LINK 기본서 2권 187p

ㄱ. 지정수량 **10배 이상**의 위험물을 취급하는 제조소 (령 제15조 제1호)
ㄴ, ㄷ 암반탱크저장소와 이송취급소는 **지정수량 제한 없이** 예방규정을 정하여야 한다. (령 제15조 제5호, 제6호)

◆ 선지체크

ㄹ. 지정수량의 **150배 이상**의 위험물을 저장하는 옥내저장소
(령 제15조 제3호)

⊕ 추가학습

관계인이 예방규정을 정하여야 하는 제조소등

구분	내용
작성 목적	당해 제조소등의 화재예방과 화재 등 재해발생시의 비상조치를 위하여
작성	제조소등의 관계인 → 예방규정은 「산업안전보건법」 제25조에 따른 안전보건관리규정과 통합하여 작성할 수 있다.
작성 대상	① 지정수량의 10배 이상 제조소, 일반취급소 ② 지정수량의 100배 이상 옥외저장소 ③ 지정수량의 150배 이상 옥내저장소 ④ 지정수량의 200배 이상 옥외탱크저장소 ⑤ 암반탱크저장소 ⑥ 이송취급소
제출	해당 제조소등의 사용을 시작하기 전 시·도지사에게

24 ④   LINK 기본서 2권 276p

④ 옥내저장탱크는 탱크전용실에 설치할 것. 이 경우 제2류 위험물 중 **황화린·적린 및 덩어리 유황**, 제3류 위험물 중 **황린**, 제6류 위험물 중 **질산**의 탱크전용실은 **건축물의 1층 또는 지하층에 설치하여야 한다.** (규칙 별표7 Ⅰ 제2호 가목)

25 ④   LINK 기본서 2권 353p

④ 특수인화물, 제1석유류 및 알코올류를 저장 또는 취급하는 탱크의 용량이 **1,000만리터 이상인 옥외탱크저장소**
(규칙 별표17 Ⅱ 제1호 마목)

⊕ 추가학습

제조소등별로 설치해야 하는 경보설비의 종류

제조소등의 구분	제조소등의 규모, 저장 또는 취급하는 위험물의 종류 및 최대수량 등	경보설비
제조소 및 일반취급소	① 연면적이 500제곱미터 이상인 것 ② 옥내에서 지정수량의 100배 이상을 취급하는 것 ③ 일반취급소로 사용되는 부분 외의 부분이 있는 건축물에 설치된 일반취급소	자동화재탐지설비
옥내저장소	① 지정수량의 100배 이상을 저장 또는 취급하는 것 ② 저장창고의 연면적이 150제곱미터를 초과하는 것 ③ 처마 높이가 6미터 이상인 단층 건물의 것 ④ 옥내저장소로 사용되는 부분 외의 부분이 있는 건축물에 설치된 옥내저장소	
옥내탱크저장소	단층 건물 외의 건축물에 설치된 옥내탱크저장소로서 소화난이도등급 Ⅰ에 해당하는 것	
주유취급소	옥내주유취급소	
옥외탱크저장소	특수인화물, 제1석유류 및 알코올류를 저장 또는 취급하는 탱크의 용량이 1,000만리터 이상인 것	① 자동화재탐지설비 ② 자동화재속보설비
기타	지정수량의 10배 이상을 저장 또는 취급하는 것	자동화재탐지설비, 비상경보설비, 확성장치 또는 비상방송설비 중 1종 이상